これ1冊で最短合格

インテリアコーディネーター試験対策

テキスト&問題集

1次

宮後 浩 監修
内本 雅 著

秀和システム

はじめに

　今あなたは、インテリアコーディネーターになろうと決め、やる気満々でワクワクしておられると思います。

　この資格を取ったのち、あなたが、たくさんの人の快適な暮らしのお手伝いをし、いろいろな人に喜んでいただいている姿が目に浮かびます。

　大量生産、大量消費の時代から、リノベーションの時代、個性重視の時代になりました。

　これからの時代にこの資格は、従来以上に必要とされていく資格の1つであることに間違いありません。

　本書は、公益社団法人インテリア産業協会から刊行されている公式テキスト『インテリアコーディネーターハンドブック統合版』（上巻・下巻）と対比できるように、対応するページを掲載しています。

　上述の公式テキストと同様に、本書もインテリアコーディネーター資格試験の出題範囲をすべてカバーしているものではありません。本書では、試験の頻出分野を重点的に解説することにより、最小限の努力で合格できるようにしました。

　ぜひ、本書をあなたの受験に役立ててください。

　この本があなたのお役に立ち、合格を勝ち取られることお祈りしております。

著者一同

インテリアコーディネーター 資格試験について

インテリアコーディネーター資格試験には、一次試験と二次試験があります。

試験実施概要

試験日程 ：一次試験　10月 第2日曜日

学科（マークシートによる択一式）（160分）

二次試験　12月 第1日曜日

プレゼンテーション・論文（記述式）（180分）

受験資格 ：年齢・性別・学歴・職業・経験は問いません。

（ただし、出題・解答は日本語のみ）

受験地 ：北海道・岩手県・宮城県・群馬県・東京都＊・愛知県＊・石川県・

大阪府＊・広島県・香川県・福岡県＊・沖縄県の全12地域

受験タイプ ：2019年度より受験料が改定されました。

①基本タイプ（一次試験→二次試験）

受験料：14,850円（税込）

➡同一年度内に一次試験と二次試験の両方の受験を希望する方。

※一次試験が不合格となった場合、二次試験を受験できません

（一次試験不合格の場合、受験料の一部返金はできません）。

②一次試験＜先取り＞タイプ（一次試験のみ）

受験料：11,550円（税込）

➡一次試験のみを受験する方。

※一次試験に合格した場合でも、同一年度内の二次試験の受

験申込はできません。

③二次試験＜一次免除＞タイプ（後述の免除制度対象者のみ）

受験料：11,550円（税込）

＊試験会場の確保状況により、近隣の都道府県に受験地を設定する場合があります。

申込方法：　　　申込期間は7月下旬ごろから8月下旬ごろ

Web（受験申込ページ）からの申込、またはインテリアコーディネーター資格試験運営事務局に必要書類を請求し、郵送での申込となります。

二次試験のみの受験申込も同時期です。

一次試験免除制度：一次試験（学科）のみに合格した方は、次年度から3年間、受験申込時に一次試験の免除申請（合否判定通知に記載された一次試験免除通知番号を所定欄に記入）をすることで一次試験が免除され、二次試験のみ受験できます。

ただし、3年間の免除期間が過ぎた場合は、再度一次試験（学科）からの受験が必要となります。

試験科目

一次試験：　　　1.インテリアコーディネーターの誕生とその背景に関すること

2.インテリアコーディネーターの仕事に関すること

3.インテリアの歴史に関すること

4.インテリアコーディネーションの計画に関すること

5.インテリアエレメント・関連エレメントに関すること

6.インテリアの構造・構法と仕上げに関すること

7.環境と設備に関すること

8.インテリアコーディネーションの表現に関すること

9.インテリア関連の法規、規格、制度に関すること

（マークシートによる択一式）

二次試験：　　　プレゼンテーション・論文によるインテリア計画およびそのプレゼンテーションに関すること（記述式）

主催協会のホームページアドレス

　開催年ごとの受験概要がこちらのホームページに掲載されているので、受験申込にあたっては**必ず確認してください**。

公益財団法人インテリア産業協会

https://www.interior.or.jp/

　2019年度は、台風19号により、12会場中4会場の試験が中止され、史上初めて、年に2回の1次試験と2次試験がそれぞれ行われました。**通常は、年に1回ずつ実施されます**。

一発合格のための**8**つの工夫！

本書は、インテリアコーディネーター一次試験に最短で合格できるよう、
ここに示す紙面構成と様々な工夫を取り入れています。
これらの特徴を生かし、ぜひ確実に合格の栄誉を
勝ち取ってください。

ポイント その**4**

60テーマで最大の効果！

一次試験の特徴として、かなりの割合で毎回同じようなテーマで出題されている。本書では過去の出題の9割強をカバーしており、正答率70%以上で合格なので、本書をしっかり（8〜9割）把握すれば90%×80%＝72%の正答率で合格できる。

ポイント その**1**

学習のアドバイスで要点を把握できる！

レッスンの最初に、学習のアドバイスがあり、学習内容の概略、学習上の要点が説明されているから、スムーズにTheme学習に取り組むことができる。

ポイント その**2**

学習効果が高まるキーワードマップ！

キーワードマップでは、出題される重要ワードの関連性とThemeの全体像が一目でわかり、ポイントその1の予習効果と相まって、学習効果を高めている。

ポイント その**3**

実務家が過去問を徹底解析して
わかりやすく解説！

出題者の目線では、専門家が過去の出題傾向を分析し、出題者側の観点から問題を解くカギをわかりやすく解説。どこにポイントを置いて学習すればいいのかわかり、効率よく学習することができる。

Theme
2

重要度 ★☆☆

人間工学

人間工学という分野がありますが、これはどんな内容で、私たちとどんなふうに関係しているのでしょうか？

要点をつかめ！

Navigation

ADVICE！ **学習アドバイス**

数字がたくさん出てきますが、そのほとんどは、私たちの日常生活に非常に密接に関連しているものばかりです。
日々の生活の中で実感しながら、覚えていきましょう。

キーワードマップ

＜人間工学の分類＞
物理・生理面 ── 人体寸法
　　　　　　　── 重量
　　　　　　　── 作業、動作の範囲
　　　　　　　── 反応など
心理面 ────── 習慣など

アメリカでは「ヒューマンエンジニアリング」と呼び、ヨーロッパでは「エルゴノミクス」と呼ぶことが多い。

出題者の目線

このThemeからは、1問しか出ないときと4問出るときがあります。
数字が多い範囲ですので、その分、数字の問われる問題が出題される確率が高いです。
あやふやではなく、きっちりと数字も含めて覚えましょう。

問題を解いてみよう

下の問題に○か×で解答しよう。

問1 冷房の効率を上げる～
そのため、窓には庇～
外側にベネシャン～
成するのに有効である～

問2 熱伝導率は、熱の伝～
伝わりにくさを示す～

問3 明所視では「錐状～

問4 子ども部屋で勉強す～
が、リビングなどで～

問16 シックハウス症候群に関する次の記述の（　）部分に、それぞれの語群の中から最も適当なものを選んで、解答欄の番号にマークしなさい。

1. シックハウスとは、シック＝病気、ハウス＝家で、「病気の家」という意味であるが、それが学校だと「シックスクール」、事務所ビルだと「シックビル」といい、その初期症状は、よく（　ア　）と間違われる。

【語群】　1．おたふくかぜ　　2．インフルエンザ　　3．花粉症

2. シックハウス症～にかからないために、建材として～（　　）を使うようにするが、そ～だけでは、完全に安心で～

新建材～　　　　　　不～

空気が汚染～
ルデヒド、（　ウ　）

5　　　　2．トルエン

特徴として、原因物質から遠ざかったり、除去
るなら、外に出ると症状がおさまる。
起こりうる病気の1つである。
）、倦怠感、アレルギー症状な

2．歯痛　　　　打撲気

Theme5　収納家具

詳しく見てみよう

台輪、折れ戸など

公式上巻p164～174

収納家具について、特に、その構造を見てみましょう。

収納家具の基本構造

①箱体
④扉
①引き出し
天板
背板
引き出し後板
側板
出し
側板
引き出し前板

Theme7　西洋の歴史　20世紀のインテリア

3．アールデコ

1925年、パリ国際装飾美術展において集大成されたデザイン様式。

アール・ヌーボーなどの装飾的な様式と、工業デザインが結び付いたもの。

幾何学模様が特徴。

アメリカ資本によるバックアップを受けて発展する。

アールデコを代表する建築物に、クライスラー・ビルがある。

トランサット・チェア

アールデコ時代に活躍した2大デザイナー

①ル・コルビュジエ

アールデコ時代の建築家。

住宅を「住むための機械」ととらえ、合理的なシステムを提案。

モデュロールの提唱者でもある。

「近代建築5原則」を唱える。

代表作はシェーズロングなど。

シェーズロング

②フランク・ロイド・ライト

1922年、日本の帝国ホテルが完成。

機能主義全盛時代において、人間の健康的な生活に適した有機的な建築を提案した。

アメリカと日本をはじめ、世界中のその後の建築家、デザイナーに多大な影響を与えた。

得点アップ講義

\\POINT UP!/

ル・コルビュジエが日本に唯一残した建築物は「国立西洋美術館」で、これは世界文化遺産にも登録されています。

51

一次試験合格への効率学習ロードマップ

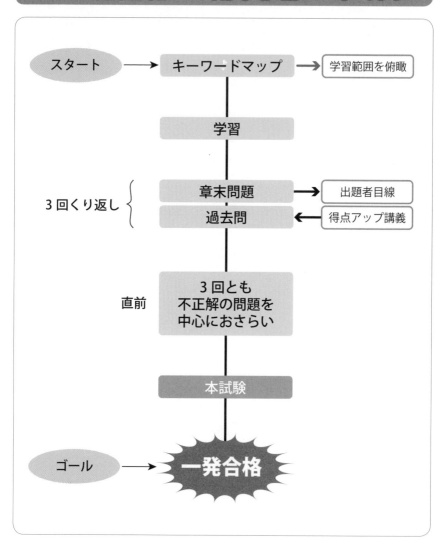

目次

第1章　インテリアコーディネーター誕生までのあゆみ

第2章　インテリアコーディネーターの仕事とは？

第3章　インテリアの歴史

第4章　インテリアの計画

第5章　インテリアエレメントなど

第6章　インテリアの構造・構法、仕上げ

第7章　住環境

第8章　住宅設備

第9章　表現技法

第10章 インテリア関連法規

模擬問題

インテリアコーディネーター
誕生までのあゆみ

住まい、インテリア 空間の変遷

昔の住まいはどうなっていたのでしょう？

Navigation

要点をつかめ！

ADVICE!

学習アドバイス

伝統的な住まいから、時代背景の移ろいとともに変化していった住宅、生活者の好みの変化、そして現在の生活スタイルの多様性まで、それらを関連付けて覚えましょう。

キーワードマップ

伝統的な住宅	⇒	明治	⇒	第二次世界大戦後	⇒	現在
（ゆか座式）		（家具）		（いす座式）		（多様性）
				（食寝分離）		

出題者の目線

●年代または、時代ごとの大まかな出来事のポイント（言葉）を押さえましょう。

Lecture　　　　詳しく見てみよう

ゆか座式、いす座式、畳文化など　　　公式上巻p2〜5

「インテリア」のこれまでを見てみましょう。

1. 明治まで

　伝統的な住まいは、障子や襖などによって仕切られていた。床は畳で、**ゆか座式**の生活が基本。

2. 明治以降

　欧米の生活文化が入ってきて、洋風住宅、洋風家具が一部、導入された。

3. 第二次世界大戦後

　住宅が大量に作られた。その中で、利便性や合理性を目指し、畳の上でのゆか座式の生活から、椅子・ベッドなどの欧米式の**いす座式**生活様式に急激に変化していった。

　戦時中に建築学者の西山夘三が、食事をするところと寝るところを分ける生活スタイルを提唱した。

　それまでの一般庶民は、**ちゃぶ台**で食事をし、寝るときは、それを畳んでそこに布団を敷いて寝る、という**畳文化**ならではのスタイルをとっていた。

　戦後、日本住宅公団（現・都市再生機構）がその考えを取り入れて、2DK、3DKといった、食事をする部屋と寝る部屋を切り離す間取りに発展させた。これを**食寝分離**スタイルと呼ぶ。

　それまでは農業従事者が多かったが、戦後はサラリーマンが増えたために、この変化が急速に進んだ。

4. 昭和後半から平成〜令和へ

　住宅の大量供給に伴い、1970年ごろに**インテリア**という言葉が生まれた。

　多様な機能を持った住宅設備や多様な暮らし方が存在するようになった。

　そのための産業がインテリア産業である。今はあたり前のように「インテリア」という言葉が使われていて関心も高く、たくさんの本も出版され、店頭には多くのインテリア関連本が並ぶようになった。

\\POINT UP!//

得点アップ講義

●直接的に問題にはなりにくい部分ですが、基礎ですから目を通しておきましょう。

インテリアコーディネーターの誕生

インテリアコーディネーターは、どうやって誕生したの？

Navigation 要点をつかめ！

ADVICE!

学習アドバイス

インテリアコーディネーターは、どのようにして生まれたのでしょうか。
その背景と誕生の様子を合わせて理解しておきましょう。

キーワードマップ

1955年　～　1965年　・・・住宅の大量建設期
（昭和30年）　（昭和40年）　　⇒インテリア産業
　　　　　　　　　　　　　　⇒インテリアの誕生
　　　　　　　　　　　　　　⇒インテリアコーディネーターの誕生

出題者の目線

●以前はあまり出題されてきませんでしたが、近年はこのあたりも踏まえたうえでの出題が見られます。

詳しく見てみよう

インテリアコーディネーターの誕生など　　公式上巻p5〜7

時代の流れが「インテリアコーディネーター」を生んだ様子を以下にまとめます。

1. 大量建設期

住空間の近代化の始まりにより、生活周辺のモノおよび、建物内部の仕上げ部材なども多様化が進み、住み手の好みも多様化し、生活空間に様々な機能や装飾、装備が必要になった。

そこで生まれた産業が「インテリア産業」である。

2. インテリア産業って？

①家具、②寝具類、③インテリアファブリックス、④建具・造作部材、

⑤水回り機器、⑥**エネルギー関係機器**、⑦電気製品、⑧ルームアクセサリー

以上が、初期のころから今に続く、インテリア産業の主な取扱い対象の分類である。

3. 「インテリア」の誕生

1955年（昭和30年）ごろから始まった大量建設期から、豊かな暮らしを支える生活空間が求められるようになったが、「インテリア」という言葉が一般に使われるようになったのは、1970年ごろに文部省（当時）が工業高校の教育課程に「インテリア科」を設置したのが始まりである。

その後、**1973年**に通商産業省生活産業局（当時）のもとに、「インテリア産業振興対策委員会」が設置されたことが、現在のインテリア産業の発展へとつながった。

4. 「インテリアコーディネーター」と呼ばれて

インテリアとは、もともとは、内部空間のことである。

それは住宅に限ったことではなく、学校、病院、事務所、工場なども含まれる。

このような場所を専門に作業を行う者は、1970年（昭和45年）以前から室内装飾家、室内設計家と呼ばれ存在していた。しかし、住宅に特化した専門家はいなかったため、1980年代にかけて、急成長したインテリア産業は、その専門家として、**インテリアコーディネーター**を生んだのである。

問題を解いてみよう

下の問題に○か×で解答しよう。

問1 「インテリア」という言葉は、明治時代から使われている。

問2 日本の伝統的な住まいには、外と内という明確な区別がなく、室内空間の区別も、間仕切り壁ではなく、移動可能な、几帳や御簾などの屏障具（へいしょうぐ）であった。

問3 住宅の供給方法は大きく2つあって、あらかじめ住まい手が決まっている場合と、住まい手は未定で、建設後に住まい手が見て購入する場合とがある。
前者は注文住宅といい、後者は建売住宅という。
建売型住宅には、分譲住宅（マンションも含めて）、賃貸住宅、中古流通住宅は含まれない。

問4 インテリア産業が扱う製品には、家具、寝装具、インテリアファブリックス、建具・造作部材、水回り機器、エネルギー関係機器、電気製品、ルームアクセサリーの8要素があり、この40年、基本的に大きな変化はない。

問5 住宅の大量建設期に、学校と自宅の分離の理念で、ダイニングキッチンが間取りに取り入れられるようになった。
そのことにより、キッチン設備が改善され、発展を始めた。

答え合わせ

問1　正解：×

解説

　1970年ごろ、文部省（当時）が工業高校の教育課程に「インテリア科」を設置したのが始まりである。

問2　正解：○

解説

　部屋の間仕切りが移動可能なように、襖を立てられるようにした住宅は、古民家などをはじめ、まだその姿が残っている。

問3　正解：×

解説

　建売住宅には、分譲住宅（マンションも含めて）、賃貸住宅、中古流通住宅も含まれる。

問4　正解：○

解説

　インテリア産業が扱う8要素の製品品目に大きな変化はない。

問5　正解：×

解説

　「学校と自宅の分離」ではなく「公室と私室の分離」である。

　そのほかはすべてその通りである。

MEMO

第2章

インテリアコーディネーターの仕事とは？

インテリアコーディネーターの役割

インテリアコーディネーターは、何をすることを役割としているでしょうか？

Navigation

要点をつかめ！

ADVICE!

学習アドバイス

インテリアコーディネーターの定義は、何でしょう。
どのような仕事の範囲をカバーしているのでしょう。
わかるようでわかりにくい部分ですが、そこを解いていきましょう。

キーワードマップ

インテリアコーディネーター
├ インテリア
├ インテリアエレメント
└ インテリアコーディネーション

出題者の目線

●ここではよく似た言葉がいくつか出てきますが、似て非なるものです。
　それぞれの意味を理解し、違いを指摘できるようにしましょう。

Lecture

詳しく見てみよう

「インテリアコーディネーター」の定義など　公式上巻p8〜11

2

インテリアコーディネーターの仕事とは？

似た言葉ですが、各々の言葉の違いを見てみましょう。

1.「インテリアコーディネーター」について

「インテリアコーディネーター」資格は、1984年（昭和59年）に始まった。

「インテリアコーディネーター」の定義は、「インテリアエレメントの流通過程において、消費者に対し、商品選択とインテリアの総合的構成等について、適切な助言と**提案**を行う人」である。

この基本は、現在に至るまで、ほとんど変わっていない。

2.　インテリアコーディネーションって？

「インテリアコーディネーション」とは、人々の生活する場所（インテリア空間）に、インテリアエレメント（モノ）を最適に配置することである。

そのことで、空間におけるヒトとモノとの関係がさらに高められる。

3.　インテリアコーディネーターの役割

インテリアコーディネーターの社会的役割としての概念は、「住文化、インテリア文化の醸成とインテリア環境の質的向上に資すること」である。

具体的には、インテリアコーディネーターが各人で考えて支えるのだが、一般的な課題と役割については次のように考えられている。

①安全で健康的な生活空間とインテリア

②サステイナブルを目指す、地球とともにあるインテリア

③住宅ストックに対応できるインテリア空間のリニューアル

4.　インテリアコーディネーターの仕事の範囲と心得

インテリアコーディネーターの業務範囲は、多様である。

エレメントを1つ選ぶ場合から、住宅全体を包括してまとめ上げる大がかりなものまである。

どのような場合でも考え方は同じである。

①自分の**立場**を明確にし、

②業務範囲、責任範囲、予算、工期、契約条件などを明確にし、

③最後まで**責任**を持って仕事を遂行する

2

インテリアコーディネーターの仕事

具体的には、インテリアコーディネーターとは、どのような仕事をするのでしょうか？

Navigation

要点をつかめ！

ADVICE!

学習アドバイス

インテリアコーディネーターは、具体的にどのようにして仕事を進めていくのでしょうか。

仕事のやり方は人それぞれではありますが、ここでは、一般的な流れを見てみます。

キーワードマップ

- ・仕事の具体的な流れ
   事前打合せ〜段取り〜引渡し〜フォローまで
- ・インテリアコーディネーターの所属先の種類

出題者の目線

●この内容を問う問題は少ないように感じます。
   ですが、最低限このThemeは、必要な内容であると認識しましょう。

Lecture　詳しく見てみよう

「インテリアコーディネーター」の仕事と立場　　公式上巻p11〜29

　インテリアコーディネーターとしての基本は以下のようになります。

1.「インテリアコーディネーター」の具体的な仕事の流れ

　「インテリアコーディネーター」の仕事の最終目的は、どのような役割でかかわったとしても、『人々が暮らす場＝インテリア空間＝インテリアコーディネーターの仕事領域』であり、その場は、ふたつとして同じものはない。

　なぜなら、暮らす人がそれぞれ違うからである。

　どのような依頼内容であれ、具体的な流れとしては次の順番である。

①**相談・ヒアリング**……まず大切な第一歩。お客さまの求めるものはどこか。
　　　　　　　　　　　　新設か既設か（空間全体か個別部位のエレメントか）。
　　　　　　　　　　　　現場調査を行う。

②**カウンセリング**………お客さまの要望を、こちらからの助言等も交えながら一緒により明確にしていく。
　　　　　　　　　　　　ここでのお客さまとの信頼関係が仕上がりに影響する。

③**イメージの具体化**……②を具体的に表現して、まとめる（平面図、展開図など）

④**提案・プレゼンテーション**……お客さまとの打合せ内容を伝える。
　　　　　　　　　　　　わかりやすさに気を配る（パース、写真など）。

⑤**実施計画・見積り**……最終的に調整をし、実施のための図面、見積書などを詳細に仕上げる。

⑥**契約**………………………⑤の内容で合意ができたら、お客さまに承認してもらう。

⑦**各種手配・段取り・実施施工**……工事前にしっかり段取りをし、施工範囲を管理監督し、チェックを行い、完了させる。

⑧**引渡し**………………………お客さまに同行、確認をしてもらい、完了の承認を受ける。
　　　　　　　　　　　　必要書類（取扱説明書、保証書等）を渡す。
　　　　　　　　　　　　万が一クレームが出てしまったら、迅速に誠意を持って対応する。

⑨**アフターフォロー**……アフターフォローの方法を伝え（具体的な連絡方法など）、そのお客さまと工事直後から定期的に連絡をとり、次のリフォームへとつながるようにする。

2. インテリアコーディネーターの所属と立場

インテリアコーディネーターは、どんな立場でどんな仕事をして、どんなお客さまのお役に立つのだろうか。

「どんな立場で」という中の、それぞれのコーディネーターが所属する職場については、主に以下の8つがある。

ア. ハウスメーカー

ハウスメーカーの特徴は「プレ・ファブリケーション（事前製造＝工場生産）化」であり、商品化、標準化されていることが多い。

その中で、インテリアコーディネーターは、内・外装を一定の範囲から決めることが多く、新築・リフォームともにパッケージ化が進んでいる。

イ. インテリア建材、住宅設備機器メーカー

主としてショールーム業務に従事するのが一般的である。

直接販売はしないが、自社に関心のある顧客と接する最前線である。

広告、宣伝、新商品開発の提案、試作などの役割がある。

ウ. 工務店（建設会社）、リフォーム工務店

前ページの「具体的な流れ」のすべてを行うことが多い。

エ. インテリアエレメント専門店、ホームセンター

店頭などでの商品販売が中心である。

最近では、リフォームコーナーなどを作り、施工にも対応する場合がある。

オ. デベロッパー

デベロッパーでは、マンション販売の際の**インテリアオプション**を担当する。

具体的には、カーテンやその周辺などをコーディネートし販売する。

カ. 不動産販売

住宅ストックの流れから、中古物件をリフォームして再販するケースが増えてきている。

その場合のコーディネートを行う。

キ. 設計事務所

新築・リフォームの際に、一緒にコーディネートまですることもある。

ク. フリーランス

活動の仕方は様々であるが、信頼と**経験**が最も重要である。

インテリアコーディネーターに求められる業務は幅広く、可能性も大きい。

問題を解いてみよう

下の問題に〇か×で解答しよう。

問1 1984年（昭和59年）にインテリアコーディネーター資格制度がスタートしたが、そのころは、その仕事の内容が今と比べるとわかりにくかった。受験資格も今と違い、25歳以上が条件だった。

問2 インテリアコーディネーターの仕事の内容を端的に述べると、コーディネーターはプロであるので、プランのすべてを決定する。

問3 インテリアコーディネーターの具体的な仕事の1つに、住宅のストック時代を踏まえて、インテリア空間のリニューアルに対応できるように常に情報を集めておくことがある。

問4 インテリアコーディネーターの一連の業務は、ヒアリング→カウンセリング→提案 である。

問5 インテリアコーディネーターは、好みが多様化した今の時代に大変期待されている。

答え合わせ

問1 正解：○

解説

　今は、年齢条件もなくなり、技術編と販売編に分かれることもなく、学科試験である一次試験および実技試験である二次試験となっている。

問2 正解：×

解説

　お客さまの希望を聞き、快適で美しいインテリア空間を提供する。

問3 正解：○

解説

　インテリアコーディネーターとして、常に情報を集めておくことは重要である。

問4 正解：×

解説

　提案→見積り→契約→各種手配→施工管理→引渡し→アフターフォローまでが一連の業務であるが、現場によっては、このうちの一部の業務を担当することもある。

問5 正解：○

解説

　大量生産した製品、みんなと同じものが好まれる時代ではなく、パーソナルな時代、個性が尊重される時代となってきた。それらに対応できるインテリアコーディネーターが望まれている。

インテリアの歴史

日本の歴史
日本の住宅様式

日本の住宅様式の流れってどうなっているの？

Navigation

要点をつかめ！

学習アドバイス

ADVICE!

日本の歴史を、住宅の様式を基準にして覚えましょう。
日本には各所に、歴史建造物が残っています。
なかなか覚えにくいことも、足を運び、現物を見ることで覚えられることも多いでしょう。

キーワードマップ

竪穴式住居⇒寝殿造り⇒書院造り⇒数寄屋造り

出題者の目線

●時代と住宅様式だけではなく、そのほかも出題されています。興味のある時代から入っていくことで広がり、深まるでしょう。1つの事柄について、時代背景や歴史上の人物との関係を問う問題が増えています。

Lecture　# 詳しく見てみよう

竪穴式住居、寝殿造り、書院造り、数寄屋造り　公式上巻p30〜40

古代〜江戸時代までに主なできごととともに、建築様式の移り変わりを見てましょう。

1. 古代〜江戸時代

古代から江戸時代までの主な出来事の一覧

旧石器時代	〜紀元前16000年ごろ	**横穴式住居** (地下住宅)
		打製石器
縄文時代	紀元前16000年ごろ	**竪穴式住居**
	〜紀元前1000年ごろ	縄文式土器、稲作
弥生時代	紀元前1000年ごろ	平地住居
	〜3世紀中ごろ	農耕社会成立
		邪馬台国・卑弥呼
古墳時代	3世紀中ごろ	**高床式住居**
	〜6世紀ごろ	前方後円墳
飛鳥時代	592年	飛鳥文化・白鳳文化・**仏教伝来**
	〜710年	飛鳥寺・法隆寺、聖徳太子
		大化の改新、大宝律令
奈良時代	710年	奈良に都・平城京
	〜794年	絨毯などの舶来物
平安時代	794年	**寝殿造り**　平等院鳳凰堂
	〜1185年	空海─真言宗・最澄─天台宗・
		法然─浄土宗、源氏物語
鎌倉時代	1185年	**武家住宅** (武家造り)
	〜1333年	日蓮─日蓮宗、親鸞─浄土真宗
		栄西─臨済宗、道元─曹洞宗、
		一遍─時宗
室町時代	1336年	**書院造り** (鎌倉時代末期から)
(戦国時代)	〜1573年	金閣寺・銀閣寺、華道・茶道
安土桃山時代	1573年	城郭建築 (桃山文化)
	〜1603年	大阪城、姫路城、茶の湯 (千利休)
江戸時代	1603年	**数寄屋造り**
	〜1868年	元禄文化 (奥の細道─松尾芭蕉)

2. 寝殿造り

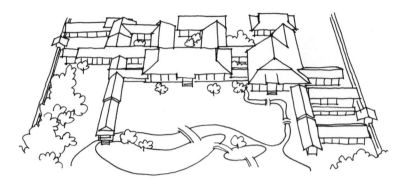

　藤原氏の邸宅の東三条殿、京都御所がその代表である。

　納戸、寝所以外は広いスペースで、使用目的に応じて室内を設営した。

　御簾・几帳・円座・壁代・逗子棚・御帳台などの調度を「しつらい」または「しつらえ」という。

3. 書院造り

折上げ天井

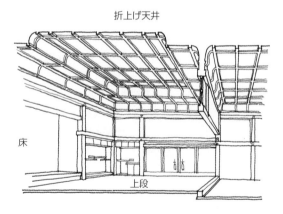

床

上段

　寝室を中心とした寝殿造りから、接客を中心とした**書院造り**が生まれた。

　畳の部分敷きから全面敷きへと変容する。

　障子、襖、舞良戸、床の間、違い棚、**付書院**など。

4. 数寄屋造り

数寄は「好き」のあて字であり、茶の湯などを好むことを指す。

書院造りに茶室の手法を取り入れたもの。

茶室建築の手法を採用した住宅ともいえる。

桂離宮の**桂棚**、修学院離宮の**霞棚**などが有名である。

得点アップ講義

言葉も漢字も今ではなかなか耳に（目に）しないものも多いです。例えば「しつらい」または「しつらえ」（文字はいずれも「室礼」または「舗設」）に用いられる調度類などがあります。その調度類を見てみると、屏障具は仕切をするものの総称です。屏障具には、屏風、几帳、壁代、御簾などがあります。そのほかに、外部との仕切りとして蔀戸が使われていました。

\POINT UP!/

日本の歴史
明治時代〜現在

比較的最近のことですから、身近に感じられるかしら？

Navigation ## 要点をつかめ！

ADVICE!

学習アドバイス

第1章でも触れていますが、特に明治以降の建物は、名残があったり、当時のままの建物があったりします。
直接訪ねてみると、机上ではわかりにくいことも理解できるでしょう。

キーワードマップ

洋風建築が日本でも建築され⇒外国人建築家の名前が残る

出題者の目線

●時代と主な言葉を覚えましょう。
　日本で活躍した外国の建築家も一緒に覚えましょう。
　その建築家たちは、日本に大きな影響を及ぼしました。
　誰がそのあとを受け継いだかも知っておくといいでしょう。

Lecture 詳しく見てみよう

フランク・ロイド・ライト、スクラップ＆ビルド 公式上巻p40〜44

3

インテリアの歴史

明治時代から現在までの建物の特徴についてまとめます。

明治時代	1868年 〜1912年	洋風建築導入、和洋折衷スタイル ちゃぶ台
大正時代	1912年 〜1926年	中廊下式住宅 フランク・ロイド・ライト—帝国ホテル 大正デモクラシー、第一次世界大戦
昭和時代	1926年 〜1989年	初期…**大規模建築物**、 1926年に藤井厚二設計の**聴竹居**（ちょうちくきょ） 1928年ごろから蔵田周忠を中心に 生活工芸を目指して「型而工房」（けいじ）を組織 **ブルーノ・タウト**が来日し、指導する 戦後…DK型住宅、食寝分離、工業化住宅
平成時代	1989年 〜2019年	スクラップ＆ビルド⇒ストック住宅へ **スケルトンインフィル**、バリアフリー
令和時代	2019年〜	ユニバーサルデザイン、 リフォーム、リノベーション 少子高齢社会、SDGs

得点アップ講義

\\POINT UP!//

第一次世界大戦　1914（大正3）年〜1918（大正7）年
第二次世界大戦　1939（昭和14）年〜1945（昭和20）年
これを覚えておくと頭の整理がしやすく、得点アップにつながるでしょう。

西洋の歴史
古代のインテリア

中学生のときに覚えた気がするけれど…。
思い出せるかな？

Navigation

要点をつかめ！

学習アドバイス

ADVICE!

古代とは、ローマ帝国が東ローマ帝国と西ローマ帝国に分かれるまでの時代をおおむね指します。

キーワードマップ

古代
- メソポタミア文明
- エジプト文明
- ギリシャ文明
- ローマ文明

出題者の目線

●世界のインテリア史は地域・時代ともに範囲が広いです。
　ですが、古代、中世はまだ覚えやすい方だといえるでしょう。
　出題される内容も限られています。

Lecture

詳しく見てみよう

ギリシャ文明、ローマ文明

公式上巻p45〜47

各々の文明の特徴について以下にまとめます。

1. メソポタミア文明

世界最古の文明発祥の地。

2. エジプト文明

住宅は、日干しレンガ造り

神社・墳墓は、石造り　➡　ツタンカーメン、ピラミッド

椅子　➡　権威の象徴　ライオンなどの**動物脚**と金箔、**象眼**（きんぱく）、彫刻などを精密に施してある。

3. ギリシャ文明

紀元前3000年クレタ文明（エーゲ海）

　　　　　　　　　　　　➡　**ミケーネ**文明（ギリシャ本土）

　　　　　　　　　　　　➡　ギリシャ文明へ

石造り発達期　　　➡　紀元前7世紀ごろから

ギリシャ文化最盛期　➡　紀元前5世紀

パルテノン神殿………ギリシャ文明を代表する大理石による石造り建築。

オーダー……………エンタブラチュア、柱身基壇で成り立っている。

　　　　　　　　　★ドリス式、★イオニア式、★**コリント**式

4. ローマ文明

ギリシャ時代後期のヘレニズム文化を受け継ぎ、生活は享楽的で現実的。

コンクリートの発明で大規模建築が特徴………コロセウム（円形劇場）

　　　　　　　　　　　　パンテオン神殿　など

ドムスという上流階級の住宅………天窓のあるアトリウム。ペリステュリウム（奥の中庭）、大理石の床。三脚式のテーブル、セラ・クルリス（折りたたみ式椅子）。

MEMO

パルテノン神殿とパンテオン神殿はまったく違います。パルテノン神殿は、ギリシャにあります。パンテオン神殿は、ローマ市内のマルス広場にあります。

Theme 4

重要度：★★☆

西洋の歴史 中世のインテリア

古代ギリシャ・ローマ時代後からルネサンス
までの間を中世というのでしたね？
（おおむね4〜5世紀から15〜16世紀）

Navigation

要点をつかめ！

ADVICE!

学習アドバイス

ローマ帝国が東ローマ帝国と西ローマ帝国に分裂し、その後西ロー
マ帝国が滅亡し、東ローマ帝国も滅亡していく。
時代背景はそのころです。

キーワードマップ

┌ ビザンチン⇒ロマネスク⇒ゴシック
└ イスラム

出題者の目線

●出題数は多くない範囲です。
　ですが、歴史は深いので、覚えにくい場合は、言葉とともに自分でさらに深く
　調べてみましょう。

詳しく見てみよう

ロマネスク、ゴシック

公式上巻p47〜49

3

インテリアの歴史

中世のインテリアを代表する4つの様式についてまとめています。

1. ビザンチン

東ローマ（ビザンチン）帝国が古代ローマ帝国の流れを受け継ぎ、ヘレニズム文化とオリエント文化も混じり、ビザンチン様式となる。

ドーム建築と**モザイク**絵画が特徴……イスタンブールのハギア・ソフィア聖堂

ベネチアのサン・マルコ寺院　など。

2. イスラム

イスラム教は、7世紀にアラビアで始まり西アジア、北アフリカ、スペインへ
共同礼拝場としてモスクが建設された。

建築……宮殿、アルハンブラ宮殿（スペイン）、

アーチ形状（尖頭アーチ・オージーアーチ・馬蹄形アーチ・多葉アーチ）

装飾……**アラベスク**模様（幾何学模様や草模様）

3. ロマネスク

10世紀末から12世紀ごろ、ヨーロッパ各地に見られた建築・美術様式である。

建築物は石造りの厚い壁、半円アーチが特徴…イタリアのピサ大聖堂　など。

4. ゴシック

ロマネスク建築の要素をさらに発展、洗練させて生まれた。

12世紀中ごろからイギリス、ドイツなどの北部ヨーロッパの国々を中心に広まり、
13〜14世紀に全盛期を迎える。

ゴシック建築の特徴…**リヴ・ヴォールト**の円形状の天井、

尖塔アーチ、フライング・バットレスという外壁を支える飛梁。

ステンドグラス、窓が大きくなる。

トレサリー（窓装飾）、フランボワイヤン（火炎模様）

家具の特徴…リネンフォールド（折布飾り）が多用。

ギルド制度の定着⇒大型彫刻の家具が制作。

ハイバックチェアなど。

ハイバックチェア

西洋の歴史
近世のインテリア

ルネサンスから市民革命までが近世でした
ね？

Navigation

要点をつかめ！

ADVICE!

学習アドバイス

たくさんの文明、文化が展開される時期で、家具の特徴もめまぐる
しく変化します。
特に椅子はその変化が顕著ですので、特徴と椅子の組合せで覚えま
しょう。

キーワードマップ

─ ルネサンス⇒バロック⇒ロココ⇒ネオクラシシズム⇒19世紀初期

└ 初期アメリカ

出題者の目線

●歴史の範囲の中で一番よく出題されていますが、出題されつくした感があり、
　細かいところが出る可能性も否めません。
　興味のある時代を深く探求するといいでしょう。

詳しく見てみよう

ルネサンス、バロック、ロココ、初期アメリカ　公式上巻p49〜56

椅子の特徴を通して近世のインテリアについてまとめています。

1.　ルネサンス

イタリアのフィレンツェで興り、15〜16世紀に全盛期を迎える。

建物、インテリアの特徴…オーダーやシンメトリーの多用。

均整のとれた美しさを重視。

外観は、直線的で、水平線が強調されるデザイン。

主な家具の特徴

ダンテスカ………ルネサンス期の詩人ダンテが愛用した椅子

サボナローラ……有名な高僧の名前に由来する

カクトワール……婦人用椅子

カッサパンカ……長椅子

カッソーネ………婚礼家具 (チェスト)

タピスリー………つづれ織りの室内装飾品　優れた作品が

フランドル地方で生み出された

シャンボール城 (仏)、フォンテーヌブロー城 (仏)

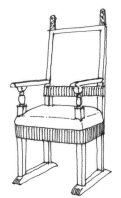

ルネサンス様式の椅子

エリザベス様式

エリザベス1世時代のイギリスルネサンスの様式のこと。

家具はシンプル。直線的でシンメトリーの美しさを強調。

円柱や飾り柱 (神楽、メロンの形が装飾)。天蓋 (キャノピー) 付きベッド　など。

2.　バロック

マルチン・ルターの宗教改革 (1517年) への対応上、カトリック教会が体制を強化し、それらを背景にしてバロック様式が誕生した。

バロックとは、いびつな真珠という意味に由来する。

ヨーロッパ各地で17〜18世紀に全盛期を迎える。

豪華さを競う様式

主な建物………サン・ピエトロ大聖堂 (バチカン)

ベルサイユ宮殿

主な家具………コンモード―脚付きのたんす

コンソール―壁付けの飾り台

バロック様式の椅子

ルイ14世様式

フランスのバロック様式（インテリアが豪華）

ルイ14世の時代に特に盛んになった。

ゴブラン織りの巨大なタピスリーなども制作された。

家具作家………**アンドレ・シャルル・ブール**。

ジャコビアン様式

17世紀前半にイギリスで盛んになる。

直線的で力強いデザインが特徴。

デザインの特徴………ねじり足、S字型渦巻、籐張り。

ウイリアム・アンド・マリー様式

ジャコビアン様式の次にイギリスで流行した様式。

材質の特徴…………オークからウォールナットへ。

その他の特徴………**寄せ木**や象眼など高い技術発展。

3. ロココ

18世紀にフランス、イタリア、スペイン、ドイツ、オーストリアなどに広まった。

ロココとは、貝殻や石で装飾した築山（つきやま）を示すフランス語の『**ロカイユ**』が語源。

それまでの古典装飾に対する反動で、曲線的、左右非対称、繊細優雅な表現。

バロックのような劇的な演出や壮麗さではなく、和やかさを演出。

主な建物…………ドイツのフュッセン近郊にたたずむヴィース教会（世界遺産）

家具の特徴………**カブリオール・レッグ**（猫脚）。

座や背にふんだんにクッションを使用。

寄木細工の装飾など豪華なものが多い。

ルイ15世様式

18世紀中期のフランスのロココ様式。

ロココ様式（ルイ
15世様式）の椅子

クイーン・アン様式

18世紀前期のイギリス、アン女王期。

椅子の特徴………花瓶、楽器の形状がモチーフ。

オープンワークの背もたれ、背板に透かし彫り。

カブリオール・レッグ（猫脚）。

クイーン・アン様式の椅子

チッペンデール

18世紀中のイギリスの家具デザイナー、**トーマス・チッペン**
デールが活躍。

　スタイルの特徴……カブリオール・レッグ、背板にリボンの
　　　　　　　　　彫刻。
　　　　　　中国風の**シノワズリー**。

チッペンデール様式の椅子

4.ネオクラシシズム (新古典主義)

18世紀中期以降、古典様式への関心が再び興った。

家具の特徴…………テーブルの脚は曲線から直線に。
　　　　　　　　　月桂樹、楽器などの装飾。
　　　　　　　　　フルーティング (縦溝)、表面の凹凸
　　　　　　　　　の彫刻は少なくなった。

ルイ16世様式

　有名な椅子…………**マリー・アントワネット**の椅子。

ネオクラシズム様式の椅子

ジョージアン様式

　イギリスのこの時代の家具は、後期ジョージアン様式と
呼ばれている (イギリス家具の黄金期)、。

アダム様式

　イギリスで、イタリアから帰った建築家ロバート・アダムが実践。

　家具の特徴…………椅子の背もたれに**メダリオン** (卵形)、
　　　　　　　　　シールド (盾形)、ハート形。

アダム様式の椅子

シェラトン様式

　家具デザイナー、トーマス・シェラトンによるスタイル。

ヘップルホワイト様式

　家具デザイナー、ジョージ・ヘップルホワイト。

　家具の特徴…………椅子の背もたれにシールド、ハート形。
　　　　　　　　　脚は四角形で先細り。

シェラトン様式
の椅子

ヘップルホワイト
様式の椅子

5. 19世紀初期（西洋）
アンピール様式

フランスでナポレオンの支配のもとで興った様式。

18世紀からのネオクラシシズムを引き継ぎ、直線的、**シンメトリー**での構成の中に、ナポレオンのイニシャルのNや、スフィンクス、白鳥、月桂樹などのモチーフで装飾。ビロードや金色の装飾を施した重厚感のある家具が制作された。

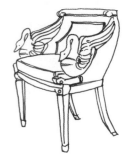

アンピール様式の椅子

リージェンシー様式

イギリスで興った様式。

アンピール様式にエジプト、中国などの異国情緒を取り入れたもの。

ネオゴシック様式

同じくイギリスで興った様式。

ゴシック様式の再生をうたうもの。

リージェンシー
様式の椅子

ビーダーマイヤー様式

アンピール様式の影響を受けて、ドイツやオーストリアで興った様式。

現代の家具に結び付く、実用的なデザインが特徴。

木工機械を使用。

ビクトリア様式

19世紀後半からは過去を振り返る保守的な傾向が強くなり、その代表的な様式。技術的に、コイルスプリングの使用、機械生産が導入され、機能性、量産性の面で進歩した。

6. 初期アメリカ
①コロニアル様式

コロニアルとは「植民地風の」という意味。

17世紀に植民が始まって以来、19世紀前半ごろまでは、ヨーロッパの建築やインテリアの様式を取り入れていた。

現在、**アーリー・アメリカン**様式と呼ばれるスタイルはこの様式のこと。

ビクトリア様式の椅子

アーリー・アメリカン
様式の椅子

・ハイボーイ…………脚付きの背の高い衣装だんす。
　　　　　　　　　　クイーン・アン様式を取り入れたもの。
・ローボーイ…………脚付きの背の低い衣装だんす。
・ウィンザーチェア……18世紀に流行したイギリスの椅子。

ウィンザーチェア

②フェデラル（連邦）様式

18世紀後半に流行したネオクラシシズム風の様式。

③シェーカー様式

　18世紀から19世紀にかけて流行したシェーカー教徒による
シンプルな家具のスタイル。

　はしご状の背を持つラダーバック（スラットバック）のもの
が多く作られる。

④ミッション様式

　19世紀スペインのキリスト教徒によってもたらされた様式。

シェーカー様式の椅子

得点アップ講義

絢爛豪華なベルサイユ宮殿は、ルイ14世が造営しました。
家具はアンドレ・シャルル・ブールが、インテリアはシャルル・
ル・ブランが担当しています。

\\POINT UP!/

西洋の歴史
19〜20世紀の
インテリア

いろんな流れが生まれてきて、枝分かれして
いく時代なのですね。

Navigation

要点をつかめ!

ADVICE!

学習アドバイス

人の名前と代表的な事柄を結び付けましょう。
国と時代も同時にセットで覚えましょう。

キーワードマップ

─ アーツ・アンド・クラフツ運動
─ 曲げ木家具
─ アール・ヌーボー
─ ゼツェッション（分離派）
─ 機能主義
─ ドイツ工作連盟

出題者の目線

● インテリアの西洋史も毎年必ず1問出ています。
範囲は広いので、どこが出るかはまったくわかりません。
やったところ、得意なところが出ればラッキーではありますが、万が一、わか
らなくても気にしない方がいいでしょう。

詳しく見てみよう

アーツ・アンド・クラフツ運動、アール・ヌーボー　公式上巻p56～58

3

インテリアの歴史

産業革命以降の各々のスタイルについてです。

1.　アーツ・アンド・クラフツ運動

19世紀産業革命➡インテリアエレメンツも量産化の時代へ。
➡製品の質の低下。
➡職人の手工業による良質な製品の製作、
販売を行う。
➡アーツ・アンド・クラフツ運動（イギリス）
ウィリアム・モリスがジョン・ラスキン
の影響を受けて始まる。
近代デザインの発展に大きな影響を与えた。

アーツ・アンド・
クラフツ運動の椅子

2.　曲げ木家具の量産

19世紀前半、**ミハエル・トーネット**（ウィーン）によって、
ブナなどの木材を使った曲げ木技術が完成された。
これにより曲げ木家具の量産が行われるようになり、その
曲線の美しいデザインは19世紀末のアール・ヌーボーの活動
につながる。

3.　アール・ヌーボー

19世紀末、ヨーロッパ全土で興った象徴的な芸術運動。
ウィリアム・モリスの活動の影響を受け、フランスを中心
に広がる。
植物の有機的な**曲線を多用**したデザインが特徴。
（主な人物）
・エクトル・ギマール…………パリのメトロ（地下鉄）の入口を設計。
・エミール・ガレ………………「ひとよ茸ランプ」などのガラス造形
　　　　　　　　　　　　　　　で知られる。
・アントニオ・ガウディ………スペインの建築家。
　　　　　　　　　　　　　　　「サグラダ・ファミリア教会」などを
　　　　　　　　　　　　　　　設計。
・アンリ・バン・デ・ベルデ…ベルギーとパリで活躍した建築家。
・**ビクトル・オルタ**…………ベルギーで活躍した建築家。

曲木椅子

アール・ヌーボーの椅子

ユーゲント・シュティール（若き様式）

ドイツ、オーストリアで生まれた運動。

モダン・スタイル（新様式）

同じころにイギリスで生まれたデザインの様式。

チャールズ・レニー・マッキントッシュは、ゴシック様式を単純化した直線的な構成を基本に、日本的な要素も取り入れてデザインを行った。

ハイバックの**ラダーバックチェア**が有名。

ラダーバックチェア

4. ゼツェッション（分離派）

19世紀末〜20世紀初頭にウィーンで興った芸術活動。

学問的、理論的な考えを離れ、実用的、機能的なデザインを追求する。

直角や円など幾何学的な装飾が特徴。

（主な人物）

・グスタフ・クリムト………画家。ゼツェッションの提唱者。

・オットー・ワーグナー……建築家。「実用主義」を唱える。

・ヨゼフ・ホフマン…………建築家。ウィーン工房を主宰。
　　　　　　　　　　　　　　ストックレー邸の設計が有名。

5. 機能主義

19世紀末にアメリカで興った、工場での機械的大量生産を前提とした合理的なデザインを追求する様式。

アーツ・アンド・クラフツ運動やアール・ヌーボーのアート志向とは一線を画する流れとなる。

（主な人物）

・ルイス・サリバン…………シカゴ派の建築家。鉄骨造りの高層建築を設計。

6. ドイツ工作連盟

20世紀初頭のドイツで結成された、機械と芸術の統一を実践する動き。

装飾性を極力なくし、機能を適切に織り込んだ即物的なデザインが特徴。

（主な人物）

・ペーター・ベーレンス……建築家。工業デザインの先駆的存在。

・**ブルーノ・タウト**…………日本ともゆかりの深い建築家。

Theme

7

重要度：★★★

西洋の歴史
20世紀の
インテリア

フランク・ロイド・ライトの建物などは、いまでもいくつか残っていますが、この時代から建っているのですね。

Navigation **要点をつかめ!**

学習アドバイス

ADVICE!

この時代のインテリアはかなり身近な気がします。
よく耳にする建築家やデザイナーも多くなります。

キーワードマップ

┌ デ・ステイル
├ バウハウス
└ アールデコ………ル・コルビュジエ、フランク・ロイド・ライト

出題者の目線

●このあたりの時代のものは、日本に現在も残っています。
ぜひ、ホンモノを見て、接し、感じるという流れで覚えることをオススメします。

詳しく見てみよう

デ・ステイル、バウハウス、アールデコ

公式上巻 p59〜64

いずれも近年のインテリアを彩ったデザイン集団です。

1. デ・ステイル派

第一次世界大戦後にオランダで興った、抽象的な造形を唱えるデザインの一派。

その名前は1917年に創刊された雑誌の名前に由来する。

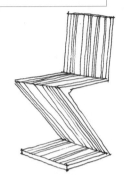

ジグザグチェア

（主な人物）

- **ピエト・モンドリアン**
  画家。**デ・ステイル**派に影響を与える。
  赤・青・黄の3色構成による抽象画で知られる。

- **トーマス・リートフェルト**
  デ・ステイル派の代表的な作家。
  「レッド・アンド・ブルーチェア（赤と青の椅子）」
  「ジグザグチェア」などで知られる。

ワシリーチェア

2. バウハウス

1919年、ドイツに創設された国営の造形学校。

近代デザイン教育、近代機能主義の発展に大きな功績を残した。

（主な人物）

- **ヴァルター・グロピウス** …………バウハウスの創始者。
- **ミース・ファン・デル・ローエ**……バウハウスの講師。
  代表作は「バルセロナ
  チェア」「MRチェア」。
- **マルセル・ブロイヤー**…バウハウスで学び、その後講師
  としても活躍。「ワシリーチェア」
  「チェスカチェア」。

MR チェア
(MR10)

スチールパイプを構造体に使用し、皮革との組合せによるモダンなデザインが多い。

バルセロナ・チェア

3. アールデコ

1925年、パリ国際装飾美術展において集大成されたデザイン様式。

アール・ヌーボーなどの装飾的な様式と、工業デザインが結び付いたもの。

幾何学模様が特徴。

アメリカ資本によるバックアップを受けて発展する。

トランサット・チェア

アールデコを代表する建築物に、クライスラー・ビルがある。

アールデコ時代に活躍した 2 大デザイナー

①ル・コルビュジエ

アールデコ時代の建築家。

住宅を「住むための機械」ととらえ、合理的なシステムを提案。

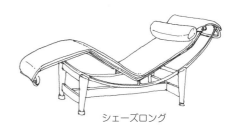

モデュロールの提唱者でもある。

「近代建築5原則」を唱える。

代表作は**シェーズロング**など。

シェーズロング

②フランク・ロイド・ライト

1922年、**日本の帝国ホテル**が完成。

機能主義全盛時代において、人間の健康的な生活に適した有機的な建築を提案した。

アメリカと日本をはじめ、世界中のその後の建築家、デザイナーに多大な影響を与えた。

\\ POINT UP! /

得点アップ講義

ル・コルビュジエが日本に唯一残した建築物は「国立西洋美術館」で、これは世界文化遺産にも登録されています。

3

インテリアの歴史

各国のデザイナー

近代的なデザインが出てくるころでしょうか？

Navigation

要点をつかめ！

ADVICE!

学習アドバイス

私たちの周りには、今の時代に活躍する作家たちのモノも多くあり、いつでも目にすることができます。

できれば現物を、それが無理なら写真ででも一度見ておくことは、試験だけでなく、その後のインテリアコーディネーターとしての仕事のうえにも役立つでしょう。

キーワードマップ

```
ヨーロッパ ─ デンマーク ─ アルネ・ヤコブセン、ハンス・ウェグナー　など
          ├ イタリア ─── ジオ・ポンティ、ヴィコ・マジストレッティ　など
          └ その他 ─── アルヴァ・アアルト、ブルーノ・マットソン　など
アメリカ ───────── チャールズ・イームズ、エーロ・サーリネン　など
日本 ─────────── 柳 宗理、剣持 勇　など
```

出題者の目線

●椅子の名前と特徴と作家を時代順に紐付けて覚えましょう。

この範囲は、ピンポイントで出る可能性が大きいです。

1つの言葉がわからないと、問題が解けないように感じますが、他の事柄との関係から推測して答えられるといいでしょう。

詳しく見てみよう

エッグチェア、PHランプ、バタフライスツール　など 公式上巻p49〜56

各国の有名デザイナーと代表作を紹介します。

1．ヨーロッパ

デンマーク

①アルネ・ヤコブセン

代表作

成形合板⇒ダイニングチェアシリーズ「アントチェア」「**セブンチェア**」。

硬質発泡プラスチック⇒「エッグチェア」「**スワンチェア**」。

照明器具⇒「AJランプ」など。

アントチェア　　　　　　セブンチェア　　　　　　エッグチェア

②ハンス・ウェグナー

無垢材を使用した、木工芸の要素を持ったデザインが特徴。

代表作

「Yチェア」「**ピーコックチェア**」「ヴァレットチェア」など。

Yチェア　　　　　　ピーコックチェア　　　　　ヴァレットチェア

③フィン・ユール

家具デザイナー。木製の彫刻的なデザインが特徴。

④ポール・ケアホルム

家具デザイナー。スチールを使用したシャープなデザインが特徴。

⑤ポール・ヘニングセン

照明デザイナー。「**PHランプ**」シリーズなど。

⑥コーレ・クリント

家具デザイナー。デーニッシュモダンの基礎を築く。

イタリア

モダンデザインの始まりの地、イタリア・モダン。
大胆なデザインと鮮やかな色が特徴的。

①ジオ・ポンティ

代表作「スーパーレジェーラ」は非常に軽い木製。

②ヴィコ・マジストレッティ

代表作「セレーネ」は、当時の新素材だったFRP（繊維強化プラスチック）一体成形の椅子。

セレーネ

③アキッレ・カスティリオーニ

代表作「メアドロ」「アルコ」（照明）。

その他
①アルヴァ・アアルト

フィンランドの建築家。
成形合板の椅子が有名。
代表作は「**パイミオチェア**」。

パイミオチェア

②ブルーノ・マットソン

スウェーデンの建築家、家具デザイナー。
積層成型の曲げ木加工を構造体に用い、麻のベルトを編んだ座面が柔らかくて特徴的。

③ハンス・コーレイ

スイス生まれのデザイナー。

代表作は、**オールアルミ**製が話題になった「ランディ」。

2. アメリカ

①チャールズ・イームズ

建築家、デザイナー。

代表作は「DCW（Dining Chiar Wood）」（成形合板）、

「**ワイヤーチェア**」「ラウンジチェア（オットマン付き）」

「アルミナムグループ」（アルミニウム＋皮革）。

DCM
(Dining Chiar Metal)

②エーロ・サーリネン

代表作は「チューリップチェア」（強化プラスチック）。

③ハリー・ベルトイア

代表作は「ダイヤモンド・チェア」。

④フィリップ・ジョンソン

建築家。代表作は「A&Tビル」「ガラスの家」。

ポストモダンの流れを作る。

チューリップチェア

⑤ジョージ・ナカシマ

手工芸の手法で木製家具をデザイン、製作。

⑥イサム・ノグチ

彫刻家、デザイナー。

岐阜ちょうちんをアレンジした照明器具

「**AKARI**」は大変有名。

3. 日本

①柳 宗理（そうり）

インダストリアルデザイナー。

代表作は「バタフライスツール」。

ダイヤモンドチェア

②剣持 勇（けんもち）

代表作「籐椅子」は、日本人の作品として初めてニューヨーク近代美術館のコレクションに選ばれた。

問題を解いてみよう

下の問題に〇か×で解答しよう。

問1 寝殿造りは、飛鳥・奈良時代に確立された。

問2 数寄屋造りは、書院造りに茶室の手法を取り入れたもので、安土桃山時代に確立された。

問3 ゴシック文化では、装飾的なデザインが多く、ハイバックチェアが生まれた。

問4 クイーン・アン様式はイギリスロココ様式で、ルイ15世様式もイギリスロココ様式である。

問5 日本のデザイナー、柳宗理の代表作は、「AKARI」である。

 答え合わせ

問1 正解：×

解説
平安時代に確立された。

問2 正解：×

解説
確立されたのは、江戸時代である。

問3 正解：○

解説
　ゴシック文化は、13～14世紀に全盛期を迎えた西ヨーロッパの様式である。代表的な建築物は、ノートルダム大聖堂 (フランス) である。

問4 正解：×

解説
　ルイ15世様式は、フランスのロココ様式である。

問5 正解：×

解説
　イサム・ノグチの照明機器が「AKARI」で、柳宗理の代表作は「バタフライスツール」である。

MEMO

第4章

インテリアの計画

1

生活像と空間像

どんなインテリアコーディネーションを実現
するにも、必要な基本があるのですね？

Navigation 要点をつかめ！

学習アドバイス

ADVICE!

似たようなカタカナ言葉が出てきますが、その違いをしっかり整理
しましょう。
インテリアコーディネーションを実現するのに必要な2つのことに
ついて覚えましょう。

キーワードマップ

┌ 生活像………ライフスタイル
└ 空間像………インテリアイメージ

出題者の目線

● 基本の部分です。
　言葉の内容を整理し、理解しておきます。
　文章の言い回しに気をつけて問題を解きましょう。

Lecture 　　　　　　　　　　詳しく見てみよう

ライフスタイル、インテリアイメージ　　　　公式上巻p66～67

　住まう人が何を望んでいるか、を知ることは最低限必要であり、聞き出したことを基本にインテリアコーディネーションをすることが重要です。

　近年、人々のくらしは多様化（年齢、収入、趣味、嗜好、生活環境、価値観など）が顕著になっている中で、何を聞き出せば良いのでしょうか。

1. ライフスタイル

　　生活像＝生活スタイル＝ライフスタイル
　　　　　　　　　　　＝どのような生活がしたいのか。
　　また、どのような**ライフサイクル**にいるか。
　　（ライフサイクル＝独身⇒結婚⇒出産⇒子育て⇒子どもの独立⇒熟年⇒老後…）

2. インテリアスタイル

　　空間像＝インテリアイメージ＝インテリアスタイル
　　　　　　　＝どんなイメージ、雰囲気の生活空間が好みか。

　　例えば………和風、ヨーロッパ風、ハワイアン…など地域や国別、
　　　　　　　　ロココ調、イタリア・モダン…など時代様式区分、
　　　　　　　　シック、カジュアル、ナチュラル…などスタイル別、など。

　この2つが揃って、ようやくインテリアが成立する。そのために、住まう人からこれらを聞き出すことが重要である。

人間工学

人間工学という分野がありますが、これはどんな内容で、私たちとどんなふうに関係しているのでしょうか？

Navigation

要点をつかめ！

ADVICE!

学習アドバイス

数字がたくさん出てきますが、そのほとんどは、私たちの日常生活に非常に密接に関連しているものばかりです。
日々の生活の中で実感しながら、覚えていきましょう。

キーワードマップ

```
＜人間工学の分類＞
┌ 物理・生理面 ──┬─ 人体寸法
│                ├─ 重量
│                ├─ 作業、動作の範囲
│                └─ 反応など
└ 心理面 ─────────── 習慣など
```

アメリカでは『ヒューマンエンジニアリング』と呼び、ヨーロッパでは『エルゴノミクス』と呼ぶことが多い。

出題者の目線

●このThemeからは、1問しか出ないときと4問出るときがあります。
　数字が多い範囲ですので、その分、数字の問われる問題が出題される確率が高いです。
　あやふやではなく、きっちりと数字も含めて覚えましょう。

Lecture # 詳しく見てみよう

人体寸法、作業域、知覚特性、ソシオペタル、ソシオフーガル 公式上巻 p67〜88

　いうまでもありませんが、機械を使うのは人間です。人間にとって使い勝手のよいように機械を設計し、調整するための手法を研究する学問領域のことを、人間工学といいます。

1．人体寸法

　身長Hを基準として、必要な寸法を概算するのに役立つ。

▼ 人体寸法の略算値

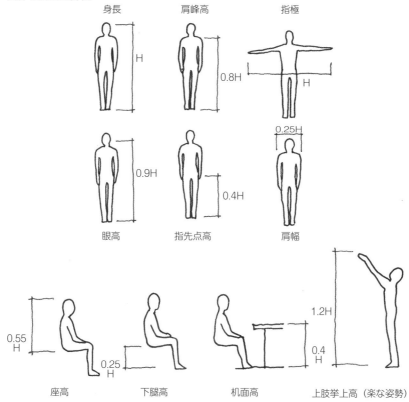

身長 H	肩峰高 0.8H	指極 H
眼高 0.9H	指先点高 0.4H	肩幅 0.25H
座高 0.55H	下腿高 0.25H	机面高	上肢挙上高（楽な姿勢）1.2H / 0.4H

日本人の平均身長　30代女性158.6㎝
　　　　　　　　　30代男性171.2㎝
　　　　　　　　　（2015年厚生労働省調べ）

MEMO

スケールがないときに寸法を測る手段として、自分の手を広げたときの寸法を覚えておくととても便利です。
ちなみに筆者は、右手をしっかりと広げた親指の先から小指の先まで約20cmです。

?cm

2. 人体各部の質量比

　立位姿勢での体全体の重心位置はへその少し下（丹田）であり、背もたれのない椅子に座ったときの座面にかかる力は、全体重の85％程度となる。

▼ 人体各部の質量比（%）

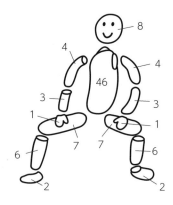

3. 動作と作業域

・生活姿勢の分類

立位………………**直立**
椅座位……………椅子に座っている姿勢
平座位……………**しゃがんだり**、四つん這いになったり、正座したり、胡坐をかいたりする姿勢
臥位………………寝ている姿

・人間の作業域

水平作業域………作業面上に手が動く範囲
垂直作業域………上下に手が動く範囲
立位作業域………両方が組み合わさった範囲

4. 感覚・知覚特性

特殊感覚……………視覚（見る）
　　　　　　　　　聴覚（聞く）
　　　　　　　　　嗅覚（かぐ）
　　　　　　　　　平衡覚（バランス）
　　　　　　　　　味覚（味わう）
体性感覚……………運動感覚（深部感覚）―車の加速度　など
　　　　　　　　　皮膚感覚（静的感覚）―床の平らさ　など
内臓感覚……………内臓痛覚（有機感覚）―内臓のけいれん・炎症　など
　　　　　　　　　臓器感覚（有機感覚）―全身の状態についての感覚。体感。

「味覚」と「内臓感覚」以外のすべての感覚を総合してインテリア空間を感じる。
以下にその特徴をまとめた。

視野と視界…………**両眼**で見える範囲は、左右**200**度。上下130度。
視線…………………水平よりもやや下向き。
　　　　　　　　　立位では約10度、椅座位では15度下向き。
　　　　　　　　　展示物は10〜30度下向き。
　　　　　　　　　案内サインは見下ろす高さ。床上の場合もある。
明順応と暗順応……暗い状況から急に明るくなったとき、その明るさに合わせよ
　　　　　　　　　うとするのが明順応……1分程度で順応する。
　　　　　　　　　明るい状況から急に暗くなったときに、その暗さに合わせよ
　　　　　　　　　うとするのが暗順応………30分程度で順応する。
聴覚の性質…………①強さ　②高さ　③音色
　　　　　　　　　聴力は20歳をピークとして、年齢とともに低下。
音の大きさ…………音波の持つエネルギーの大小のこと。
　　　　　　　　　人の耳には音の大小で感じられる。
　　　　　　　　　人間の耳に聞こえる範囲は、0〜**120**dB（デシベル）
　　　　　　　　　130dBで耳が痛く感じる。
　　　　　　　　　150dBで鼓膜が破れる。
音の高さ……………音波が1秒間に振動する回数（周波数）。
　　　　　　　　　周波数が大きいと高い音。
　　　　　　　　　周波数が小さいと低い音。
　　　　　　　　　人間の耳に聞こえる範囲は、20〜**10000**Hz（ヘルツ）。
　　　　　　　　　まれに20000Hzまで聞こえる人も。
　　　　　　　　　聞き取れる周波数の範囲を可聴音域という。

4

インテリアの計画

音色……………様々な高さ (周波数) の音が混ざって聞こえる感覚のこと。
　　　　　　　同じ高さに聞こえても、楽器の種類によって音色が違う、という
　　　　　　　現象。**音叉**は、単一の周波数で、純音という。
嗅覚……………においは、人間の五感の中で一番原始的な感覚である。
　　　　　　　においには、記憶と関係があるといわれている。
　　　　　　　においは、快感を伴うものと不快感を伴うものがある。
　　　　　　　アロマテラピーのようにインテリアの1つにもなる。
触覚……………人間の皮膚感覚。温覚、冷覚、痛覚、圧覚など。
　　　　　　　インテリアの材料に触れたときの感覚の働きは、直接的に感じる。

5. 心理特性、行動特性

・ポピュレーションステレオタイプ

　スピーカーのつまみを回すときの『右に回すと音量が大きくなり、左に回すと音量が小さくなる』。

　また、ドアのノブを回すときの『右に回すと開く』などのように、人間が無意識のうちにしている行動特性のこと。

・人と人との距離

　文化人類学者エドワード・T・ホールによる、人間のコミュニケーションに関する距離のこと。

　①密接距離……非常に密接な人同士がとる距離。手で触れ合える。
　②個体距離……親しい友人などの間でとられる距離。相手の表情がわかる。
　③社会距離……個人的な関係のない人同士の距離。普通の声で話せる。
　④公衆距離……かかわりあいの範囲外の距離。伝達は一方向。大声気味になる。

・パーソナルスペース

　環境心理学者ソマーが提唱。

　「他人に入ってきてもらいたくない見えない領域、空間」のこと。

　この領域は、民族、性別、文化などにより、また入ってこようとする相手の人によって、大きさ、範囲などが変わってくる。

　男性は自分より前に人がいるのを好まず、女性は周囲の人から見られるのを好まない。

・プライバシー

　プライバシーの定義にはいくつかあるが、環境心理学のアービン・アルトマンは、『自己あるいは自分のグループに対する接近を選択的にコントロールすること』と定義している。

・ソシオペタルとソシオフーガル

　精神科医のハンズフリー・オズモンドが発見した、人とのコミュニケーションの質とその配置について表したもの。

　　ソシオペタル（社会融合的）な配置………お互いに向き合う配置。

　　　　　　　　　　　　　　　　例＞会議・食事など

　　ソシオフーガル（社会離反的）な配置……お互いにそっぽを向き合うような配置。

　　　　　　　　　　　　　　　　例＞ホテルのロビーなど

　これら２つの中間的な形もある（相手からは見られているが、見られる側からは簡単に相手を見ることができない集まりの形）。

6. 家具・機器と人間とのかかわり

・**家具の分類**　人間工学的分類

　A：**アーゴノミー**系家具（人体系家具）

　　　　　　　……人体を支える……椅子、ベッドなどの脚もの

　B：セミアーゴノミー系家具（準人体系家具）

　　　　　　　……物を支える……机、調理台などの脚もの、箱もの

　C：**シェルター**系家具（建物系家具）……収納や遮断をする

　　　　　　　……棚、戸棚、たんす、ついたてなどの箱もの

・**人間工学的椅子**

　椅子とひと言でいっても、設計用の椅子の基準形は、5つ（5型）ある。

▼ 機能面から見た椅子の分類

5型	具体例	座面高	座面角度	座面と背もたれの角度
①作業いす	学校用いす、事務用いす	高い	水平	小さい
②軽作業いす	食事用いす、会議用いす	↕	↕	↕
③軽休息いす	応接会議用いす、喫茶用いす			
④休息いす	ソファー、安楽いす			
⑤まくら付き休息いす	リクライニングシート、ハイバックチェアシート、オットマン付き	低い	大	大きい

・人間工学的机

机の高さは、椅子の高さで決まる。

椅子の高さは、座位基準点（左右の座骨結節点の中央）で決まる。

机の高さ ＝ 椅子の座面の高さ ＋ **差尺**

差尺 ＝ **座位基準点**から机の上面までの距離

▼ 作業用椅子・机の適切な高さ

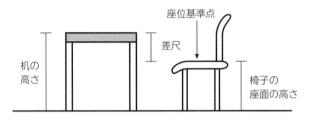

机の高さは、座位基準点から机の甲板までの垂直距離（差尺）で決まる。

差尺は、作業内容により異なる。

差尺の例）・筆記作業の場合……座高×1/3cm

読書または長時間作業の場合……座高×1/3－（2～3）cm

事務机の高さは、67cmおよび70cmとJIS規格で定められている。

学校用机の高さは、6cm刻みで40～76cmとJIS規格で定められている。

・人間工学的ベッド

人間は、立っている姿勢と寝ている姿勢では、重力のかかり方が違う。

そのことを解消するためにベッドでは、マットレスのクッション性がポイント。

クッション性は3層に分かれていて、上から順に以下のようになっている。

A層……直接身体にあたる柔らかい層（ウレタンフォームなど）

B層……人体を支え、姿勢を保つ硬い層（フェルト、パームロックなど）

C層……衝撃を吸収する柔らかさ＋硬さの層（コイルスプリングなど）

▼ 立ったときと寝たときの体の違い　　▼ ベットマットの構造

重力

A層
B層
C層

40～60mm　　20～30mm　　60～80mm

・**人間工学的作業台**

作業点の位置について考える。

作業点とは、立位で仕事をする場合の基準点。

それは、人間の身体とその作業 (器具) の接する点のこと。

・**キッチン関連の寸法**

フロアキャビネット (フロアユニット)

………床の上に置き、ワークトップの下に位置するユニット。

(注記) ユニットとは、フロアユニット、ウォールユニットまたはトールユニット
のいずれかを指し、収納または機器の組込みを目的とした空間を内部に備
えた箱状のもの。

ウォールキャビネット (ウォールユニット)

………壁または天井に取り付けられるユニット。

トールキャビネット (トールユニット)

………床の上に置き、その天面が、ワークトップよりも高い
位置にある背の高いユニット。

ワークトップ (天板) の高さ

JIS ……………………800、850、900、950 mm

ISO (国際基準)…………850、900 mm

ワークトップの奥行き

JIS・ISO　………………600 mm

(最大作業域 500 mm が目安)

MEMO

キッチン天板の高さの求め方は次のようになります。

「身長÷2＋50 mm」

例) 身長160 cmの人の場合　…　1600 mm÷2＋50 mm＝850 mm

洗面化粧台の寸法

JIS …………………………高さ720 mm、680 mm (子ども使用の高さ)

・**その他の人間工学的な検討ポイント**

ドアノブ、コンセント、スイッチなどの高さ。

たんす、書棚などの高さや奥行き。

インテリアの空間においては、すべて人間工学的見地から使いやすい寸法が割り
出されている。

4

インテリアの計画

▼ モノの取付け位置との関係

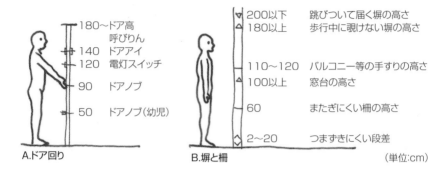

180～	ドア高
	呼びりん
140	ドアアイ
120	電灯スイッチ
90	ドアノブ
50	ドアノブ（幼児）

A.ドア回り

200以下	跳びついて届く塀の高さ
180以上	歩行中に覗けない塀の高さ
110～120	バルコニー等の手すりの高さ
100以上	窓台の高さ
60	またぎにくい柵の高さ
2～20	つまずきにくい段差

B.塀と柵

（単位:cm）

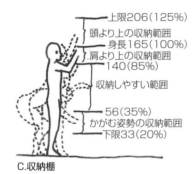

上限206（125%）
頭より上の収納範囲
身長165（100%）
肩より上の収納範囲
140（85%）
収納しやすい範囲
56（35%）
かがむ姿勢の収納範囲
下限33（20%）

C.収納棚

（図は成人男性を例として示した。
カッコ内の数字は身長に対する比率。）

●ここのThemeは、単独でも問題として出てきますが、他の
Themeと組み合わせて出題されることがあります。
人間工学は、インテリアのデザインをするうえでは、とても
重要です。

\\POINT UP!/

Theme

3

重要度：★★☆

空間

住空間にはどんな空間が存在し、また存在している必要があるのでしょうか？

Navigation

要点をつかめ!

学習アドバイス

ADVICE!

普段何気なくとっている動作です。
いつもより少し注意して動作をしてみると、作業域、作業空間などは理解できるでしょう。

キーワードマップ

```
┌─ 人体寸法 ⇒ 動作域（動作寸法） ⇒ 動作空間
│                              ⇒ 単位空間 ⇒ 住宅
└─ 住宅の区分
```

出題者の目線

● 住宅の区分のうち、「メゾネットタイプ」の住宅は、室内に階段があり、マンション内で2フロアになっています（マンションの中で2階建てになっているということ）。また、「テラスハウス」は、3戸以上が横に並んでつながったものです。

詳しく見てみよう

| 人体寸法、動作域、動作空間、単位空間 | 公式上巻p88〜91 |

空間から住宅へのつながりについて整理しましょう。

1. ＜例＞椅子に座ったとき

人体寸法

座ったときの膝、腕、目の位置

動作域（動作寸法）

座った状態で身体（腕、足など）を動かす空間

動作空間

椅子の周辺で行動するときの空間

↓

単位空間

その一連の空間の単位

動作空間（複数）	⇒	単位空間
単位空間（複数）	⇒	室
室（複数）	⇒	住宅

2. 住宅の区分

独立住宅……………………………平屋建て〜複数階建て住宅
2戸建て住宅 ……………………2戸を横に並べた形（集合住宅となる）
連続住宅（**テラスハウス**）………3戸以上を横に並べた形（通称、長屋）
共同住宅（階段室型）…………同じフロアを行き来できない階段（上下方向のみ）
共同住宅（**廊下型**）………………同じフロアで行き来ができる。
その他、メゾネット、ロフトなど

共同住宅は、低層（1〜3階）、中層（4、5階）、高層（6階以上）に区分される。
片廊下型、中廊下型、階段室型、スキップフロア型、集中型などがある。

Theme 4 寸法

重要度：★★☆

いろんなものには寸法がありますが、寸法の
体系にはどんなものがあるのでしょうか？

Navigation

要点をつかめ！

学習アドバイス

ADVICE!

モジュール（単位寸法、寸法体系）の考え方は、とても大切です。
特に図面を描くとき、現場で実測をするとき、そしてもちろん図面
を読むときの基礎になるものです。

キーワードマップ

```
モジュール ─┬─ 尺貫法
            ├─ メートル法
            └─ ヤード・ポンド法
```

出題者の目線

●モジュールによって、いろいろな違いが生まれてきます。
　実際の住宅では、その違いは大きくなります。そのことを頭に入れておくこと
　をオススメします。

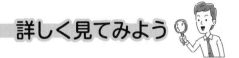

詳しく見てみよう

モジュール、尺、江戸間、京間 公式上巻p92〜96

住宅（おうち）の基本単位について整理しましょう。

モジュールとは、建築空間や構成材の寸法を決めるための単位寸法または寸法体系のこと。

・モジュールと単位

尺貫法（建築の基本単位）………1モジュール900mmまたは910mm

　　　1尺＝約**303**mm　3尺＝約909mm　➡1モジュール
　　　1間＝6尺（約1818mm）　　　➡2モジュール
　　　1坪＝1間×1間＝2畳＝3.30578m²

メートル法…………………………文字通り、1モジュール＝**1000**mm

ヤード・ポンド法

　1フィート＝304.8mm＝12インチ

　1インチ＝25.4mm

　1ヤード＝3フィート＝914.4mm

・畳の寸法

江戸間（田舎間、関東間）

　1畳＝1820mm（6尺）×910mm（3尺）

京間（関西間）　畳の大きさが一定

　1畳＝1910mm（6尺3寸）×995mm（3尺1寸5分）

団地間（公団サイズ、五六間）

　1畳＝1700mm（5尺6寸）×850mm（2尺8寸）

ひっかけのポイント

江戸間と京間、どちらが大きいか？　というのは基本問題で、正確なサイズに関する問題が出される場合もあります。
そういった問題は、言葉だけ知っていても解けないので、しっかり、それぞれのサイズも覚えましょう。

Theme 5 造形

重要度：★★☆

生活空間の中で、機能性と視覚的な美しさは、どちらが大切なのでしょう？

Navigation

要点をつかめ！

学習アドバイス

ADVICE!

機能性と同時に、視覚的な美しさ、プロポーションも大切です。そこには絶対の答えはありませんが、基本原理はあります。

キーワードマップ

```
┌ 空間表現………立体
└ 平面表現………錯視図
```

出題者の目線

●第36回（2018年）は2問出ていますが、そのほかの年は1問出題されています。
　よく目にしているものが多いですが、聞き慣れない言葉も出てくるので、そのあたりを整理して覚えましょう。

立体、正多面体、空間の形など

公式上巻 p96〜103

見え方のしくみについてまとめています。

1. 立体

平面と曲面で立体の形が決まる。

インテリアの歴史の中で、この2種類の面の形状による様式の特徴の変化が繰り返されてきた。　例) 曲面ばかりのアール・ヌーボー

↕

平面 (直線) ばかりのモダニズム

立体には「安定」「不安定」「静的」「動的」という表情がある。

2. 正多面体

まったく同じ正多角形の面から構成される正多面体には次の5種類があり、最も安定感のある立体である。

正4面体、正6面体、正8面体、正12面体、正20面体

3. 空間の形

インテリアでは、基本的には、天井 (屋根)・壁、床面から構成されている。

主に天井の形に、平天井、舟底天井、片流れ天井、掛込み天井、ヴォールト天井、折上げ天井などいくつかの種類があり、空間の変化をもたらしている。

4. 形態と視覚

「モノ」を認識する人の目には、次の4つの機能がある

明暗視………明暗を判断　　　　　形態視………形の違いを判断
色彩視………色の違いを判断　　　　運動視………動きを認識

恒常視………四角い箱を斜めから見ると、本来の形
　　　　　　　と違って台形のように見えるが、四角
　　　　　　　い箱として認識する。形状だけでなく、
　　　　　　　明るさや色の恒常視もある。

ミュラー・リヤーの図形

恒常視　⇔　**錯視**

錯視とは、実際のものとは異なって見えてしまう現象。「目の錯覚」ともいわれる。

・錯視図形の例
・ミュラー・リヤーの図形………同じ長さの線分が、違う長さに見える。
・**ヘフラー**の湾曲対比の図形……対比で同じ円弧が違う大きさに見える。

・矛盾図形の例
・ベンローズの三角形……………矛盾のある三角形。

・多義図形の例
・娘と老婆……………………………娘の顔にも、老婆の顔にも見える。
・**ルビンの壺**………………………壺にも、人が向かい合っている顔にも見える。

5. 図形の基本
・ユニティーとバラエティー（統一と変化）
統一の度合いが高いと整然とするが、面白みに欠ける。➡変化を適度に加える。

・ハーモニー（調和）
異なる性質のものが、きれいに融合し、全体として美しい。
フランク・ロイド・ライトの住宅（○・△・□を散りばめている）
➡ディスハーモニー（不調和）

・バランス（均衡）
シンメトリー（対称）⇔**アシンメトリー（非対称）**
シンメトリー………………………ギリシャ、ローマ、ゴシック、ルネサンス
アシンメトリー……………………バロック、ロココ
日本庭園、イギリス庭園……アシンメトリー
フランス庭園……………………シンメトリー

・プロポーション（比例）
黄金比　1：1.618…………様々な造形に使われている（黄金分割のこと）。
ルート長方形　……………長方形の短辺を1として、長辺を$\sqrt{2}$、$\sqrt{3}$、$\sqrt{5}$
　　　　　　　　　　　　　　　　そのほかに、整数比、級数比などがある。

・リズム（律動）
リペティション（反復）⇔グラデーション（階調）

6

色彩

重要度：★★☆

色彩の理論は難しそうだけど、どんな理論なんですか？

Navigation

要点をつかめ！

学習アドバイス

ADVICE!

色とひと言でいっても奥が深いです。
日常、何げなく見ている色の不思議さが生じる原理を説明しています。

キーワードマップ

- 可視光線
- 色相・明度・彩度
- マンセル表色系
- オストワルト表色系
- PCCSのトーン分類
- CIE表色系
- JIS慣用色名
- 色の混色
- 色彩計画

出題者の目線

●出題数は、例年1問ですが、実際にインテリアコーディネーションをするときには欠かせない分野ですので、ぜひしっかりと整理して理解したいところです。

詳しく見てみよう

可視光線、色相環、色の混色、色の感情効果、色彩計画 公式上巻p103〜111

1．色とは

色とは、光が目に入り、視神経を刺激し、脳に伝わることで生じる感覚のこと。

人間の目で見える光………電磁波380〜780 nm（ナノメートル）

〜380 nm	紫外線
380〜780 nm	**可視光線**
780 nm〜	赤外線

ここで1 nm（ナノメートル）は1 mの10億分の1。

2．色の種類

```
┌ 光源色
└ 物体色 ──┬── 表面色
          └── 透過色
```

＜光源色の例＞太陽光

すべての波長の光を同じ割合で含んでいる⇒色を感じさせない。

⇒　プリズムによって分光する。

⇒　単色光と呼べる7色の光（色）の配列ができる＝スペクトル。

3．光の見え方

リンゴが赤く見えるのは、主に赤の領域の長波長が多く反射するため。

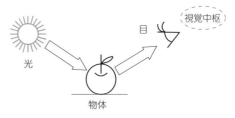

視覚中枢

目

光

物体

4．色の表し方

決まりに従い、色を数字や文字で表現する➡再現が可能。

・色の3属性

① 色相………赤、黄、青など、色味（色合い）を表現

② 明度………色の明るさを度合いで表現

　　　　　　すべての色の中で一番明度が高い＝白

　　　　　　すべての色の中で一番明度が低い＝黒

③ 彩度………色の鮮やかさの度合いを表現

　　　　　　各色相の中で一番彩度の高い色＝純色

有彩色………赤、青など、三属性で体系化して表現。

無彩色………白、灰色、黒など、明度だけで表現。

色相環………色相を光の波長の順に並べ、赤と紫の間に「赤紫」を加えて環状に表したもの。

色立体………色相、明度、彩度を3次元の各方向に割り当てて規則的に並べたもの。

・マンセル表色系

アメリカの画家、教育者のマンセル氏が考案。

日本産業規格（JIS）でも採用。

色相（Hue）………基本5色……赤（R）、黄（Y）、緑（G）、青（B）、紫（P）に中間色相を加えて10色。

　　　　　　　　　中間色5色…黄赤（YR）、黄緑（GY）、青緑（BG）、青紫（PB）、赤紫（RP）。

　　　　　　　　　さらに10に分ける➡100色相（マンセルの色相環）

明度（Value）……完全な黒を0、　完全な白を10、　この間を11段階に分割。

　　　　　　　　　（現実世界には、完全な黒や完全な白が存在しないので、色票などでは、1～9.5）

彩度（Chroma）…無彩色を0。数字が増すごとに鮮やかになる。

　　　　　　　　　彩度が最も高いのは、RやYRで14。

　　　　　　　　　色相によって最高値が異なる。

表記の形式：

HV/C　⇒　色相・明度/彩度で色を表現。

例）　**10GY 4 / 8**　………「10ジーワイ4の8」と読む。
　　　色相　明度　彩度

マンセル色立体…三次元の空間上に、色相、明度、彩度の三属性を体系的に色を示した立体のことを**色立体**という。

・オストワルト表色系

ドイツ人のオストワルト氏が考案。

8色の基本色相を3分割➡24色

各色について、白色量・黒色量・純色量を比率で8段階で表現（オストワルト色相環）。

完全な回転体になる（オストワルト色立体）。

・PCCS（日本色研配色体系）

一般財団法人日本色彩研究所のシステム。

色相は24色相を基本とする。

「紫みの赤」という呼び方＋トーン「明るい（ブライト）」の組合せ。

・CIE 表色系

国際照明委員会が考案。

　色光の三原色の赤（R）、緑（G）、青（B）を混合してすべての色を再現できる、とする考え方（CIE色度図）。

・慣用色名

動物、植物、鉱物の名前や、染料、顔料の名前などで表現する。

JISで表記するが、限定されていない。

5. 色の混色

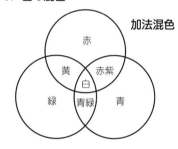
加法混色

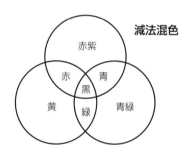
減法混色

・加法混色 _{かほうこんしょく}

単色の光を混ぜる。テレビ、モニター照明など。

色光の三原色を混ぜる➡赤＋緑＋青＝白色。

・減法混色 _{げんぼうこんしょく}

透明絵の具やカラー印刷、色フィルターなどで3原色を混ぜる。

色料の三原色を混ぜる➡赤紫（マゼンタ）＋黄＋青緑（シアン）＝黒色。

・中間混色

回転混色…塗り分けたコマを回して見えるときの混色。

併置混色…細かく色を並べたときに見られる混色。

・補色

マンセルのなどの色相環において **180** 度反対側に位置する色は補色の関係である。

6. 色の対比

色の組み合わせ方で見え方が様々になる現象。

　同時対比……2つ以上の色を見るときに生じる現象。

　色相対比……色相が異なる2色を同時に見たときに、それぞれの色の色相の差が、

　　　　　　　より大きく見える現象。

明度対比………明度が異なる2色を同時に見たときに、明度の高い色はより明るく、明度の低い色はより暗く見える現象。

彩度対比………彩度の異なる2色を同時に見たときに、彩度の高い色はより鮮やかに、彩度の低い色はよりくすんで見える現象。

補色対比………補色の色同士では、それぞれの彩度が高く見える現象。

継時対比………ある色を見てからすぐに別の色を見るときに起きる現象。

補色残像………「赤」色を見続けたあとで、視線を移すと、そこに赤の補色である「緑」がぼんやり見えるように感じる現象。

色の同化………ある色が周りにある色に近づいて見える現象。

色の面積対比…同じ色でも、面積が大きいと明るく鮮やかに見え、面積が小さいと暗く濁って見える現象。

色の**視認性**……色の見えやすさのこと。
背景の色とそのものの色の明度の差が大きいと見えやすい現象。

7. 色の感情効果

色は、人の感情にいろいろな影響を与える。

インテリアコーディネーションにおいて、その効果が生かされる。

暖色と寒色

赤・橙・黄など………暖色系 (暖かさを感じさせる色)。

青緑・青など…………寒色系 (冷たさを感じさせる色)。

緑・紫など……………中性色 (温度感与えない色)。

興奮色と沈静色

彩度の高い暖色系……気持ちが高ぶる興奮色。

彩度の高い沈静系……気持ちが落ち着く沈静色。

彩度が**低く**なると興奮性も沈静性も弱まる。

進出色と後退色

進出色………暖色系の色は飛び出してくるように見える。

後退…………寒色系の色は後ろに遠ざかっていくように見える。

高明度の色は、低明度の色より進出して見える

膨張色と収縮色

高明度で高彩度の色………膨張して大きく見える。

低明度で低彩度の色………収縮して小さく見える。

色相では、暖色系の方が、寒色系より**膨張**して見える。

軽い色と重い色

軽く感じる色………高明度の色。

重く感じる色………低明度の色。

柔らかい色と硬い色

高明度の色…………柔らかく見える。

低明度の色…………硬く見える。

8. 配色調和

2つ以上の色を組み合わせることを**配色**という。

調和のとれた配色とは、心地よく感じられる配色のこと。

ムーン＆スペンサーの調和論。

・配色の調和

同一色相の調和…………………同じ色相で明度または彩度が異なるものの間で生
じる。

類似色相、近似色相の調和……色相環上の近い位置にある色同士の調和。

対照色相、対立色相の調和……相対する位置にある色同士の調和。

9. インテリアの色彩計画

色彩計画（カラースキーム）は、できるだけ早い時点で明確にしておくことが必要。

イメージの設定

⬇　「落ち着いた」「明るい」など。

構成要素のチェック

⬇　天井・壁・床などの条件チェック。

基調色

⬇　イメージをもとに基調色を決める。

配合色と強調色

アソートカラーとアクセントカラーを決める。

ベースカラー　　　（基調色）全体の70%　天井・壁・床など大面積

アソートカラー　　（配合色）全体の25%　カーテン・家具など中面積

アクセントカラー　（強調色）全体の5%　　アクセサリーなど小面積

・見え方の特性

素材によって見え方が変わる　＜例＞木、布、鏡面材など

光源によって見え方が変わる　＜例＞昼、夜、間接照明など

面積によって見え方が変わる　＜例＞壁、家具など

7 安全

重要度：★★☆

安全は大切ですが、どんな決まりがあるので
しょうか？
どんなことに気をつける必要があるのでしょ
うか？

Navigation

要点をつかめ!

ADVICE!

学習アドバイス

私たちが生活するうえでいつもついて回るのが災害の可能性です。
身近な問題ですので、整理しながら、しっかり覚えましょう。

キーワードマップ

```
┌ 非常災害 ── 火災・地震災害
├ 日常災害 ┬ 健康被害
│          └ 墜落・転落と防止策
└ 室内空気汚染
```

出題者の目線

● 「内装制限」という言葉にはなじみがないかもしれませんが、とても重要な規
定です。
「不燃材料」「準不燃材料」といった言葉にも慣れましょう。

Lecture

詳しく見てみよう

不燃材料、転落防止、シックハウス症候群　　公式上巻p111〜115

「安全」については法規でも定められています。以下のような規定があります。

1. 非常災害

・火災

① 建築基準法による内装制限

　建物、部屋の用途、規模、構造などにより、室内空間の防火性能を規定。

　防火性能を達成するため、それぞれ一定の性能基準を満たした防火材料を使わなければならない (スプリンクラーの設置によって、内装制限が適用されない場合もある)。

　・**不燃材料**

　　コンクリート、レンガ、瓦、石綿スレート、鉄鋼、アルミニウム、ガラス、モルタル、漆喰、その他これらに類する建築材料。

　・準不燃材料

　　木毛セメント板、石膏ボード、その他の建築材料。

　・難燃材料

　　難燃合板、難燃繊維板、難燃プラスチック板、その他の建築材料。

　・化粧材料

　　薄く仕上げる化粧材料について、規定の施工法による場合に下地材の防火性能を認めるもの (塗料、繊維壁、湿式吹付け材料)。

② 消防法による制限

　高層住宅などで使用する**カーテン**や絨毯には防炎対象物品を使う。

・地震対策

　安全性の考慮された家具を選ぶ。

　転倒防止金具などによる家具の固定。

2. 日常災害

・落下型

　バルコニーや窓、吹抜けの部分などからの**墜落防止**のため、バルコニーの手すりの高さは1100mm以上。

　手すり子の間隔は、幼児の頭が入らないように110mm以下。

　横桟などは、子どもが登る危険があるので、デザインや形状に配慮が必要である。

4

インテリアの計画

▼ 手すりの高さと手すり子の間隔

| | | | 110mm 以下 |

1100mm
以上

成人の重心より | 近くに物を | 横の手すりは子 | 幼児の頭がす
も高く | 置かない | どもがよじ登る | り抜けない間
| | 可能性があるの | 隔で
| | でやめる |

　階段やスロープの**転落防止**のため、建築基準法施工令では住宅の階段の蹴上げ[け あ]は、230mm以下。

　踏面[ふみづら]は150mm以上となっているが、勾配角度が55度となるので実用的ではない。

　蹴上げ190mm以下、踏面230mm以上、勾配40度以下が一般的。

　踏面の前端にノンスリップを付ける。

　滑りにくい素材を選ぶ⇒**転倒防止**。

　手すりの取付け (800〜900mm＋高齢者100mm)。

　照明器具や装飾品の吊下げなどの**落下防止**。

・**接触型**

　衝突、挟まれなどの防止。

　ドアの開閉時、目視できず人同士が衝突するなどの防止。

・**擦りむき、切り傷**

　壁の仕上げ材の凹凸でのけが防止。

3. 室内空気汚染

　揮発性有機化合物 (VOC)、トルエン、キシレン、ホルムアルデヒドなどの化学物質が空気中に滞留し、シックハウス症候群や化学物質過敏症を引き起こす。

　改善対策　①建材、内装材、塗料などの選定。

　　　　　　②十分な換気。

　　　　　　③気密性の高い住宅では、機械換気に気をつける。

Theme 8 住宅の性能評価

重要度：★★☆

最近耳にするようになった「住宅性能」、
どんな内容になっているのでしょう？

要点をつかめ！

Navigation

ADVICE!

学習アドバイス

住宅性能表示制度は分野が広いので、インテリアにかかわりの深い
部分を覚えましょう。

キーワードマップ

- 住宅性能表示制度
- 建築環境総合性能評価システム（CASBEE）

出題者の目線

- 今後さらに注目度が高まる項目です。
  インテリアにかかわりの深い性能は覚えましょう。

詳しく見てみよう

住宅性能表示制度、CASBEE	公式上巻p115〜120

建物の「性能」の目安の基準として制定され、運用されています。

1. 住宅性能表示制度

2000年（平成12年）に「住宅の品質確保の促進に関する法律（**品確法**）」が制定された。制定内容の1つに「住宅性能表示制度」がある。

住宅の客観的な物差しとしてわかりやすく、住宅の性能を評価するために広く使われている。

内容としては、構造の安定、火災時の安全、劣化の軽減、維持管理・更新への配慮、温熱環境、空気環境、光・視環境、音環境、**高齢者等**への配慮、**防犯**対策。

項目ごとに3〜5等級に分かれている。

インテリアにかかわりの深い性能

① 維持管理・更新への配慮…給排水管、給湯管、ガス管の維持管理。

② 温熱環境……………………冷暖房に使用するエネルギー削減のための断熱化。

③ 空気環境……………………室内空気の汚染物質の換気対策など。

④ 光・視環境………………採光のための開口部面積。

⑤ 音環境………………………床衝撃音対策、共同住宅の界壁通過損失対策。

⑥ 高齢者等への配慮…移動の安全、介助のしやすさ（共用部と専用部別）。

2. 建築環境総合性能評価システム（CASBEE：キャスビー）

建築物を環境性能で評価するシステム。

一般財団法人建築環境・省エネルギー機構に登録された「CASBEE評価員」が判定する。

得点アップ講義

\\POINT UP!/

品確法は、1. 新築住宅の基本構造部分の10年間の瑕疵（かし）保証
2. 住宅性能表示制度（新築・既築）
3. 紛争処理体制の整備
の3本柱で構成されています。

Theme 9 生活シーン別部屋のポイント

重要度：★★☆

部屋のどんなところに気をつけると
快適になるのでしょうか？

Navigation

要点をつかめ！

ADVICE!

学習アドバイス

日常生活の中で知っていることも多いかもしれませんが、間違って
覚えていないか？　あやふやなところはないか？　を見直してみま
しょう。

キーワードマップ

各部屋の名前⇒その目的と注意点

出題者の目線

● 例えば、高齢者の個室などは、他の分野の問題と絡めて出題されることが多い
ようです。
また、高齢者の問題は出題される傾向がますます強まるでしょう。

詳しく見てみよう

各部屋の内容　　　　　　　　　　　　　　公式上巻p121〜136

各々の部屋の役目について確認しましょう。

1. 3LDK

3LDKとは、

　3つの居室＋1つのリビング (L) ＋1つのダイニング (D) ＋1つのキッチン (K) のこと。

　LDK型

　　LDKの間に間仕切りがなく、1つになっているスタイル。

　L・DK型

　　DKが1つになっていて、Lがある程度区画されているスタイル。

　LD・K型

　　LDが1つになっていて、Kがある程度仕切られているスタイル。

　L・D・K型

　　3つがある程度仕切られたスタイル。

　Kの3つの種類

　・クローズドキッチン………ドアなどで完全に独立している。

　・セミオープンキッチン……LやDとの間に多少の仕切りがある。

　・オープンキッチン…………DやLとの間に間仕切りがない一体型。

2. ユーティリティー

家事室のこと。洗濯、乾燥、アイロンがけができる専用の部屋。

すべての家にあるわけではない。

3. 個室

日本では1950年代ころまで、個室という概念がなかった。

　・個人を尊重するため。

　・食寝分離と個別就寝が広がったため。

　・生活の洋風化。

以上3つの理由などにより個室が生まれた。

4. 高齢者の個室の留意点

　・視力の低下。

　・視野狭窄。

・**色**の判別が困難。

・明るさの感知力が鈍る。

・老人性難聴　＜例＞テレビなどが聞こえにくくなる。

・握力の低下　＜例＞水栓が回しにくくなる。

・暑さ、熱さ、冷たさ、寒さの感覚の低下　＜例＞やけどしやすい。

・**嗅覚**の低下　＜例＞ガス漏れしていても気づきにくい。

・体力の低下　＜例＞床の段差につまずきやすくなる。

これらに配慮した部屋作りに努める必要がある。

5. サニタリー

キッチンを除く、トイレ、洗面所、浴室などの水回りのこと。

トイレ

トイレは、介助者も入れるスペースを確保。

清潔感のある、掃除のしやすいスペースにする。

洗面・脱衣所

洗面化粧台の設置が必要。

浴室へのアプローチでもあるので、冬の室温管理も必要。

浴室

冬の室温のギャップによるヒートショックの防止策が必要。

手すりの設置が必要。すべり止め床が必要。

洗濯機置場

洗面所にあったり、バルコニーにあったり、独立していたりする。

洗い物や、関連小物の収納が必要。

6. 玄関・廊下・階段・収納

居室をつなぐ空間。

玄関

日本の伝統的な考え方（玄関は主の顔、おもてなしをする場）。

防犯対策、おもてなしの装飾、出入りのスムーズさ。

廊下

広さは建物のモジュールによって異なるが、なるべく広く使えるようにする。

手すりを付ける、付けない、も考慮する。

階段

事故の多い場所である。傾斜などは建築の範ちゅうだが、手すりを付ける、足元を明るくする、といった安全上の配慮をする。

収納

入れたいものを、入れやすいように、入れたい場所に収納する。

10 リフォーム

リフォームは最近増えていますが、どんなことに注意する必要があるのでしょうか？

Navigation

要点をつかめ!

学習アドバイス

ADVICE!

新築とリフォームは違います。
それを頭に入れて考えましょう。

キーワードマップ

- 戸建てリフォーム
- マンションリフォーム —— 専有部分
  - 専用使用部分
  - 共用部分

出題者の目線

●リフォームは、今、新築よりも注目を集めています。
　ですが、近隣住民に迷惑をかけるケースも多いようです。
　そうならないためにも、ルールを守ってリフォームをしたいものです。

Lecture 詳しく見てみよう

専有部分、共用部分、専用使用部分　　公式上巻p137〜140

4

インテリアの計画

　ひと口にリフォームといっても、その目的あるいは戸建かマンションかによって、やり方が変わります。

1. リフォームの種類

・住宅性能の維持…………経年劣化などによる老朽化、性能低下を食い止める。

　＜例＞キッチン、浴室など水回りのリフォーム。

・性能の向上………………今よりも性能を向上させる。

　＜例＞断熱性を向上させるためのインナーサッシ。

・目的や間取りの変更……ライフスタイルの変更による用途変更など。増築工事を含む。

　＜例＞和室をLDKの一部とするリフォーム。

2. マンションのリフォーム

　マンションなどの集合住宅でのリフォーム工事には、様々な制約がある。

　区分所有法の規定で、リフォームができるのは、**専有**部分のみ（共用部分および**専用使用**部分はリフォームしてはいけない）。

　具体的には、天井・壁・床の躯体部分

　　　　　　玄関扉、ガス、給排水の1次側（メーターから外側）

　　　　　　バルコニーなどのサッシ（共用部分）

　　　　　　バルコニー、ベランダ（専用使用部分）

は、原則としてリフォームをしてはいけない。

　専有部分は、管理組合の規定に従い、その規定の範囲内でリフォームを行うこと。

　また、近隣住民に迷惑をかけないよう十分に配慮する（これはマンションに限らず戸建てでも同じ）。

得点アップ講義 ＼POINT UP!／

●マンションの玄関扉は共用部分であるため、自分で勝手に扉の交換やリフォームをしてはいけません。

問題を解いてみよう

下の問題に〇か×で解答しよう。

問1 ホテルなどで見かける、浴槽＋トイレ＋洗面台のユニットのことをスリーインワンという。

問2 日本において昔から使われてきたモノを測る単位をメートル法という。

問3 人間が光として感じることのできる電磁波の波長は、380～1000ナノメートルである。

問4 明順応と暗順応のうち、目がすぐに慣れるのは明順応である。

問5 ドアノブを開けようとするとき、無意識に右に回そうとするような傾向や癖のことを、ポピュラーモーションという。

問6 机の高さは、椅子の高さ＋差異である。

問7 住宅が3戸以上横につながった形で建てられている形式を、テラスハウスまたはコーポラティブハウスという。

問8 人間の視界は、上方へ46～55度、下方へ67～80度、左右方向は両眼で約270度といわれている。

問9	「娘と老婆」の絵は、矛盾図形と呼ばれている。

問10	ベランダなどの手すりの高さは、転落防止の観点から110㎝以上とされている。

答え合わせ

問1	正解：○

解説

スリーインワンでも、サイズは何パターンもある。

問2	正解：×

解説

メートル法ではなく、尺貫法である。

問3	正解：×

解説

人の目に見える光の範囲は、380～780ナノメートルである。

問4	正解：○

解説

暗順応は、30分ほどかかる。

問5　正解：×

解説

ポピュレーションステレオタイプという。

問6　正解：×

解説

差異ではなく、差尺である。

問7　正解：×

解説

テラスハウスという。コーポラティブハウスは、建物の形ではなく、建設するオーナーの組合組織のことである。

問8　正解：×

解説

両眼による総合左右視野は180〜200度といわれている。

問9　正解：×

解説

矛盾図形ではなく、多義図形である。

問10　正解：○

解説

手すりの高さは1100mm以上である。

第**5**章

インテリアエレメントなど

インテリアエレメントの基本

インテリアエレメントとはどんなモノを指すのでしょうか？

Navigation

要点をつかめ！

学習アドバイス

ADVICE!

とにかく、多種多様です。
なので、いくら紙面を割いても追い付かないでしょう。
ですから、自分の好きなところから深堀りし、そこからどんどん広げていきましょう。

キーワードマップ

- 建築の一部 ── 造作系
- 生活サポート系エレメント ── 設備系
- 生活環境を整える関連エレメント
- その他関連エレメント

出題者の目線

- 今は決まったサイズのものだけでなく、いろいろな寸法の商品や内装など数多くの製品が出てきています。
  身の回りの物の寸法を測って確かめる習慣が、試験で生かされるでしょう。

詳しく見てみよう

インテリアエレメントの分類

公式上巻p142～143

　インテリアエレメントとは、あまり日常では使わないかもしれません。どんなものか見てみましょう。

1. インテリアエレメントとは

　「インテリアエレメント＝**商品**」である。

　室内には生活するための各種機器、家具、什器(じゅうき)が必要で、それらのモノ、部品、生活用品を含めて、ここでは「インテリアエレメント」と呼ぶ。

2. インテリアエレメントの分類

　使われ方の役割別に分類。

　①建築の一部となっているエレメント

　　　造作系―内装仕上げ部材、収納部材、建具部材、階段部材など。

　　　設備系―給排水設備機器、換気・空調設備機器、水回り設備機器、

　　　　　　　照明電気設備機器、防災設備機器など。

　②生活サポート系エレメント

　　　家具、什器など。

　③生活環境を整える関連エレメント

　　　ウィンドウトリートメント、カーペット、インテリアオーナメントなど。

　④その他関連エレメント

　　　キッチン用品、寝装・寝具、エクステリアエレメントなど。

得点アップ講義

\POINT UP!/

インテリアエレメントは多種多様であり、製品の性能やデザインなどの変化もはげしいので、常に情報を集めておく必要があります。

縦書き：5　インテリアエレメントなど

住宅用の家具分類

ひと口に家具といっても、いろいろな角度からの分類ができます。具体的にはどんなふうに分類するのでしょう？

Navigation

要点をつかめ！

学習アドバイス

ADVICE!

普段は、こんな分類はしないでしょう。
ここでは一度、こんな分類で考えてみます。

キーワードマップ

- アーゴノミー系家具
- セミ・アーゴノミー系家具
- シェルター系家具

出題者の目線

- 家具分類のどこに入るかで、その家具の役割がはっきり違います。
  家具分類は、いつも2～3問出題されています。
  次のTheme3と一緒に覚えましょう。

Lecture

詳しく見てみよう

アーゴノミー系家具、セミ・アーゴノミー系家具、シェルター系家具

公式上巻p145〜158

あまり耳なじみがないかもしれませんが、家具の分類について見てみましょう。

1. 家具の種類（機能別分類）

家具・人体系家具（**アーゴノミー**系家具）➡椅子、ベッドなど

ロッキングチェア、フォールディングチェア、リクライニングチェア、
スタッキングチェア、回転椅子、ギャンギング、ベッド、寝椅子、座椅子など。

準人体系家具（**セミ・アーゴノミー**系家具）➡机、調理台、カウンターなど

食卓、座椅子、勉強机、サイドテーブル、受付カウンター、調理台、
エクステンション（伸長式）テーブル、バタフライ（フォールディング）テーブル、
ネストテーブル、ライティングビューロー、製図台、工作台など。

建物系家具（**シェルター**系家具）➡棚、たんす、ついたてなど。

本棚、食器棚、洋服だんす、和だんす、吊り戸棚など。

2. 家具の種類（空間別分類）

ダイニングセット

　肘付き椅子の場合…1人分の幅750mm

　肘ナシ椅子の場合…1人分の幅600mm

　ダイニング机…4人用…1500×900mmや1800×900mm

　肘ナシ椅子と机の組合せ…5人用…1500×800mm

　肘付き椅子と机の組合せ…5人用…1800×900mm

キッチンカウンター（食事用）

　高さ800〜850mm

リビングルーム

　イージーチェア、ソファ、パーソナルチェアとオットマン、
　リビングテーブル、リビングボード、サイドボード（飾り棚）など。

寝室

　ベッド、ナイトテーブル（ベッドサイドに置く小さめのテーブル）、
　ワードローブ（クローゼット）、ドレッサー（鏡台）など。

和室

　座椅子、座卓、たんす類、飾り棚等の棚、小物類（ついたて等）など。

3 椅子

重要度：★★☆

アーゴノミー系家具の代表選手である椅子。
構造はどうなっているのでしょう？

Navigation

要点をつかめ！

学習アドバイス

ADVICE!

家具の中でも重要な椅子とソファーについて、そのしくみ、構造を
まとめます。
代表的な構造を覚えましょう。

キーワードマップ

- 座
- 背
- 脚

出題者の目線

● アーゴノミー家具の代表でもあります。

普段、何気なく使っているかもしれませんが、試験では、細かく出てくる可能
性があります。

図がなくても、問題文がどこのことを述べているのかわかるようにするといい
でしょう。

詳しく見てみよう

椅子、ソファの構造

公式上巻 p159〜162

椅子の構造について、代表的な形で詳しく見てみましょう。

1. 椅子の種類

無垢材椅子……すべてを木で製作。

曲木椅子………木を曲げ、背板などの曲面を構成。軽量、構造上の強度大。

成形合板椅子…薄板を成形して接着し、継ぎ目なく製作。軽量、耐久性に優れる。

椅子の基本構造

▼ 椅子の基本構造

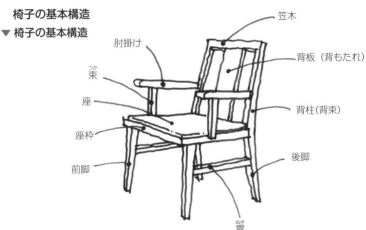

笠木

肘掛け

束（つか）

背板（背もたれ）

座

背柱（背束）

座枠

前脚

後脚

貫（ぬき）

2. ソファなどの構造

▼ ソファの基本構造

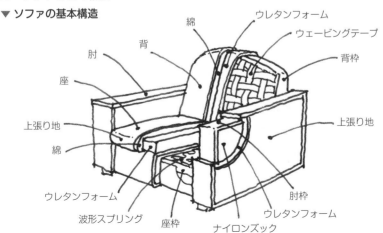

綿

ウレタンフォーム

背

ウェービングテープ

肘

背枠

座

上張り地

上張り地

綿

ウレタンフォーム

肘枠

波形スプリング

ウレタンフォーム

座枠

ナイロンズック

103

張り材

上張り材・・・・・・・・・・天然繊維（織物、編物など）

・天然皮革（主に牛革であり、吸湿性、耐熱性、弾力性に優れる）

・ビニールレザー・合成皮革

・仕上げ材（より紐、ボタン、シート状、ロープ状、籐、竹など）

クッション材・・・・ポリウレタンフォーム（軽くて弾力性、加工性がよい）

・合成繊維綿・綿・ハームロック・化繊ロック

・ヘアーロック・フォームラバー・馬毛など

・ファイバー・羊毛・羽毛（高級）・その他（植物繊維など）

衝撃吸収材・・・・・・スプリング（セットスプリング、コイルスプリング）

・エラスベルト（ウェービングテープ）など

張り工法

①薄張り（クッション厚20mm程度）

座面が薄いので、衝撃を吸収する工夫が必要。

▼ 薄張り

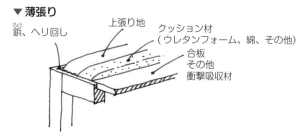

このほかに、「落とし込み張り」「張り込み」などがある。

②厚張り（クッション厚50mm以上）

③あおり張り

▼ あおり張り

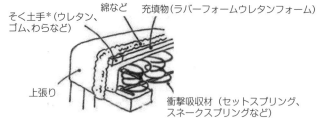

----

*そく土手　　スプリングの上にクッション材を乗せ、ヘッシャンクロスで上下を覆って形を作る方法。

Theme 4

テーブル、机

重要度：★★☆

セミ・アーゴノミー系家具の代表選手である
といえるテーブル、机。
構造はどうなっているのでしょう！

Navigation

要点をつかめ！

ADVICE!

学習アドバイス

基本的な構造は同じです。
何が、どこの部分が、基本構造なのかを考えながら覚えましょう。

キーワードマップ

- 甲板（天板）
- 幕板
- 脚

出題者の目線

● 重量あるランバーコア構造に対し、フラッシュ構造は叩くと軽い音がして、重
量も軽いです。
実際は、なかなか中身を見る機会は少ないのでわかりにくいですが、わりとよ
く出題される用語ですので、覚えておきましょう。

詳しく見てみよう

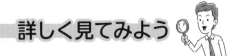

テーブル、机

公式上巻p163～164

各テーブル類の基本構造は、以下のようになります。

ダイニングテーブル

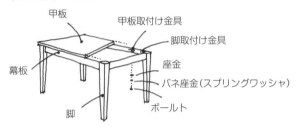

甲板
甲板取付け金具
脚取付け金具
幕板
座金
バネ座金（スプリングワッシャ）
脚
ボールト

平机（デスク）

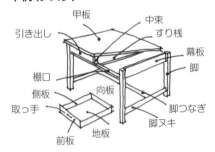

甲板
中束
引き出し
すり桟
幕板
脚
棚口
側板
向板
取っ手
脚つなぎ
脚ヌキ
前板
地板

木製片袖机

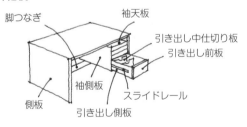

脚つなぎ
袖天板
引き出し中仕切り板
引き出し前板
袖側板
スライドレール
側板
引き出し側板

① 甲板材質は木材のほか、ガラス、石など。

使用目的に応じて、材料の硬さや耐磨耗性、耐水性、耐熱性、耐薬品性などが求められる。

木製甲板の構造

無垢材・ランバーコア構造・パーティクルボード構造・
ペーパーコア構造・複層合板構造・フラッシュ構造・框組構造など。

フラッシュ構造	ペーパーコア構造	框組構造
小角材（格子組）　練付け合板など　芯枠	ペーパーコア（紙製ハニカム芯）　練付け合板など　芯枠	框

※練付…突板と呼ばれる化粧用単板を、芯材（単板、合板、集成材など）に接着すること。

※挽板…単板が回転式切削機（スライサー）を使って削ぐのに対し、のこぎりで挽いた数mm～1cm程度の厚さの木材。

② 脚組材質は木材のほか、金属のパイプやアルミ鋳物など。
　脚＋幕板＋貫で構成される。

脚の形状

丸脚・角脚・挽物脚・板脚・箱脚・ネコ脚など。

5
インテリアエレメントなど

得点アップ講義　\\POINT UP!/

●フラッシュ、ペーパーコア、框組などの構造は、扉面材などにも使われます。
意味合いも共通なので、言葉とその意味はぜひ、どこで出てきてもわかるように覚えておいてください。

収納家具

シェルター系家具とは箱もの家具のことで、
すなわち収納のことですが、構造はどうなっ
ているのでしょう？

Navigation

要点をつかめ!

学習アドバイス

ADVICE!

収納家具は、使う場所や用途によっていろいろありますが、基本的
な構造はほとんど同じです。
覚えるときは、一番たくさんの部材からできているものを覚えると、
応用がきくでしょう。

キーワードマップ

- 箱体
- 台輪

出題者の目線

● 釘やビスを使わない和だんす以外は、自分で組み立てるカラーボックスと同じ
ような構造です。

詳しく見てみよう

台輪、折れ戸など

公式上巻p164〜165

収納家具について、特にその構造を見てみましょう。

収納家具の基本構造

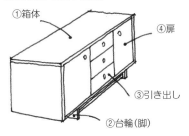

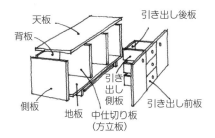

①箱体

収納部分…天板＋側板＋地板＋背板

板材によるパネル構造が一般的（ペーパーコアやパーティクルボードを挟んだ合板を使用）。

②台輪・脚

箱体を支える台の役割をする枠、もしくは脚。

床に箱体が直接付かないように、また床面が水平でない状態でも、箱体が水平に保てるように調節する役割もある。

③引き出し

前板＋側板＋後板（向板）＋底板

前板に化粧材を使用、取っ手（引き手）などが付く。

④扉

収納家具の部材の中ではデザイン要素としての役割を持つ。

木材、ガラスなどが使われる。

種類…一枚戸、框戸、アルミ框戸、フラッシュ戸、強化ガラス戸など。

表面面材…天然木無垢板、天然木突板、メラミン樹脂化粧板、塩ビシートなど。

開閉方法…開き戸、引き戸、巻き込み戸、折れ戸など。

ひっかけのポイント

大きな家具になっても、基本構造はほとんど変わりません。

いろいろなパーツを組み立てることで、大きな家具になります。

システム家具が出題されても、そのことに惑わされず、基本構造から考えましょう。

家具

家具の種類も多種多様ですが、材料もたくさんですね。
どんな材料が使われているのでしょう。

Navigation

要点をつかめ!

ADVICE!

学習アドバイス

昔の家具はもちろん無垢の木ばかりでした。
それぞれの木の質によって、どんな家具に適しているかを判断し、
使い分けていました。
今では、いろいろな材料が普及し、流通しています。
どんな種類の材料が使われているのか見てみましょう。

キーワードマップ

- 木質系
- 金属系
- 樹脂系
- 家具の金物
- 塗装
- 手入れ

出題者の目線

●毎年出題されています。
　特に、家具の金物・丁番類は何度も出題されています。

詳しく見てみよう

LVL、集成材、金属系、家具金物・丁番

公式上巻 p165～178

材料別の特徴について押さえておきましょう。

1. 木質系

利点

・保温性がよい。・調湿性および吸湿性がある。・結露しにくい。

・構造材にも表面材にも利用できる。

・木目が美しく、肌触りがよい（質感）。

欠点

・燃えやすい。・腐りやすい。・**害虫の被害**を受けやすい。・節やねじれがある。

・乾燥により変形する。・量産できない。など

種類

・針葉樹と広葉樹に大別される。

　針葉樹…一般に**常緑樹**。まっすぐな幹、**やわらかい**木質。

　　　　　マツ、ヒノキ、スギ など。

　広葉樹…一般に落葉樹。もしくは常緑樹。大きく枝分かれした幹に葉が茂る。

　　　　　針葉樹より**硬い**。ナラ、ブナ、カバ など。

2. 合板（プライウッド）

　木材を薄くスライスして単板（ベニヤ）にし、木の繊維方向が直交するように奇数枚重ねて、接着剤で貼り合わせ、1枚の板にしたもの。

　板の狂いをなくし、強度を保つために貼り合わせる。

・種類 ┌ 特殊合板
　　　　└ 普通合板 ┬ 1類合板（タイプA）
　　　　　　　　　　└ 2類合板（タイプB）―家具はこちらが多い。

・等級　**F☆☆☆☆**…ホルムアルデヒド含有量0.3～0.4mg/L

　　　　F☆☆☆　…ホルムアルデヒド含有量0.5～0.7mg/L

　　　　F☆☆　　…ホルムアルデヒド含有量1.5～2.1mg/L

　　　　F☆　　　…ホルムアルデヒド含有量5.0～7.0mg/L

　　　　読み方…『エフフォースター』、『エフスリースター』、『エフツースター』、

　　　　　　　　『エフワンスター』

家具に使用する場合…F☆☆☆☆を使用のこと。

3．LVL（単板積層材）

単板を繊維方向に平行に重ねて接着したもの。縦方向の強度が強い。

▼LVL

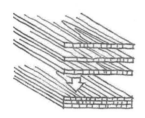

4．集成材

小角材（ランバー）を、繊維方向を揃えて、長さ、幅の方向に接着したもの。
規格材などの製材時に余った材料を使うことができ、木の有効活用になる。

▼集成材

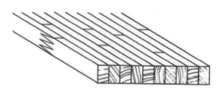

5．パーティクルボード

木材を小さく砕き（繊維に近い状態）、これを乾燥させたものに接着剤を混ぜ、熱
圧をかけて板状に成型したもの。繊維板の中では目が粗いので、内部に空気を含み
やすく、**断熱性**や遮音性に優れるが、吸湿性が高いので、膨張しやすい。

6．ファイバーボード（繊維板）

木材を繊維状にほぐして、それを板状に成型したもの（繊維板と呼ぶ）。
パーティクルボードより木片の形が小さいため、均一に成型できる。
家具に使用されるものは、次の2種類。
①ハードボード（硬質繊維板）…比重が重い（高密度）、0.8以上。
　　　　　　　　　　　　　　　　曲げ加工、焼付け塗装が可能。
　　　　　　　　　　　　　　　　パーティクルボードより強度大。
②MDF（中質繊維板）…………ハードボードに比べると比重が軽い。
　　　　　　　　　　　　　　　　0.35以上0.8未満。

7．植物系

①籐

しなやかで弾性に富む材質であることから、曲げ加工などに適する。
繊維方向の引っ張りに強い。

枠組に使われる太いものから、細い紐状で編み込み用のものまである。

②竹

日本建築の内外装において活用されている（600種類もあるそうだ）。

生活小物や民芸品、インテリア用品、またアジアの一部ではテーブル、収納家具にも使用される。

8. 金属

鉄鋼の中で、炭素の含有量によって、量の多い方から銑鉄➡鋼➡純鉄と呼ばれる。

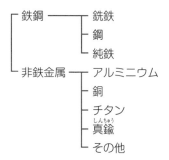

鋼（スチール）

鉄＋炭素➡最も多く家具に使われる金属（錆びやすいので処理が必要）。

一次製品……………………成型加工できる鋼材。

二次製品……………………釘、ネジ、金網など。

表面処理：塗装…………メラミン焼付け、粉体塗装、

　　　　　　　　　　　　　メッキクロームメッキ、溶解亜鉛メッキ。

接合方法：溶接…………炭酸ガス（CO_2）溶接、アーク溶接。

ステンレス

クロームを添付することで、鉄の錆びやすさを改良した鋼の一種。

錆に強く、クロームのほか、ニッケルやモリブデンの含有量の**多い**ものほど**錆びにくい**（JIS規格によるSUS304、SUS316➡キッチンシンク、浴槽、椅子のフレームなど）。

アルミニウム

軽く軟らかいのが特徴。また耐食性、加工性に優れる。

電気や熱をよく通す。アルカリに弱い。

表面を酸化させ、耐酸性・耐アルカリ性を高めたものは、アルマイト。

銅

電気抵抗が小さく、耐食性、高級感がある。

銅＋亜鉛(30〜40％)＝真鍮(黄銅)……ドアハンドル、取っ手など。

銅＋亜鉛＋ニッケル＝白銅。

銅＋錫＝青銅(ブロンズ)……装飾品。

チタン

軽量、耐食性がよい。インテリアにはあまり使用されないが、建築の外装やエクステリアに使用されることが多い。

9. 樹脂(プラスチック)系

熱可塑性のものと熱硬化性のものに分かれる。

熱可塑性＝熱を加えると溶融し、冷やすと硬化する性質。

熱硬化性＝熱を加えると硬化し、一度硬化すると、再び熱を加えても溶融しない性質。

●種類

熱可塑性樹脂

- ・ポリプロピレン樹脂
- ・ポリエチレン樹脂
- ・ABS樹脂
- ・ポリカーボネート樹脂
- ・塩化ビニル樹脂
- ・ポリアミド(ナイロン)樹脂
- ・アクリル樹脂

熱硬化性樹脂

- ・メラミン樹脂
- ・ポリウレタン樹脂
- ・不飽和ポリエステル樹脂
- ・フェノール樹脂

●熱可塑性樹脂の成型方法

射出成型

溶融した樹脂を金型に射出。量産可能。複雑な形状、小さな部品に適する。

押し出し成型

溶融した樹脂を金型から連続して押し出す。低コスト。

テーブルのエッジ材など。

中空（ブロー）成型

溶解した樹脂を金型で挟み、中に空気を吹き込んで成型。

ペットボトルなど。

真空成型

シート状の樹脂を加熱し、型に吸着させて成形する。

照明カバーなど。

●熱可塑性樹脂の各種類の特徴

ポリプロピレン樹脂

プラスチックの中で最も軽い。ポリエチレン樹脂と似た性質。

椅子の背裏カバー、肘、背座の芯材、梱包用バンドなど。

ポリエチレン樹脂

プラスチック中で最も多く生産されている。軽いうえに耐衝撃性、耐薬品性に優れる。

ビニール袋、ブロー成型による椅子の背や座など。

ABS樹脂

アクリルニトリル、ブタジエン、スチレンからなる。不透明で、耐衝撃性、加工性、耐薬品性、表面光沢や寸法安定性などどれもよく、バランスのとれた樹脂。

ポリカーボネート樹脂

耐熱性、耐衝撃性が強い。透明。照明器具のほか、安全ガラスの代替品としても使用される。

塩化ビニル樹脂

水より重く、耐水性、耐薬品性に優れる。

軟質から硬質まで硬さを調整できるため、幅広い用途に使用される。

燃やすと有害物質であるダイオキシンが発生する。

塩ビシート、塩ビ合板、ビニルレザー、テーブルのエッジ材など。

ポリアミド樹脂

ナイロンのこと。水よりも重く、耐磨耗性、耐薬品性などに優れる。

乳白色。椅子の脚先キャップやキャスターの車輪などに使用。

アクリル樹脂

メタクリルとも呼ばれる。透明性、染色性が高く、照明器具のカバーや、その他ガラスと同様の用途で使われる。

スチロール樹脂

ポリスチロール、ポリスチレンともいう。発泡させて使うことが多い（＝ポリスチレンフォーム）。断熱材などに使用。

●熱硬化性樹脂の成型方法

射出成型

圧縮成型

樹脂を加熱した金型に入れて圧縮成型機でプレスする、など。

●熱硬化性樹脂の各種類の種類

メラミン樹脂

表面が硬く、耐熱性、耐薬品性、耐水性に優れる。

紙に含浸させたものはメラミン化粧板として、甲板やキッチンの天板などに使用。

ポリウレタン樹脂

発泡させたもの（発泡体）、弾性体、合成皮革、塗料などの形で幅広く使用される。発泡体は軟質と硬質があり、軟質発泡体は椅子のクッション材として使用される。金型内で発泡させるモールドウレタンと、発泡させたのちに切断するスラブウレタンがある。モールドウレタンの方がヘタリが少ない。

不飽和ポリエステル樹脂

一般的なポリエステルのこと。これに繊維ガラスを混入して強化したものをFRPという。FRPは浴槽や椅子などに利用される。

フェノール樹脂

耐熱性、寸法安定性、耐磨耗性、電気絶縁性に優れる。

酸に強くアルカリに弱い。耐水合板用の接着剤や、合板に含浸して強化合板の原料となる。

AP樹脂

耐磨耗性、耐熱性、耐薬品性などに優れており、合板にオーバーレイしたOAP化粧板は、家具の棚板などに使用される。

ユリア樹脂

着色性がよく、硬い。ボタンなどに使用。

シリコン樹脂

耐水性、耐候性が高く、水回りなどの**コーキング（シーリング）**材として使用される。

生分解性樹脂

自然界に存在する微生物の働きにより分解される。

最終的には炭素ガスと水に完全に分解される、生物資源由来のプラスチック素材。

最近よく耳にし、期待されているのは、**バイオマス**。

エンジニアリングプラスチック

熱に弱い性質を改善した樹脂のこと。

10.　家具の金物

・いろいろな家具金物

①構造組立金物

②丁番　③ステー　④キャッチ　⑤スライドレール　⑥家具用錠

⑦ドアレール金物　⑧折りたたみベッド金物

⑨テーブル用機能金物　⑩椅子用機能金物

⑪家具支持金物

⑫ハンドル　⑬地震対策金物

①構造組立金物

・ノックダウン金物

家具を構成する板と板の組み立て、分解を可能にするための金物。

締付け円盤（偏心カム）、ヒキドッコ金具（やりこし金具）。

KD（Knock Down）パーツともいわれる。

▼ ノックダウン金物

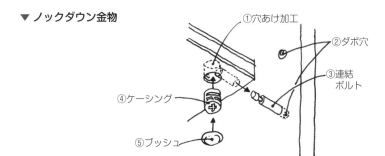

・棚受、棚ダボ

棚板の固定や棚の上下位置の調整に使う部品。

ねじ込み式、打ち込み式。

②**丁番**…扉の開閉の軸になる金物。様々な機能のものがある。平丁番、分割可能な平丁番、スライド丁番、アングル丁番、ピボット丁番、隠し丁番、屏風丁番などがある。

③**ステー**…扉を支える金物。引き落とし扉（ドロップドア）、はねあげ扉などに使用。

④**キャッチ**…扉を止めておくためのもの。止め方、開け方は様々で種類も多い。

⑤**スライドレール**…引き出し、テーブルの天板などの出し入れを容易にするもの。左右で一組。

・すり桟式（固定）
・伸縮式（ベアリング使用）… 2 段引き、3 段引き（フルスライド＝完全に引き出せる）

⑥**家具用錠**…錠前もしくはロックともいわれる。種類が多く、家具でよく使うものは以下の通り。
・シリンダー錠（筒を組み合わせた錠前で、鍵を差し込んで回転することによって開閉する）。
・面付け錠（デスクの引き出しなどに取付ける）。
・ガラス錠（ガラス製の扉に使用）。
・はかま錠（ガラス扉の枠に使用）。
・かま錠（ロック部分が鎌のような形状）。
・3点ロック（収納家具の扉など、背の高い家具の扉に使用）。
・オールロック（複数段の引き出しを同時に施錠する）。

⑦**ドアレール金物**…折り戸、引き戸、収納扉などの開閉に使用する金物。
レール＋ガイド金物（＋センター丁番←扉）。

⑧**折りたたみベッド金物**…壁面収納ベッド用の金物。
・インナーベッド金物（フレームを引き出す）。
・ソファベッドヒンジ（ソファをベッドにすばやく変える）。
・ベンチシートヒンジ（シートをはねあげてベッドの枠内部を収納スペースに）。
・調整用ステー（ベッドの傾斜角度を調整する）。

⑨**テーブル用機能金物**…伸長テーブル用金物など。

⑩**椅子用機能金物**…回転装置・ロッキング装置・昇降装置・オートリターン装置・リクライニング金物。

⑪**家具支持金物**…脚金物・キャスター・アジャスター・グライド。

⑫**ハンドル**…取っ手、引き手のこと。

⑬**地震対策金物**
・**家具転倒防止金物**（家具の転倒を防ぐ）。
・収納飛び出し防止ラッチ（扉が開くのを防ぐ）。

11．家具の塗装（詳しくは、第6章にて）

①**木製家具の表面仕上げ**
・塗膜を作る表面仕上げ………透明塗装と不透明塗装がある。
・塗膜を作らない表面仕上げ…オイルフィニッシュ、ワックス、ソープフィニッシュおよび加飾塗装（変わり塗り）などがある。

②**金属家具の表面仕上げ**

表面処理による仕上げ

- ・メッキ
- ・アルマイト (陽極酸化)
- ・サンドブラスト (ショットブラスト)
- ・ステンレスヘアライン
- ・エッチング

塗装による仕上げ

- ・静電塗装…塗料を静電気の力で帯電させ、被塗装物へ吸着させる。
- ・電着塗装…水溶性塗料に被塗装物を浸し、水性電着塗料を電気誘導によって塗装する。　＜例＞自動車のボディなど
- ・粉体塗装…粉体の塗料を静電塗装で被塗装物に吸着させ、焼付けにより硬化、乾燥させる方法。

12. 家具の手入れ

①**木材・籐 (ラタン)**

○➡普段は柔らかい布で乾拭き。汚れが目立つときは薄めの中性洗剤で布拭き➡水拭き➡乾拭き。

×➡素地のものは水分は厳禁 (シミになる)、艶消し塗装のものはシンナー、ワックスに注意。

②**金属**

○➡普段は柔らかい布で乾拭き。メッキは専用クリーナーで。

×➡研磨剤は表面に傷が付くので使用不可。

③**プラスチック**

○➡普段は水拭き。
手垢や油汚れは中性洗剤で布拭き➡よく水拭き➡乾拭き。

×➡**研磨剤**は表面に傷が付くので使用不可。

④**ガラス・鏡**

○➡普段からこまめに乾拭きする。
汚れが目立つ場合は専用クリーナーまたは中性洗剤で。
布拭き➡水拭き➡乾拭き。

⑤**大理石・花崗岩**

○➡油性のワックスを塗り乾拭き。

×➡**酸、アルカリ**に弱いので注意。

⑥ **皮革**

　　○➡普段は柔らかいウールで乾拭き。

　　　　汚れが目立つときは水性タイプの専用クリーナーを使用。

　　　　カビは、逆性石鹸水で布拭きして殺菌➡よく水拭き➡乾拭き。

　　✕➡シンナー、ベンジン、靴クリームなどは、損傷や変色の原因になるので家具には使用しない。

⑦ **合成皮革・ビニールレザー**

　　○➡普段は水拭き。

　　　　手垢や油汚れは中性洗剤で布拭き➡よく水拭き➡乾拭き。

　　✕➡塩素系の洗剤、艶だしクリーナー、シンナーなどは変色、変質の原因になるので使用不可。

⑧**布地**

　布地の種類によって手入れの方法が異なるので、必す品質表示ラベルで確認。

⑨**合成樹脂化粧板**

　　○➡中性洗剤で布拭き➡水拭き➡乾拭き。

　　✕➡研磨剤は表面に傷が付くので使用不可。

⑩**補修と修理**

　・木材のキズ

　　凹みをパテや砥の粉で埋めて、改めて色を塗る。

　　キズが浅い場合はクレヨン状の補修用品で埋める。

　・木材の折れ、割れ

　　取り替え、もしくは直るようであれば接着剤で固定。

　・金属のキズ、サビ

　　浅いキズ、サビは研磨剤で表面を軽く削ると目立たなくなる。

　　サビがひどい場合は一度、メッキを剥がして再度メッキする。

　・ステンレス

　　表面処理をやり直すことでキズは目立たなくなる。

　・金属の修理

　　溶接やり直しの場合が多いので、表面仕上げも再度行う。

Theme 7 造作部品

重要度：★★☆

「造作部品って？」
日常ではあまり使わない言葉ですが、何を指すのでしょう？

Navigation 要点をつかめ！

学習アドバイス

ADVICE!

洋室系と和室系が整理できているか確認しましょう。
第6章「Theme9 造作」を参考にすると理解の助けになるでしょう。

キーワードマップ

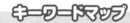

- 洋室系
- 和室系
- システムユニット系

出題者の目線

●単独で出題されるというよりは、他のものと複合的に出題されるでしょう。
知らない言葉があれば、言葉だけではなく、それがどこを指すかも一緒に覚えましょう。

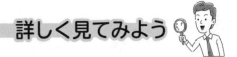

詳しく見てみよう

竿縁、敷居、畳寄せ、幅木	公式上巻 p179〜186

造作部材の種類です。

洋室
- 床材（フローリング、パーケットブロックなど）
- 木幅木（はばき）
- 腰壁
- 腰見切り
- 壁材（壁板材）
- 天井回り縁（まわりぶち）
- 天井材
- ドア枠
- 窓枠
- 建具枠　など

和室
- 天井板材
- 天井竿縁（さおぶち）
- 天井回り縁（まわりえん）
- 天井長押（なげし）
- 欄間（らんま）
- 鴨居（かもい）
- 長押
- 敷居
- 鴨居
- 畳寄せ
- 床材（縁甲板）（えんこういた）
- 雑巾ずり　など

システムユニット
- 飾り天井ユニット
- クローゼットユニット
- 押入れユニット
- シューズクローク（靴箱）ユニット
- 天井収納はしごユニット
- 掘りこたつユニット
- 床下収納ユニット
- プレカット階段、システム階段
- 床の間セット　など

Theme

8

重要度：★★★

ウィンドウ
トリートメント

ウィンドウトリートメントって、どの範囲を
指すのでしょう？

Navigation

要点をつかめ!

学習アドバイス

ADVICE!

インテリアの中でも、重要な役割を持っています。
詳細までなるべく覚えましょう。

キーワードマップ

```
┬ カーテン
├ ローマンシェード
├ スクリーン
└ ブラインド
```

出題者の目線

●ここの分野からは、カーテンをはじめ、細かく出題される傾向にあります。
　ココに出ている言葉は、内容とともにぜひしっかりと覚えたいところです。

詳しく見てみよう

カーテン、ローマンシェード、ロールスクリーン、ベネシャンブラインド、カフェカーテン など

公式上巻 p186〜202

ウィンドウトリートメントとは、カーテンやブラインドのように窓回りに施されるインテリアの総称です。

1. ウィンドウトリートメントの種類

ウィンドウトリートメントは、窓の位置や大きさ、開閉方法や外部環境などを十分に考慮して、検討し、コーディネートを行う。

分類は、まず可動なのか固定なのかで大きく分かれる。

可動タイプ
・水平（左右開閉）…カーテン、バーチカルブラインド、パネルスクリーン
・垂直（上下昇降）…ローマンシェード、ロールスクリーン、
　　　　　　　　　　プリーツスクリーン、ベネシャンブラインド

固定タイプ
・カフェカーテン、タペストリー、すだれ、暖簾（のれん）、御簾、フィルム

▼ ウィンドウトリートメントの種類

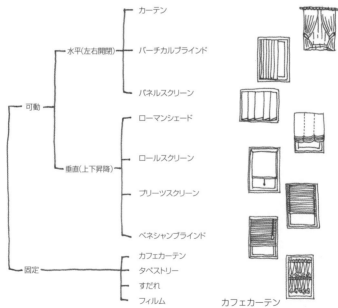

カフェカーテン

2. カーテン

▼ カーテンの各部の名称

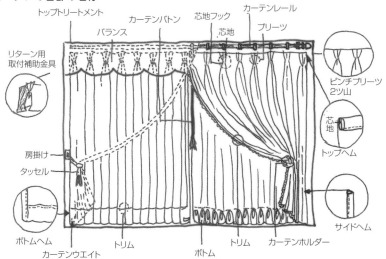

カーテンの各部の名称

①バランス……………同じ役割で建築と一体化したものをカーテンボックスという。

②ピンチプリーツ……ひだのこと。

③装飾レール…………レールの種類は多種多様。

④トリミング…………カーテンのアクセントとして使われる縁飾り。

⑤**タッセル**……………カーテンを束ねる紐房。ブレード、コード、チェーンなどの種類がある。

⑤房掛け………………**タッセル**を壁にかけておくための金具。

⑦ウエイトテープ……カーテンのドレープをきれいに出すため裾に入れる鎖状の**おもり。**

⑧カーテンホルダー…たたんだカーテンを引っかけておく装飾的な金具。

カーテンのスタイル

センタークロス………カーテン上部の中央を固定し、中央から左右に弧を描くように振り分けたスタイル。

クロスオーバー………カーテン上部の中央で交差させるスタイル。

スカラップ……………腰窓や**出窓**に適しており、カーテンは固定で、裾の形に特徴がある。

セパレート……………小窓や出窓に適しており、カーテンが、いくつかに分けられている。

カフェカーテン………**目隠し**用として使われる。

カーテンボックスとバランス

・カーテンボックスがあらかじめ壁に付いていたり、天井に埋め込まれていたりするものもある。カーテンレールが見えない状態になる。

・バランスは、カーテンレールを見せないというより、カーテンレールを含めて装飾する、という感じである。

その装飾の仕方は、いろいろな形があり、トップトリートメントとも呼ぶ。

スワッグ（雲形）やテール（尾）など。

▼ プリーツの種類

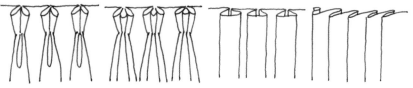

| 2本ピンチプリーツ
（二つ山ひだ）
必要幅 間口の1.5-2倍 | 3本ピンチプリーツ
（三つ山ひだ）
必要幅 間口の2.5-3倍 | ボックスプリーツ
（はこひだ）
必要幅 間口の2.5-3倍 | 片ひだ

必要幅 間口の2倍 |

ギャザーひだ（シャーリング）…必要幅　間口の3〜4倍

ロッドポケット………………必要幅　間口の2.5〜4倍　など

カーテンレール

・カーテンを吊るす場所、目的に応じて、機能、強度などの種類がある。

　一般レール、カーブレール、伸縮吊棒レール（病院の区画用など）、

　装飾レール（木製、アルミ）など。

・一般レールの場合、レースとドレープのカーテンを両方吊るすため、ダブルレールになっている（1枚だけのときは、シングルレール）。

カーテンレールの種類

ア）住宅用（手動式、紐引き式、電動式）

・装飾レール ……木製（木質系）

　　　　　　　……金属系……真鍮、鉄製、アルミ

　　　　　　　……樹脂系

　　　　　　　……その他

・機能レール……木質系

　　　　　　　……金属系……ステンレス、鋼鈑、アルミ

　　　　　　　……樹脂系

・用途レール ……小窓用

　　　　　　　……出窓用

　　　　　　　……ピクチャーレール

　　　　　　　……天窓・傾斜窓用

イ）公共施設用（手動式、紐引き式、電動式）

・装飾レール……………………………………木質系

　（ホテル、レストラン）……………………金属系……真鍮、鉄製、アルミ

・機能レール……………………………………鋼鈑

　（ホテル、オフィス、会議室、ホール）…アルミ

・用途レール……………………………………メディカルレール、ピクチャーレール、

　　　　　　　　　　　　　　　　　　　　　ハンガーレール、特殊レール

▼ カーテンレールの種類と各部の名称

一般カーテンレール

装飾レール

カーブレール

伸縮吊棒レール

バランスレール

カフェボール
（テンションボール式）

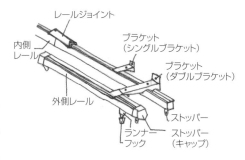

レールジョイント

内側レール

外側レール

ブラケット
（シングルブラケット）

ブラケット
（ダブルブラケット）

ストッパー

ランナー
フック

ストッパー
（キャップ）

カーテンアクセサリー

ア）タッセル……………カーテンを横に寄せたときに束ねるもの。材質、デザイン
　　　　　　　　　　　が豊富。

イ）房掛け………………タッセルをかけておくための金具。カーテンの表情もこれ
　　　　　　　　　　　1つで変わる。

ウ）カーテンホルダー…タッセルや房掛けと同じ役割で、種類もどんどん増えている。

カーテンの素材

ポリエステル繊維…しなやかで、しわになりにくい。
　　　　　　　　　難燃加工（防炎加工）も可能。

アクリル繊維………大変高機能な生地で、柔らかい。
　　　　　　　　　耐薬品性、難燃性、防虫性に優れる。

アクリル系繊維……**ウール**に似た感触で難燃性がある。
　　　　　　　　　防炎規制された場所で使用。

綿………………………丈夫で吸湿性があるが、しわになりやすくカビになりやすい。

麻………………………耐水性、耐熱性、通気性があるが、しわになりやすい。混紡
　　　　　　　　　　　　する。

毛、絹………………高価なので、一部でしか使われない場合が多い。

レーヨン……………染色性、加工性がよい。
　　　　　　　　　　　　水に弱いため最近はあまり使われていない。

ナイロン……………耐久性、耐摩耗性、耐水性がある。
　　　　　　　　　　　　シャワーカーテンなどに利用。

ガラス繊維…………不燃性、電気絶縁性がある。

カーテンの生地の種類

ドレープ…………厚手で重厚。
　　　　　　　　　遮光性、吸音性、断熱性、視線の遮断など幅広く機能する。

ジャガード織り…柄物の重厚なカーテン。

ドビー織り………無地、またはチェックやストライプなどシンプル。

プリント…………綿やポリエステルなどの平織りにプリントを施す。

レース……………ドレープカーテンと二重がけして使用することが多い。
　　　　　　　　　透過性がある。ポリエステル製が多い。

シアー……………透過性のある織物のカーテン。
　　　　　　　　　ドレープカーテンと二重がけして使用。
　　　　　　　　　ボイルカーテン（色、柄あり）、ジョーゼット（クレープ状のテ
　　　　　　　　　クスチャー）、オーガンジー（薄手のモスリン織）、エンブロイダ
　　　　　　　　　リー（ボイル生地に刺繍）、オパール加工。

ケースメント……太い糸で粗く織ったもの。
　　　　　　　　　透光性を生かして、そのものの装飾性を楽しむ。

カーテンの付加機能

遮光カーテン……ポリウレタン樹脂をラミネート加工。
　　　　　　　　　規格としてNIF（日本インテリアファブリックス協会）
　　　　　　　　　1〜3級がある。

遮音カーテン……鉛粒子をラミネート加工。基本的には布なので、遮音性を
　　　　　　　　　高める場合は窓を二重窓にするなどの方法をとる。

裏付きカーテン…遮光性、保温性を高める目的で、裏地を付ける。
　　　　　　　　　絹は**日光**に弱いので、必ず裏地を付ける。

抗菌カーテン……バイオシル加工。

カーテン生地の加工

樹脂加工…………しわや縮みを少なくする。

防炎加工…………消防法による「防炎」認定のための加工。

　　　　　　　　　ポリエステルの織物や編物は、後防炎加工で認定が取れる。

　　　　　　　　　アクリルは後防炎加工できない。

防汚加工…………撥水性、撥油性をつける加工をし、シミを拭き取りやすくする。

　　　　　　　　　SG加工（汚れにくい）、SR加工（洗濯したら汚れが落ちやすい）。

消臭加工…………生活臭を化学的（光触媒、酸化触媒）に中和・分解して取り除く。

制菌加工…………病院などで使用される。抗菌剤を繊維内部へ固着させる加工。

　　　　　　　　　評価基準としてSEKマークがある。

制電加工…………**静電気**を帯びにくくさせる。

カーテンの採寸方法

カーテンレール幅＝窓枠＋10〜20cm

カーテン幅＝カーテンレールの全幅＋3〜5%

丈＝掃出し窓の場合、床から1〜2cm上げる（防寒の必要があるときは隙間なし）。

ドレープ＋シアーカーテンの場合の丈➡ドレープ－1cm＝シアーカーテン

腰窓丈＝窓から下に15〜20cm

※いずれも目安として。

カーテンの要尺

要尺＝（仕上がり幅×ひだの倍率）＋生地幅

単位はcm。整数に繰り上げて必要な幅を求める。

柄がある場合は、リピートを考慮する。

縮みやすい生地は、全体幅に3〜5%を加える。

縫製には、端部の折り返し分が必要。

カーテンの手入れ

日常的には、ホコリを掃除機のブラシを使って吸う。

洗濯は、カーテンに付いているタグの表示に従い、必要ならばクリーニングに出す。

自分で洗う場合は、先に手洗いをしたあと、洗濯機で短時間洗う。

➡乾燥の際は、**カーテンレール**にかけて乾燥させる（しわができにくい）。

3.ローマンシェード

布地に縦方向（上下）の昇降機能を組み込んだカーテンのこと。

操作方法……コード式、ギア式、電動式。

三角窓、台形窓、天窓、傾斜窓については、電動式での対応が可能。

5

インテリアエレメントなど

スタイル

フラット（プレーン）…最もシンプルな基本スタイル。
　　　　　　　　　　　一定の間隔でフラットなひだをたたみ上げるスタイル。
シャープ………………バーが入って、シャープな横のラインが特徴のスタイル。
バルーン………………引き上げていくと、裾が**風船**のようにカーブを描くスタイル。
オーストリアン………最もゴージャスで、豊かなウェーブが出るスタイル。
ムース…………………中央を1本の紐（針金）で引き上げ、中央が絞られるスタイル。
ピーコック……………引き上げたとき、孔雀（ピーコック）のような半円になるスタイル。
プレーリー……………タックを交互に取り、たわむとき草原の**さざ波**のようになるスタイル。

4. スクリーン

ロールスクリーン

　スプリング内蔵のローラーパイプにより、布製のスクリーンを巻き取って昇降させる。スクリーンはポリエステル性が多い。
操作方法…スプリングタイプ、コードタイプ、電動タイプなど。

▼ ロールスクリーン

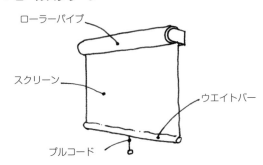

ローラーパイプ
スクリーン
ウエイトバー
プルコード

プリーツスクリーン

　スクリーンをジグザグにたたみあげる。
　スクリーンはポリエステル製が多い。
　上部に透けるスクリーン、下部に透けないスクリーンを使う2段式になっているものもある。

▼ プリーツスクリーン

このほかにも、ハニカムスクリーン、パネルスクリーン、すだれなどがある。

5. ブラインド

ベネシャンブラインド

一般的な呼び方は「ブラインド」。

素材は、スラット（羽）がアルミ＋焼付け塗装が主流。木製もある。

操作方法には複数の方式がある。

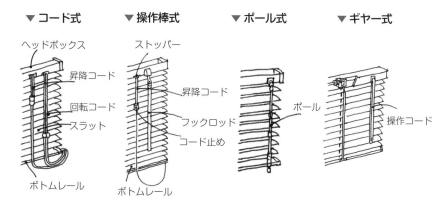

▼ コード式　　▼ 操作棒式　　▼ ポール式　　▼ ギヤー式

ヘッドボックス
昇降コード
回転コード
スラット
ボトムレール

ストッパー
昇降コード
フックロッド
コード止め
ボトムレール

ポール

操作コード

バーチカルブラインド

縦型ブラインドのこと。

幅の広いもの、背の高いものなど、大型化が容易。

操作方法は、コード（チェーン）式、操作棒式、電動式がある。

両開きまたは片開きがある。

9

カーペット

「カーペット」とは、「絨毯（じゅうたん）」のことですが、「ラグ」とはどう違うのでしょう？

Navigation

要点をつかめ！

学習アドバイス

ADVICE!

フローリングが一般的になり、カーペットの需要はだんだん減ってきていますが、インテリアコーディネーターの資格試験では、まだまだ健在です。
しっかり覚えましょう。

キーワードマップ

- カーペットの性能
- カーペットの繊維
- カーペットの種類
- テクスチャーによる分類
- カーペットの敷き方

出題者の目線

● カーペットの需要は減りつつも、いろいろな材質や織り方があります。
新築住宅では、カーペットの部屋をあまり見かけなくなりましたが、
なくなることはありませんので、しっかりと覚えましょう。

詳しく見てみよう

ウィルトン・カーペット、ループタイプ、グリッパー工法 公式上巻p202〜211

あまり見かけなくなりましたが、カーペットはとても奥が深いです。その種類を見てみましょう。

1. カーペットの性能

①安全性…………素材が柔らかく滑りにくいため、他の床材に比べ**大きなケガ**が少ない。火災の際に延焼を防ぐため、防炎加工をしたものや、ウール素材では繊維に難燃処理を施してあるものもある。

②歩行性…………繊維素材であるため、歩行時の衝撃を吸収し、疲れにくく、歩きやすい。靴履き、素足のどちらでも**歩行性**がよい。

③保温性…………素材の繊維構造の中に空気の層ができるので断熱効果が高い。

④吸音性…………カーペット自体の音の発生があまりなく、厚みやパイルの密度で吸音性に優れる。吸音性をさらに高めるには下地の構造も考慮し、カーテンなども併用する。

⑤省エネルギー性…断熱性に富むので冷暖房時に必要なエネルギーを少なく抑えられる。

2. カーペットの繊維

①天然繊維

・絹（シルキー）……高級で美しい**緞通**などに使われる。

・毛（ウール）………カーペットに適している。

　　　　　　　　　　風合い、通気性、保温性、難燃性、染色性に優れる。

・綿・麻（サイザル麻）…その他の繊維との混紡で使用され、丈夫である。

②化学繊維

・レーヨン…………木材パルプを原料とする。厳密には「再生繊維」。

　　　　　　　　　　安価だが、最近は他の化学繊維の登場で少なくなっている。

・ナイロン…………丈夫なうえに軽く、耐水性、**耐薬品**性、耐油性に優れる。

　　　　　　　　　　業務用に使用される。

・アクリル…………**ウール**に似た性質。汚れにくい。

　　　　　　　　　　風合い、保温性、弾性、染色性、堅牢度に優れる。

・ポリエステル……**ナイロン**、**アクリル**と並ぶ3大繊維の1つ。

　　　　　　　　　　丈夫で形状安定性に優れ、しわになりにくく日光に強い。

・ポリプロピレン…大変軽く、強度も大きい。弾性に劣るためやや硬い感触だが、ニードルパンチなど比較的安価な製品に使用。

3. カーペットの種類

カーペットは、主に製法によって分類される。

また、表面のパイル形状によって分類することもできる。

パイルのあるカーペット

・手織りカーペット ――――― 緞通

・機械織りカーペット ―――――┬ ウィルトン（シングル）

・タフテッド・カーペット 　　　├ ダブルフェイス

・フックドラグ・カーペット 　　└ アキスミンスター ―┬ スプール

・ボンデッド・カーペット 　　　　　　　　　　　　　　 └ **グリッパー**

・電着カーペット

・コード・カーペット

・ニット・カーペット

・ラッセル・カーペット

パイルのないカーペット

・圧縮カーペット ―――― **ニードルパンチ・カーペット**（フェルト調）

・織りカーペット

・縫い付けカーペット

① 緞通

中央アジア発祥の手織りの最高級カーペット。

基布の縦糸に 1 本 1 本パイルを結び付けて、カットしながら織っていく。

ペルシャ絨毯（イスファハン、クム）、トルコ絨毯（ヘレケ、カイセリ）、中国絨毯など。

② ウィルトン・カーペット

18世紀イギリス、ウィルトン地方で考案された。

19世紀には、ジャガード機によって自動で柄が出るようになった。

色は、2〜5色を使用でき、パイル密度が細かい。

③ ダブルフェイス・カーペット

ウィルトン・カーペットの製法で**2枚**を同時に織って、中央でパイルをカット。

④ アキスミンスター・カーペット

ウィルトン・カーペットと同じ製法で、多色使いが可能。8〜12色を使用できる色・柄の豊富な高級デザインカーペットとして、ホテルの宴会場などで使用される。

⑤**タフテッド・カーペット**

　20世紀にアメリカで開発。**大量生産**できるのでコストが安く、今日のカーペットの主流となっている。

⑥**フックドラグ・カーペット**

　製法はタフテッド・カーペットと同様であるが、自動的に多数の針でパイルを差し込むタフテッドに対し、フックドラグは1本の電動もしくは手動の刺繍針でパイルを差し込んでいく。手工芸的な味わいの深い製品になる。

⑦**ニードルパンチ・カーペット**

　表面がフラットに仕上がる**不織**カーペット。

　ウェブといわれる、短繊維を重ね合わせて薄く引き延ばしたものを重ね合わせ、多数のニードル（針）で突き刺し、繊維を絡み合わせてフェルト状にし、裏面をラテックスゴムでコーティングする。価格が安い。

⑧**その他のカーペット**

　つづれ織・毛氈・三笠織・菊水織・チューブドマット・花筵（はなむしろ）・藤筵（とうむしろ）

4. テクスチャーによる分類

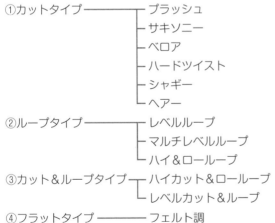

```
①カットタイプ ――――┬― プラッシュ
                    ├― サキソニー
                    ├― ベロア
                    ├― ハードツイスト
                    ├― シャギー
                    └― ヘアー
②ループタイプ ―――――┬― レベルループ
                     ├― マルチレベルループ
                     └― ハイ＆ローループ
③カット＆ループタイプ ┬ ハイカット＆ローループ
                     └ レベルカット＆ループ
④フラットタイプ ――――― フェルト調
```

①カットタイプ

プラッシュ
最も一般的なタイプ。
パイル長 5〜10mm で揃える。
踏み心地がソフト。

ベロア
プラッシュの 1 つで、パイル長
5 mm 程度。パイルの密度が高
くベルベット調に仕上げたも
の。

シャギー
パイル長 25 mm 以上。太目で
粗く打ち込む。
装飾性が高い。

サキソニー
パイル長 15mm 前後。
撚り糸に熱を加えてヒートセッ
トする。弾力性があって豪華。

ハードツイスト
パイル長 10〜25mm でサキ
ソニーより強くヒートセットさ
れたもの。弾力性が強い。

ヘアー
髪の毛のような風合いのもの。

②ループタイプ

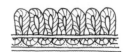

レベルループ
ループを密度高く、高さを均一
に打ち込んだもの。耐久性、歩
行性に優れる。汚れにくい。

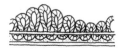

マルチレベルループ
ループの高さに高低差をつけた
立体的なテクスチャー。
変化を持たせた装飾効果に。

ハイ＆ローループ
ループの高さに高低差をつけた
もので、ある程度規則性のある
もの。

③カット＆ループタイプ

ハイカット＆ローループ
ハイ＆ローループの高いループ
をカットしたもの。柄の表現が
明確になる。

レベルカット＆ループ
カットタイプとループタイプを
ミックスしたもの。レベルルー
プの一部分をカットする（カット
とループの高さが同じ）。

④フラットタイプ
フェルト調で代表的なものとし
ては、ニードルパンチ・カーペッ
ト。安価で多色。

5. カーペットの敷き方

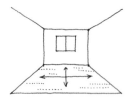 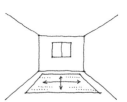

敷きつめ
部屋いっぱいに敷きつめる。
部屋を広く見せる。保温効果、断熱
効果が高い。

中敷き（センター敷き）
床面より小さいカーペットを敷く。
床面を見せたいときに効果的。

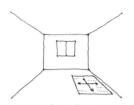

ピース敷き
小さいカーペットを部屋の一部に置いて、アクセントとする。

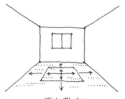

重ね敷き
敷きつめたカーペットの上にピース敷きをしてアクセントとする。しわが寄ったり動いたりするので、注意が必要。

5

インテリアエレメントなど

6. カーペットの施工方法

①グリッパー工法

一般的な敷きつめの工法。

グリッパーという金物（木もあり）を部屋の周囲に打ち付け、カーペットを引っかけて固定する。アンダーレイ（下敷き）を敷くので踏み心地がよく、吸音性が高く、安定性がある。

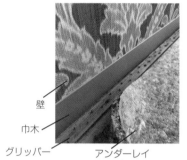

壁

巾木

グリッパー

アンダーレイ
（この上にカーペットを乗せる）

②接着工法

床に接着剤（または両面テープ）でカーペットを貼り付ける工法。

タイル・カーペット、ニードルパンチ・カーペットに適する。

③置き敷き工法

カーペットを固定しないで敷く工法。

カーペットの切り口の処理にいくつか種類がある。

得点アップ講義

\\POINT UP!/

現在、カーペットでよく使われる工法は、グリッパー工法です。アンダーレイにはいくつかの種類があり、それぞれクッション性や耐久性が異なります。

その他の
エレメントなど

インテリアを構成する小物も大切。
とはいえ、どんなものがあるのでしょう？

重要度：★☆☆

Navigation

要点をつかめ！

学習アドバイス

ADVICE!

インテリア小物はたくさんあります。
その選択は、個人の趣味や嗜好によって決まります。
なので、何が正しいか、というよりは、豊富な知識を身に付けることが大切になります。
そして、それぞれのお客さまに対応できるようにしたいものです。

キーワードマップ

- インテリアオーナメント
- インテリアグリーン
- エクステリア
- テーブルウエア

出題者の目線

●第36回（2018年度）は、エクステリアから1問、観葉植物から1問が出ており、この章の範囲から出題されることが多いです。
観葉植物などは、流行があるので、目新しいものも覚えておきたいところです。

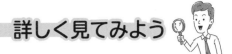

Lecture　**詳しく見てみよう**

| オーナメント、エクステリア、テーブルウエア | 公式上巻p211〜240 |

インテリアエレメントは多種ありますが、その中から主なものを取り上げてみます。

1．インテリアオーナメント（絵画・写真・工芸品など）

日本画

古くから中国、朝鮮の影響を受けながら日本で発展してきた絵画。

墨や岩絵の具を使い毛筆で描く日本画は、絵の具がはがれやすく、光によって退色しやすいので取扱いに注意が必要。

形態には、額装、掛幅（掛軸）、屏風、襖絵、などがある。

▼　**掛幅（掛軸）各部の名称**

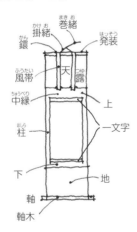

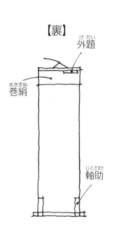

洋画の種類

油彩画…………油絵のことで、油絵の具でキャンバス（麻布）に描く。

水彩画…………アラビアゴムなどで練り合わせた水溶性の絵の具で紙に描く。
　　　　　　　　透明と不透明なものがあり、不透明水彩をグワッシュと呼ぶ。
　　　　　　　　ポスターカラーも不透明水彩絵の具の一種。

フレスコ画……石灰と砂を混ぜた**モルタル**で漆喰壁に描く。

テンペラ画……卵を媒剤とし、板に描く。

アクリル画……アクリル絵の具を用いて水彩紙に描く。

パステル画……粉末顔料＋白粘土＋ゴム溶剤＝棒状。

素描……………デッサン、ドローイングなど。鉛筆やコンテを用いて描く。

コラージュ……様々な素材を重層的に貼って表現する。

キャンバスは3種類

F：フィギュール (人物画)

P：ペイサージュ (風景画)

M：マリン (海景画)

キャンバスの大きさは号数 (0号〜) で表現し、号数が大きくなるにつれてサイズが大きくなる。

長辺は同じで短辺が上の3種類により異なる。

単位寸法の違いから、日本サイズと欧米サイズでは微妙にサイズが異なる。

その他

版画、ポスター、写真、工芸品 (タペストリー、ステンドグラス)、雑貨、小物 (クッション、ラグなど)、ベッドウエア (ベッドシーツ、ベッドカバー、布団、掛け布団、枕など)。

2. インテリアグリーン

鉢植えを室内に持ち込み、最適な環境に置くようにする。

室内空間の大きさの中で、背の高さ、枝ぶり、落ち葉の有無、においなどに気をつける。

＜代表的なインテリアグリーン＞

・アイビー (ツタの仲間)……………日陰、多湿を好む。

・ポトス (**サトイモ**の仲間)………基本的に丈夫。冬は寒さに気をつける。

・ベンジャミン (ゴムノキの仲間)…高温多湿を保ち、日光を十分あてる。

・アジアンタム (シダの仲間)………半日陰と多湿を好む。

パキラ　　　モンステラ

鉢のサイズと材質

・サイズ……直径を号 (3cm単位) で表す。

　　　　　　1号＝直径3cm

　　　　　　深さはデザインによって様々だが、標準は直径と同じ。

・材質………素焼き、塗り鉢、プラスチック鉢、テラコッタ、ガラス器など。

新しい形態

- ・エアプランツ…………空気中から水分や養分を吸収する植物。
- ・ハイドロカルチャー…ハイドロボールという発泡させた人口土を用い、排水穴のない容器で栽培。
- ・テラリウム……………ガラスの容器内で植物を栽培。
- ・アクアリウム…………水槽内での水草、石などを使った植物栽培。

ハイドロカルチャー

アクアリウム

3. エクステリアエレメント

エクステリアとは、住宅の外側、外構空間を指す。

エクステリアコーディネートの役割

- ・内部空間を想像させる、住宅内部への導入部分 (その住宅の魅力を伝える)。
- ・不要な来訪者、不審者を排除し、プライバシーを守る (実務面、安全面)。

エクステリアの構成要素

① 門　②門扉　③垣根塀　④フェンス　⑤ポスト (個人住宅)
⑥集合ポスト (集合住宅)　⑦インターホン　⑧門灯　⑨表札
⑩カーポート (駐車施設)　⑪駐輪施設

景観部分、庭の構成

①植栽・植物に適した環境を考慮し、植物や花の持つ特性を生かしながらデザインする。

和風庭園＝自然式配置法。自然界の植生、生態に忠実に配置を決める。

洋風庭園＝樹形の整った樹木を一定のルールに従って配置していく。

和風庭園の生垣は洋風庭園と同様。

②水………池泉、流れ、滝、水鉢、噴水などで流れや水音を演出し、景観を作る。

③石………日本庭園では主役級の役割を持つ。

景石＝自然石そのものを観賞用に置く。

縮景＝石組みにより自然の風景を模す。

添景＝石に加工を加え、庭に意味を持たせる。

④添景物…灯篭、つくばい (手を清めるための手水鉢のこと)、竹垣など。

⑤延段……茶庭、和風庭園にある石を貼った園路。

⑥芝生

⑦トレリス（格子垣）…洋風庭園に使われる、ツタなどを絡ませる格子状のベース。

⑧トピアリー（装飾的刈り込み）…樹木を装飾的に刈り込み、動物などの形を作る。

⑨ラティス（斜め格子）…数センチの幅の木を格子に組み上げた板状のもの。

⑩鉢、コンテナ

⑪土

4. テーブルウエア、キッチン用品など

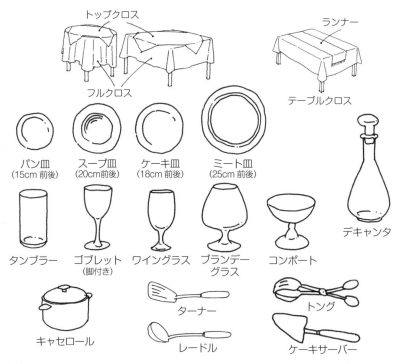

トップクロス

ランナー

フルクロス

テーブルクロス

パン皿
（15cm 前後）

スープ皿
（20cm 前後）

ケーキ皿
（18cm 前後）

ミート皿
（25cm 前後）

デキャンタ

タンブラー

ゴブレット
（脚付き）

ワイングラス

ブランデー
グラス

コンポート

ターナー

トング

キャセロール

レードル

ケーキサーバー

和食器
日本六古窯

古来の陶磁器窯のうち、中世から現在まで生産が続く代表的な6つの産地。
越前焼（福井県）、瀬戸焼（愛知県）、常滑焼（愛知県）、信楽焼（滋賀県）、丹波焼（兵
庫県）、備前焼（岡山県）の総称。

日本の漆器の代表的な産地

津軽塗（青森県）、秀衡塗（岩手県）、春慶塗（岐阜県）、木曽漆器（長野県）、
輪島塗（石川県）、京塗（京都府）

問題を解いてみよう

下の問題に〇か×で解答しよう。

問1 食器棚の開き扉などに使用されている、座金と本体とが脱着し、取り付けたあと扉の微調整ができる丁番をピボッド丁番という。

問2 スペースをとらずに収納しておけるテーブルのことを、ネストテーブルという。

問3 ベッドのマットレスが硬すぎるといけないのは、硬すぎると体圧を感じやすく、寝心地が悪くなるためである。

問4 和だんすなどの引き出しで、ビスなどを使わず角の立ち上がりを仕上げる組継ぎをフィンガージョイントという。

問5 トップトリートメントとは、カーテンの形状記憶をさせるトリートメントのことである。

問6 使用場所により、カーテンに防炎加工が必要なものがあるが、アクリルは後防炎加工ができる。

問7 ケースメントとは、ドレープとレースの中間的な絡み織のことである。

問8 「フェイス・ツー・フェイス」ともいわれる上下2枚のカーペットを一度に織っていき、最後にカットするカーペットをダブルフェイスカーペットという。

問9 鉢の大きさは号で表されており、直径6cmだと2号となる。

問10 茶室に入る前庭で内路地にある、手を清めるためのものを水琴窟^{すいきんくつ}という。

Answewr

答え合わせ

問1 正解：×

解説

ピポット丁番ではなく、スライド丁番である。

問2 正解：○

解説

入れ子タイプのテーブルのことをネストテーブルという。

問3 正解：○

解説

マットレスが柔らかすぎるのもよくない。

問4 正解：×

解説

フィンガージョイントではなく、刻み継ぎである。

問5　正解：×

解説

　トップトリートメントとは、カーテン上部のバランスのような装飾で、スワッグ (雲形) やテール (尾) のことである。

問6　正解：×

解説

　アクリルは後防炎加工ができないので、注意が必要である。

問7　正解：○

解説

　ケースメントは1枚吊りが可能である。

問8　正解：○

解説

　一度に2枚のカーペットができる。

問9　正解：○

解説

　24cmだと8号である。

問10　正解：×

解説

　水琴窟は、地下に洞窟を造り、そこに水を落とすことで音が出る仕掛け。

　問題文の説明は、つくばいである。

MEMO

第 **6** 章

インテリアの構造・構法、仕上げ

住宅の構造の
これまでと現在

インテリアを学ぶうえでも、住宅の構造について知る必要があるのですね。

Navigation

要点をつかめ!

ADVICE!

学習アドバイス

現在の日本の建物の構法がどうして今あるのかを知りましょう。
現在の建築物の構造については、しっかり覚えましょう。

キーワードマップ

- 建築物の構法の歴史
- 現在の建築物の構造

出題者の目線

● 建築の分野に入り、言葉がわかりにくく感じるかもしれませんが、言葉の整理はしておいてください。
これらの言葉自体が問題に出るというより、問題を解くための基本知識となります。

詳しく見てみよう

S造、RC造、SRC造、剛接合、壁工法　　公式下巻p2〜4

　昔から日本の建物は木造（W造）でした。近代になってから、鉄骨造（S造）、鉄筋コンクリート造（RC造）、鉄骨鉄筋コンクリート造（SRC）造が増え、いろいろな構造の建物ができるようになりました。

1. 建物の構法の変遷

縄文時代　竪穴式住居　　水平力には強いが、耐久性は弱い。
↓
飛鳥時代　仏教建築　　　仏教とともに建築技術が伝わり、構法が飛躍的に進展。
　　　　　　　　　　　　法隆寺建立。
↓
奈良時代　通り肘木と皿斗の組合せで木造の大建築が可能になった。東大寺建立。
↓
寝殿造り
↓
書院造り
↓
明治時代　木造建築が主流のところに西欧から煉瓦造が導入された。
↓
濃尾地震（1891年）、関東大震災（1923年）で煉瓦造の建物が倒壊。
↓
鉄筋コンクリート造が普及（小規模建築の主流は木造）。
↓
1919（大正8）年　市街地建築物法。
↓
1950（昭和25）年　建築基準法が制定。
　　　　　　　　　耐震、耐火性能の向上。
　　　　　　　　　柱に貫を通す構法から、筋交いを用いる構法に移行。
　　　　　　　　　以降、鉄骨造の高層建築物、大規模建築物が建設された。

2. 建築物の構成

・基礎　　・主体構造　　・外部仕上げ（外装）　　・内部仕上げ（内装）
・造作（階段、開口部、枠回り、床の間など）　　・設備
以上の6つの部分から構成されている。

3. 建築物の構造

- 架構式構造…柱＋梁で床や屋根などを支える構造

　　　　　　　　（**ラーメン**架構、ブレース架構、トラス架構）。
- 壁構造………（頑丈な）壁で、床や構造物を支える構造（柱がない）。
- 組積造………煉瓦やブロック、石などを積み上げる構造。

4. 建築物の接合方法による分類

- ピン接合…回転が自由（ブレース構造）。
- 剛接合……部材同士を一体化し、接合部が変形しないよう接合する方法

　　　　　　（ラーメン構造）。
- 半剛接合…ピンと剛の中間的な接合状態。

5. 構造体の種類

- 木造………軸組構法（在来構法）。基礎＋軸組＋床組＋小屋組。

　（W造）　　枠組構法（ツーバイフォー構法）。枠＋構造用合板。

　　　　　　丸太構法（校倉造り、ログハウスなど）。
- 鉄骨造……構造材に鋼材を使用する。低層から超高層まで。

　（S造）　　工場や倉庫、体育館など**大スパン**の建築物も可能。
- 鉄筋コンクリート造……………コンクリートと鉄筋の特性を組み合わせた構法。

　（RC造）　　　　　　　　　中高層建築に使用。
- 鉄骨鉄筋コンクリート造………**S**造と**RC**造を組み合わせた構法。

　（SRC造）　　　　　　　　超高層建築の下部構造や、7〜25階程度のビルに

　　　　　　　　　　　　　多い。
- 補強コンクリートブロック造…コンクリートブロックと鉄筋を使用。

　　　　　　　　　　　　　枠を組まずにそのまま壁を積み上げる。

　　　　　　　　　　　　　経済的。

得点アップ講義　　　　　　　　　　　　　　＼POINT UP!／

●W造、S造、RC造、SRC造がそれぞれどんな構法のことかは、
　最低限押さえておきましょう。

Theme 2

木造（W造）

重要度：★★★

よく見る一戸建ての住宅のことですね？
その木造住宅の骨組みってどうなっているの
でしょうか。

Navigation

要点をつかめ！

ADVICE!

学習アドバイス

日本の住宅の基本は木造です。
現在でも戸建ての多くは木造です。
木造の構法について整理しておきましょう。

キーワードマップ

- 在来軸組構法
- 枠組壁構法

出題者の目線

●在来軸組構法と枠組壁構法の違いをしっかりと覚えましょう。
　基礎の違いも一緒に覚えましょう。

詳しく見てみよう

在来軸組構法、枠組壁構法、べた基礎	公式下巻p4～18

木造の構法について見てみましょう。

1．在来軸組構法

日本の伝統的かつ代表的な家屋の構造。

構造の特徴

①角型（軸状）の木材を柱や梁として、つなぎ合わせて構造を作る。
　　➡継手、仕口の加工に、緊結金物で接合。
②構造部分…柱・梁・桁
　　＋
　補強部分…筋交い・火打ち・方杖・力桁

　　　　　　外部からの力（地震、風圧など）を受けたとき、接合部分が変形しな
　　　　　　いように、補強する材を入れる。

▼ 木造軸組構法の構成

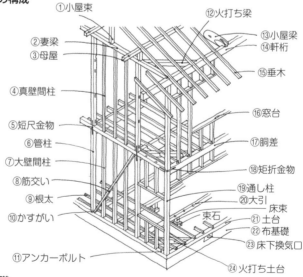

① 小屋束
② 妻梁
③ 母屋
④ 真壁間柱
⑤ 短尺金物
⑥ 管柱
⑦ 大壁間柱
⑧ 筋交い
⑨ 根太
⑩ かすがい
⑪ アンカーボルト
⑫ 火打ち梁
⑬ 小屋梁
⑭ 軒桁
⑮ 垂木
⑯ 窓台
⑰ 胴差
⑱ 矩折金物
⑲ 通し柱
⑳ 大引
　床束
�21 土台
�22 布基礎
�23 床下換気口
⑳束石
㉔ 火打ち土台

軸組構法の基礎

基礎……建物自体の重量を支える土台であり、同時に地盤に荷重を伝える。
　　　　　布基礎、独立基礎、べた基礎がある。

軸組……壁の骨組み。柱や梁、筋かい、土台など。

床組……床の荷重を支え、土台に伝える役割。根太床と組床がある。

小屋組…屋根の荷重を柱や壁に伝える骨組み。洋小屋と和小屋がある。

軸組構法の基礎

地業…基礎を造る部分の土地を整備すること。

　　　　割栗地業＝割栗石を小端立てに並べる。

　　　　砂利地業＝砂利を敷きつめる。

　　　　杭打ち地業＝杭を打つ。

基礎の手順

　　　地業 ➡ 捨てコンクリート ➡ 墨出し ➡基礎（布基礎、独立基礎）の設置 ➡

　　　　土台となる角材の設置（アンカーボルトで緊結）。

・べた基礎は、捨てコンクリートの上に鉄筋を配し、コンクリートを床下
　一面に流して仕上げる。

・布基礎は、捨てコンクリートの上に鉄筋は配さないが、根入れ（地面に埋
　めること）の深さはべた基礎の2倍以上必要。

▼ 基礎と土台

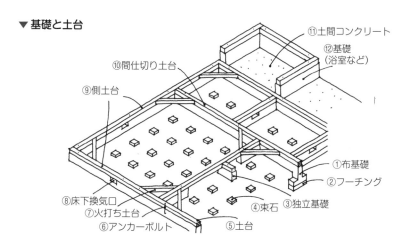

⑪土間コンクリート
⑫基礎（浴室など）
⑩間仕切り土台
⑨側土台
①布基礎
②フーチング
③独立基礎
④束石
⑤土台
⑥アンカーボルト
⑦火打ち土台
⑧床下換気口

軸組構法の柱

・通し柱…構造の主要となる柱。1階～2階を貫通する。

　　　　　建物全体の四隅などに設置。

・管柱……1階分の長さの柱。

　　　　　900～910mmの間隔（1モジュール）で配置。

・間柱……管柱の間に、450mm間隔で入れる。

　　　　　壁材を張るために取り付ける。

　　　　　構造上の支えにはならない。

軸組構法の桁

・柱の頭部を屋根の軒下で連結する。屋根の垂木を受けるものを軒桁という。

6

インテリアの構造・構法、仕上げ

軸組構法の壁

真壁……柱が外面に現れる。

日本の伝統的工法。

大壁……柱を壁で覆う。柱は見えない。

西洋の工法ではあるが、強度、気密性、断熱性などの面から、日本でも
大壁が中心となる。

軸組構法のその他の部材

胴差……1階と2階の管柱をつなぐ横架材（横方向に架けられる材）。

筋交い…柱と梁や胴差、軒桁、土台などの横架材で組み立てられる構造では、水
平方向の力を受けると変形する。それを防ぐために、斜め方向に架けら
れた部材。

床組み…1階の床と2階の床では、構造が異なる。

・1階の床…束立て床、転ばし床

・2階の床…根太床、梁床、組床

▼ 束立て床の構造

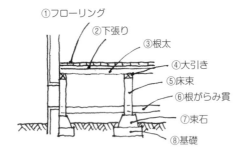

① フローリング
② 下張り
③ 根太
④ 大引き
⑤ 床束
⑥ 根がらみ貫
⑦ 束石
⑧ 基礎

▼ 屋根の形状

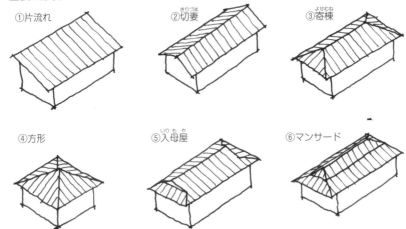

① 片流れ　　② 切妻　　③ 寄棟

④ 方形　　⑤ 入母屋　　⑥ マンサード

小屋組…屋根を支える構造体のこと。

　　　・和小屋（軸組構法の一般的な屋根）

　　　　梁の上に小屋束を立てて屋根を支える。

　　　・洋小屋（枠組構法に多い）

　　　　トラス構造＝方づえと合掌という部材で構成された三角形を単位とする。

　　　　キングポストトラス＝屋根の頂部を支える真束がある。

　　　　クイーンポストトラス＝2本の対束で支える。

▼ 寄棟屋根の小屋組（和小屋）

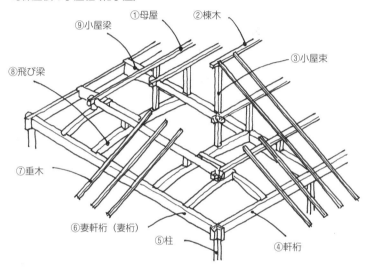

①母屋　②棟木　③小屋束　④軒桁　⑤柱　⑥妻軒桁（妻桁）　⑦垂木　⑧飛び梁　⑨小屋梁

軸組工法と接合部分

継手と仕口

　　・木材と木材をつなぎ合わせるために加工すること。

　　・木材を長い方向に継ぎ足すものを継手という。

　　・角度をつけて（主に直角）交わる部材同士の加工を仕口という。

▼ 軸組の接合①

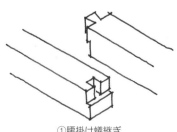

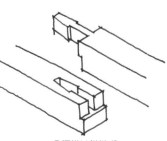

①腰掛け蟻継ぎ　　　　　　②腰掛け鎌継ぎ

▼ 軸組の接合②

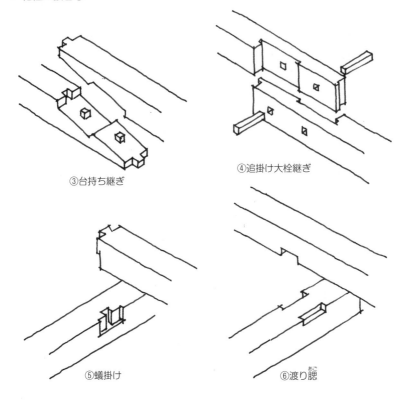

③台持ち継ぎ

④追掛け大栓継ぎ

⑤蟻掛け

⑥渡り腮

▼ 木造軸組接合部の補強金物（単位：mm）

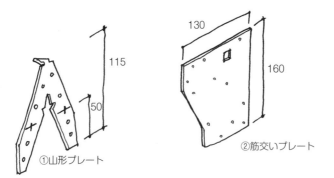

①山形プレート

②筋交いプレート

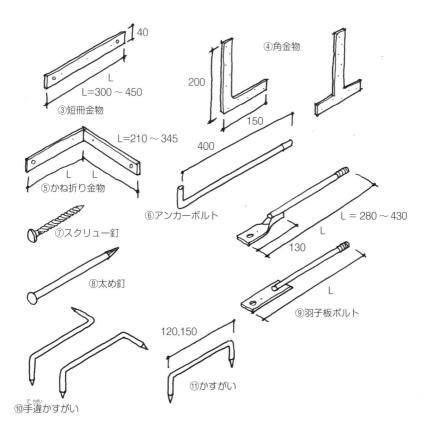

③短冊金物　L=300〜450　40

④角金物　200　150

⑤かね折り金物　L=210〜345

⑥アンカーボルト　400

⑦スクリュー釘

⑧太め釘

⑨羽子板ボルト　L=280〜430　130

⑩手違かすがい

⑪かすがい　120,150

6

インテリアの構造・構法、仕上げ

2.　枠組壁構法

　枠組壁構法は、北米やカナダで建てられていた伝統的な木造の構法である。

　使用する材木の断面が2×4インチ（38×89mm）なので「ツーバイフォー構法」と呼ばれる。

> 壁構法＝建物の荷重を壁で支える　➡柱や梁で荷重を支える軸組構法に対して、壁
> で荷重を支、**枠組壁構法の特徴**

①規格化された部材を使用するので、合理的な作業が可能。

②部材の接合にあたっては、釘や金物を使って、突き付けで接合するので、継手・
　仕口に比べ、熟練の技も必要なく、施工が容易。

③**耐震**性に優れる（壁構法のため、横方向の力に強い）。

④材料の使用量は多い。

⑤開口部を大きくとれない。

⑥増築、リフォームのときに壁の移動が難しい。

枠組壁構法の施工

軸組構法……骨組みを屋根部分まで作って、壁や床を張る。

⇕

枠組壁構法…床➡壁➡天井と下から順に積み上げていく。

〔基礎工事〕捨てコンクリートを打つ。

➡〔土台〕角材をアンカーボルトで基礎に緊結。

➡〔根太〕土台に載せ、釘打ちして固定。

➡〔壁〕下枠と上枠に合わせて縦枠を打ちフレームを作る。

➡〔壁〕構造用合板をフレームに釘打ち。

➡〔壁〕パネル状態の壁を起こし固定。

➡2階の床組をし、土台から上の作業を繰り返す。

ハリケーンタイ：垂木枠をつなぐひねり金物。

ハリケーンストラップ：土台と枠をつなぐ長尺金物。

3. 丸太組構法

丸太を水平に重ねて積み上げ、壁を作る構法。

丸太には、間伐材を利用するものから、比較的断面の大きな材料を利用するものまである。

製材して、矩形の断面にした部材を積み上げるものもある。

4. 集成材構法

集成材は、木材の欠点（節、割れ、腐食など）を取り除いた板を接着材で貼り合わせたものなので、品質が安定している。

曲面にも用いられるほか、大規模な空間構成に使用することも可能。

5. 伝統的構法

神社仏閣などの木造建築は、在来軸組構法とも違った構法で建てられてきた。

柱に貫を貫通させ、接合部をくさびで固定している（筋交いを持たない）。

新しく建設する場合は、この工法は使われないが、建物は現存しているので知っておきたい。

Theme 3 木材 その1

重要度：★★☆

木については、日本人は昔から親しんでいる
ので、理解しやすいかもしれませんね？

Navigation　　　　　　　　　　　　　**要点をつかめ!**

学習アドバイス

ADVICE!

樹種や部位、製材方法により、いろいろな個性があります。
その個性を把握してみましょう。

キーワードマップ

```
        ┌── 針葉樹
樹木 ──┤
        └── 広葉樹
```

出題者の目線

●中学生のときに少し習っていますが、もう一度しっかりと、そしてさらに詳し
く整理してみましょう。
日本は木造住宅が多いので、とても身近なお話です。

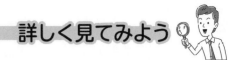

詳しく見てみよう

針葉樹、広葉樹、板目、気乾状態

公式下巻p12〜16

いつも見ている木。木について、見てみましょう。

1. 木材の種類

日本はもともと山国であり、木材が手に入りやすい環境だったため、木材は建築・インテリアの材料として、最も広く利用され、親しまれてきた。

木材の性質的な特徴も日本の湿潤な気候に合っており、湿気を吸収し、また、天然素材であることから、健康的で、肌触りもよく、温もりが感じられる。

一方で、燃えやすい、腐ってしまう、変形するなどの短所もある。

針葉樹…葉が細くとがっていて、広葉樹より軟らかい（軟木（なんぎ）と呼ばれる）。冬も落葉しない。加工しやすく、構造材として使用される。

木肌が美しいので、そのまま化粧材にもなる。

ヒノキ、マツ、スギ、ツガ、ヒバなど。

広葉樹…一部の種を除いて、一般的に硬い（堅木（かたぎ）と呼ばれる）。

重く、強いので家具の材料に適している。

針葉樹ほど年輪がはっきりしない。

その他、造作材、床材、ベニヤ板、建具などに利用される。

・環孔材＝導管（水分や栄養分の通る穴）が年輪に沿っているケヤキ、ナラ、クリなど。

・散孔材＝導管が散在している。ブナ、サクラ、カエデなど。

世界で一番軽い（密度が低い＝柔らかい）のは、**バルサ**。

世界で一番重い（密度が高い＝硬い）のは、リグナムバイタ。

2. 木材の構造、名称

①元（もと）／末（すえ）

1本の丸太で根っこに近く太い方を「元」、その表面を元口（もとぐち）という。また、その反対側の細い方を「末」、その表面を末口（すえぐち）という。

▼ 板目と柾目

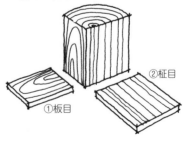

②柾目

①板目

②板目（いため）／柾目（まさめ）

板目＝年輪の接線方向に切断したときに現れる木目。

　　柾目＝樹心を通るように、年輪と直角に切
　　　　　断したときに現れる木目。
　板目は、柾目に比べると狂いが生じやすいが、無駄なく木取りができる。
　柾目は、狂いは少ないが、木取りに無駄が多くなる。

③木表／木裏

板目に製材したとき、樹皮側を**木表**、
内側を**木裏**という。

木表は木裏よりきれいなので、室内
の造作には木表を、また外部の仕上
げでは木裏を表面にする。

▼ 木材の各部名称

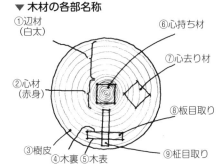

- ①辺材（白太）
- ②心材（赤身）
- ③樹皮
- ④木裏
- ⑤木表
- ⑥心持ち材
- ⑦心去り材
- ⑧板目取り
- ⑨柾目取り

④心材／辺材

心材は**赤身**、辺材は**白太**ともいう。

心材は木材の中心（樹心）に近い部分
で、樹脂やタンニンを含み、色が濃い。
水分が少ないため、乾燥、収縮も少ない。
硬質で狂いがなく、虫害を受けにくい。
辺材は樹皮に近い周辺部分のこと。
心材とは対照的に、淡く白っぽい色で美しい。
化粧材に適している。
含水率が高く、乾燥によって変形しやすい。
虫害には対策が必要。

▼ 背割り

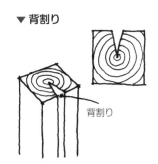

背割り

⑤心持ち材／心去り材

心持ち材は樹心を含む材、心去り材は樹心を含まない材。

心持ち材は腐りにくく強度がある。構造材に多く使用される。

化粧柱などに使用する際は**背割り**（割れ目を入れる）をして使用する（割れを吸収するため）。

心去り材は、強度はそれほどではないが、割れや反りを起こしにくいため、構造上あまり負荷のかからない部分の部材、造作材などに用いられる。

⑥節

枝＊が成長する過程で幹に取り込まれたもの。

節のある木材は用途が限定されるが、逆に、節を作らないために早い段階で枝

＊**枝**　　幹や茎から枝が出るところ。

を落とすなどして人の手をかけると、値段が高くなる。
生節…幹と一体になっている。外観を気にしない場合に使用。
死節…幹と独立しており、節が外れている。

⑦木口

年輪の現れる木材の横断面のこと。

⑧木端

木材の小口ではない方の端材面。細長い材。

⑨杢目

木目が不規則に現れて、模様のようになっているもの。

⑩背／腹

樹木の反りのある方を**背**、へこんでいる方を**腹**という。
構造材として使用する際に、向きが決まっていることがある。

3. 木材における水分の影響

木材の重さは、含んでいる水分によって変わる。

また、水分を含んでいることによって、変形 (狂いや割れ) が生じることがあるため、伐採してから、材料として使用するまでに、水分を蒸発させることが必要である。

含水率………木材に含まれる水分の割合
平衡含水率…それ以上、乾燥しなくなったときの最終的な水分の割合。
気乾比重……いわゆる「材木の重さ」。平衡含水率に達したときの比重。
　　　　　　（＝同じ体積の水との重さの比、比重1を超えると水に沈む）
生材状態＞繊維飽和点＞気乾状態＞全乾状態　（含水率の低い順）

建築物、インテリアに使用する際には、気乾した状態の材木を使用する。

建築構造材では含水率15％前後、室内の家具・造作材料では含水率 10〜12％が適当。

▼木材の方向

木材は同一のものの中でも場所（方向）によって、収縮率が異 なる。
　・年輪に対して、①接線方向 5〜12 ％
　　　　　　　　　②半径方向2〜6 ％
　　　　　　　　　③繊維方向0.1〜0.3%

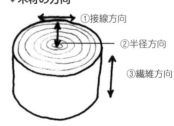

①接線方向
②半径方向
③繊維方向

4. 木材の強度

木材の強度は、乾燥による収縮率の小さいものが強いといえる。

ただし、他の素材と比較すると、軽量のわりには強度が強いといえる。

5. 木材の火災危険温度

木材の自然発火温度…450℃

　　　　　引火温度………260℃（火災危険温度）

木材の可燃性については、表面を石膏ボードやモルタルで覆うことで燃えにくくする、薬剤で木材そのものを燃えにくくする、また、燃えしろをあらかじめ加えておく（表面が燃えても内部の温度は上がりにくい）、といった加工を加えることで対応する。

6. 木材の老朽化

他の材料と異なり、木材は天然の素材であるために、腐朽、風化、虫害などによって老朽化していく。

耐久性を維持するためには、管理を怠ってはならない。

腐朽

木材の腐朽は、内部に細菌が侵入することによって起こる。

次の4つの条件が揃うと、この腐朽菌は繁殖する。

①適当な温度　②養分（セルロース）　③湿気・水分　④酸素（空気）

【対応】

通風を確保する。（換気が悪く湿度が高い場所、配水管は要注意!）

耐腐朽性のある木材（ヒノキ、ヒバなど）を使う。

防腐処置（建築基準法によって、地盤面から1m以内の柱、土台、筋交いなどの構造物について義務付けられている）。

害虫

シロアリによる被害が多い。

シロアリの生育の条件は、腐朽の条件とほぼ同じである。

ヤマトシロアリ、イエシロアリ、アメリカカンザイシロアリ。

得点アップ講義　\\POINT UP!/

木材の含水率の気乾状態は15%前後です。それ以下になると反りや割れが減ります。

6

インテリアの構造・構法、仕上げ

木材 その2

加工されて製品になる前の木材ですね？
どんな種類があるのでしょう？

Navigation

要点をつかめ！

ADVICE!

学習アドバイス

よく目にする木材の加工などについて、それぞれの特徴を整理して
覚えましょう。

キーワードマップ

木質材料 ─┬─ 合板、集成材、単板積層材（LVL）
　　　　　├─ パーティクルボード
　　　　　├─ ウエハーボード（WB）、パララム（PSL）
　　　　　└─ 配向性ボード（OSB）

出題者の目線

● 出題の多い範囲の１つです。
　集成材とLVLの違いは特にしっかりと覚えましょう。

Lecture

詳しく見てみよう

ロータリー単板、パーティクルボード
公式下巻p17〜18

木材加工の種類を見てみましょう。

1. 寸法別製材の主要な用途

板類

厚さ7.5cm未満かつ幅が厚さの4倍以上のもので、以下のものの総称。

板………厚さ3cm未満で幅が12cm以上のもの。

　　　　天井板、羽目板、廊下板、下見板、野地板、畳下板。

小幅板…厚さ3cm未満で幅12cm未満のもの。

　　　　木ずり、ぬき、腰羽目板。

斜面板…幅が<u>6</u>cm以上で横断面が台形のもの。

　　　　南京下見板、長押、平よど、登よど。

厚板……厚さが<u>3</u>cm以上のもの。

　　　　橋板、棚板、足場板、階段板。

ひき割類

厚さ7.5cm未満かつ幅が厚さの4倍未満のもので、以下のものの総称。

正割……横断面が正方形のもの。

　　　　さお縁、垂木、まわり縁。

平割……横断面が長方形のもの。

　　　　敷居、鴨居、間柱、胴縁、幅木、窓枠材。

ひき角類

厚さ7.5cm以上のもの。

正角……横断面が正方形のもの。

　　　　杆、十台、母屋、束、棟木。

平角……横断面が長方形のもの。

　　　　梁・桁、上り框、縁桁。

▼ **ロータリー単板**

刃

2. 合板

<u>単板</u>＝木材を薄くはいだ板。ベニヤ板。

合板＝単板を重ね合わせて接着剤で貼り合わせ、1枚の板にするもの。プライウッド。

合板の製法

・単板を奇数枚重ねる➡ 表と裏の繊維方向が揃う。

・繊維方向に直交させて貼る➡ 板の反りを互いに相殺する。

3. 合板の分類

▼ 合板

JAS(**日本農林規格**) により規格が定められている。

①普通合板

　最も広く用いられる合板。

　耐水性によって２種類ある。

　I類合板 (タイプ1、T1)…普通合板の中で最も耐水性が高いタイプ。
　　　　　　　　　　　　　　床下地、屋根下地など。

　II類合板 (タイプ2、T2)…家具、室内建具、内装壁下地などに使用。

②特殊合板

　表面に天然木の突き板 (極薄の天然木の板) を練付け (接着) したり、化粧板を接着するなどの加工をしたもの。

　用途によっても分類される。

③構造用合板

　建築物の荷重を受ける主要な部分に使用するもの。耐水性によって、特類とI類に分類される。

　特類合板＝最も耐水性の高いタイプ。I類合板は上記の通り。

④コンクリート型枠用合板

　コンクリート打設の際の型枠として使用するもの。通称コンパネ。

4. 特殊合板

表面が化粧材で仕上げられ、仕上げ材として使用される。

天然木化粧合板……表面に銘木の突き板を練り付けた合板。

特殊加工化粧合板…表面に合成樹脂を接着したり、塗装、プリントなどで処理したもの。

＜特殊加工化粧合板の種類＞

・メラミン化粧合板………メラミン化粧板を貼り付けた合板。
　　　　　　　　　　　　　表面は硬く、机の甲板、家具などに使用。

・ポリエステル化粧合板…ポリエステル化粧板を合板に貼ったもの。メラミン化粧合板より耐熱性、耐衝撃性などで劣るが、安価なため家具などによく使われる。

・塩化ビニル化粧合板……塩ビシートを合板に接着したもの。最も安価にできる。表面は軟らかく、耐熱性は低いが、表面にプリントなどの様々な加工ができる。

・プリント合板…………合板の表面に直接印刷したもの、もしくは印刷紙を貼ったもの。

・その他……………………心材に単板以外のものを用いた合板。

ランバーコア合板、ボードコア合板、ペーパーコア合板。

5. 集成材、単板積層材 (LVL)

板材の繊維方向を、直交ではなく**平行**に貼り合わせる積層材。

＜集成材の種類＞

ひき板 (ラミナ＝比較的厚い板材) や角材の繊維方向を平行させて貼り合わせた材料で、木材の材料としては狂いが少ない、強度が強い、長い材を作ることができる、といった特徴がある。

① 構造用集成材…柱、梁などの構造用として使用。

② 造作用集成材…手すり、テーブルの甲板などに使用。

▼ 集成材の縦つぎの種類

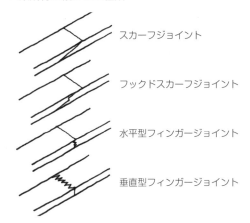

スカーフジョイント

フックドスカーフジョイント

水平型フィンガージョイント

垂直型フィンガージョイント

＜単板積層材 (LVL)＞

合板用より厚い単板を繊維方向にほぼ平行に積層接着させる。

① 単板積層材

家具やパネルの心材として使用。型枠に入れて加熱圧縮することで成形合板が得られる。

② 構造用単板積層材

構造用、造作用に用いられる。強度が均一化する。

6. パーティクルボード

木材をチップにしたり、繊維状に加工したものを接着材で固める。JISによる規格がある。

7. ファイバーボード (繊維板)

ファイバーボードは木材を繊維状にし、加熱圧縮して成形したもの。

JIS により、密度によって3タイプに分類されている。

①インシュレーションボード

　　比重0.35 未満、断熱性と**吸音性**に優れる。

②ミディアムデンシティファイバーボード (MDF)

　　比重0.35 以上0.8未満

③ハードボード

　　比重0.8以上

8. ウエハーボード (WB)

0.3〜0.8mm程度の薄いウエハー状の削り片を不規則に重ねたもの。

構造用ボード。

9. パララム (PSL)

ストランド (繊維方向に紐状に裁断した木材) を接着剤で整形したもの。

強度が安定し、構造材として柱や梁に使われる。

10. 配向性ボード (OSB)

幅の2倍以上の細長い削り片 (ストランド) に加工し、繊維方向に揃えて3〜5層ほど直交させて重ね、接着剤で成型。

吸水すると厚さ方向に膨張しやすい。

Theme 5 鉄骨構造（S造）

重要度：★★☆

鉄骨構造、S造のSは、STEELのSからきているのですね。

Navigation

要点をつかめ！

ADVICE!

学習アドバイス

鉄骨構造は、「鉄骨造」や「鋼構造」、そして「S造」「S構造」ともいいます。
ここでは、「鉄骨造＝S造」として表現します。

キーワードマップ

- S造の長所、短所
- 耐火被覆
- 鋼材自体の性質

出題者の目線

● 軽量鉄骨：ライトゲージ（LG）は、事務所や店舗などの室内に多用されます。
住宅では、躯体が鉄骨構造という場合があります。
鉄骨構造の建物は、地震では適度に揺れることで倒壊を防ぎます。

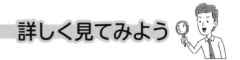

詳しく見てみよう

ラーメン構造、普通ボルト結合

公式下巻p18〜21

S造についてまとめています。

1. S造の特徴
長所

①RC造に比べて**軽量**。

②部材自体の強度が強いため、柱、梁などを小さい材料で構成できる。

③軽量で強いので、大スパン建築や**超高層**住宅に適する。

④鉄骨は工場生産なので、材質の均一な材料が大量生産できる。

⑤鉄骨は、リサイクルが可能。

短所

① 鋼材は、それ自体は不燃材料であるが、500℃以上で強度が常温の半分になるので、ロックウールやケイ酸カルシウム板（ケイカル板）、コンクリートブロックなどで十分な耐火性を確保する必要がある。

② 錆びる➡防錆加工が必要。

③ 遮音、結露についても考慮を要する。

2. S造の構造の種類
ラーメン構造、ピン構造、トラス構造、アーチ構造、ドーム構造など。

3. S造の接合の種類
普通ボルト接合…ボルトは回転したり、ゆるむ可能性があるので、スパン13メートル、軒高9メートルを超える大規模な建物には使用できないことになっている（しっかりした剛接合に対し**ピン**接合という）。

高力ボルト接合…引張り耐力の極めて高い高力ボルト（ハイテンションボルト）による接合で、ボルトを強く締め付けることで発生する摩擦力で強度の高い接合面ができる。

溶接………………電気溶接（アーク溶接、突き合わせ溶接、隅肉溶接）が一般的。他に、ガス溶接、電気抵抗溶接などある。

4. 耐火被覆
鋼材は不燃材であるが、**500**℃を超える熱を加えると耐力は半減し、1000℃を超えると耐力はほとんどなくなる。

そのため、**断熱**材で被覆する必要がある。

　建築基準法では、火災時にも所定の時間内は鋼材が規定温度以上にならないようにするよう定められている。

5. 鋼材の特徴

　普通鋼材と特殊鋼材の2種類がある。

・普通鋼材の特徴

長所

・強度が大きい（引張、圧縮、曲げ、せん断、じん性などの特性において）

・加工が容易

・量産ができ、比較的値段が安い

短所

・錆びやすい

6. 建築用鋼材

・重量鉄骨：1300℃程度で鋼片を伸ばし、主構造を構成。

　　　　　　　主に、中高層以上、大スパンの建築に使用。

　　　　　　　戸建て住宅にも用いる。

・軽量鉄骨：**ライトゲージ**ともいう。

得点アップ講義

鉄骨の厚みが6mm以上であれば重量鉄骨で、6mm未満であれば軽量鉄骨です。

6

インテリアの構造・構法、仕上げ

Theme 6 鉄筋コンクリート構造（RC造）

重要度：★★☆

よく目にする鉄筋コンクリート構造ってどういうものなのでしょう。

Navigation

要点をつかめ！

学習アドバイス

ADVICE!

マンションなどは鉄筋コンクリート構造が多いです。
その構造などを見ていきます。

キーワードマップ

- 鉄筋
- かぶり厚さ
- コンクリート

出題者の目線

●コンクリートと鉄筋がどのような関係にあるか？
　かぶり厚さやあきについてしっかり見ていきましょう。

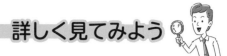

詳しく見てみよう

ラーメン構造、壁式構造、ALC板、かぶり厚さ　　公式下巻p21〜27

RC造について順に見ていきましょう。

1.　鉄筋コンクリート構造（RC造）の特徴
長所

- **耐火性**、耐久力がある。
- 型枠の形状通りの自由デザインが可能。
- 高層建築が可能。
- 遮音性が大きく集合住宅などに向いている。
- 重量があるので、風圧を受けても振動しにくい。

短所

- 取り壊しが大変。
- 断熱処理が必要。
- 現場施工のため、性能の良し悪しが出やすい。
- 硬化時間が必要なため、施工に時間がかかる。

2.　RC造の構造の種類
ラーメン構造

　柱や梁が鉄筋コンクリートで一体化して造られているので、接合部ががっちりと固まって（剛接合）、変形しない（➡この構造がラーメン）。壁による制約が少ないので、広くはないが、自由に空間をとることができる。

壁式構造

　耐力壁と床スラブで構造体を構成。

　柱形や**梁**形は室内に現れない。

　5階以下、軒高20m以下、階高3.5m以下と決められている。

6

インテリアの構造・構法、仕上げ

鉄筋について

配筋 *には、鉄筋自体の表面が凹凸になっている異形鉄筋が使用され（コンクリートとの付着面を大きくするため）、耐久性および鉄筋とコンクリートの一体性などの性能を確保するため、建築基準法により配筋について詳しく規定されている。

配筋についての規定

かぶり厚さ

コンクリートの表面から一番近い鉄筋までの距離のこと。

鉄筋がコンクリートから抜けないように、また、鉄筋を火災や腐食から守るために、建物の部位によって厚さが決められている。

あき

鉄筋同士の距離のこと。

最小値が決められ、狭くなりすぎないようになっている（狭すぎるとコンクリートが十分に行き渡らず、鉄筋に定着しにくくなるため）。

セパレータ

コンクリートを流し込むときに、（柱などの）寸法を保持するもの。壁の厚みを均等に保つためのもの。スペーサーの一種。

スペーサー

側面の鉄筋のかぶり厚さを確保するもの。

▼ 棒鋼

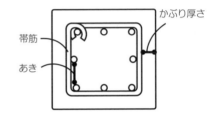

①丸鋼

②異形鉄筋

▼ 鉄筋コンクリート造かぶり厚さとあき

かぶり厚さ

帯筋

あき

3. コンクリート

水＋セメント＝セメントペーストのこと。

セメントとは、石灰石と粘土（4：1）を焼成し、凝固焼成用の石膏を微量混ぜたもの。

セメントペースト＋砂（細骨材）＝モルタル

モルタル＋砂（粗骨材）＝コンクリート

実際には、コンクリートに次の混和材料が加わる。

混和材…フライアッシュ、高炉スラグ粉末など。

混和剤…発泡剤、膨張剤、防錆剤、AE剤、減水剤、AE減水剤など。

＊**配筋**　鉄筋を切ったり曲げたりし、それを固定して組み立てること。その後コンクリートを打つ。

セメントの種類

・ポルトランドセメントの種類

普通ポルトランドセメント…建築・土木工事一般用

早強ポルトランドセメント…寒中工事、緊急工事用

中庸ポルトランドセメント…暑中工事、巨大物工事用

・混合セメントの種類…………耐水性大、一般工事、ダム工事用

高炉セメント

シリカセメント

フライアッシュセメント

特殊セメント

超速硬セメント…超速硬性を持つ。緊急工事、補修工事用。

膨張セメント……硬化時に膨張するため、乾燥性亀裂を防止できる。

化粧用セメント…白セメントとカラーセメントがある。内装仕上げ用。

コンクリートの特徴

圧縮強度が強い不燃材料。アルカリ性。

コンクリートは硬化時間が必要＝養生。

十分に硬化するまで、約4週間必要。

日光や風が直接あたらないようにして、乾燥を避ける（乾燥したら水をまいて**湿潤**状態を保つ）。

コンクリートの強度

水セメント比で示される。

水セメント比＝水量／セメント量

数値大 ➡ 強度小

数値小 ➡ 強度大　富調合

※スランプ値…コンクリートのワーカビリティ（作業性）を示す。スランプ試験によって測定（スランプコーンにコンクリートを注ぎ入れ、筒を取り去ったときのコンクリートの崩れ量＝コンシステンシーを測定する）。

コンクリートの欠陥となる現象とその原因

・じゃんか（豆板）

コンクリートの材料が分離して、表面が凸凹になること。

材料の練り混ぜ不足などで起こる。

・ブリーディング現象

  コンクリートの水量が多い状態で打ち込んで放置すると、コンクリート上面が沈み、**余剰水**が浮き上がってくる現象。

コンクリートの種類

・機能・用途別分類

  普通コンクリート
  高強度コンクリート
  高流動コンクリート
  遮蔽用コンクリート

製造・施工法別分類

  ・レディーミクストコンクリート
  工場で製造したコンクリートをミキサー車で運び、現場で打設する。
  現場打ちコンクリートはこれが一般的。
  ・プレストレストコンクリート (PSC)
  コンクリートにプレストレス鋼を用いて緊張力を与え、コンクリートの弱点である引っ張り強度を補う。
  ・プレキャストコンクリート (PCa)
  工場で製品化したコンクリート製品。
  寸法の安定化に優れ、複雑な形状のものやサッシを取り付けたものなどがある。
  ・ALC板 (オートクレーブ養生軽量気泡コンクリート)
  内部に**気泡**を含んだ**軽量**のコンクリート。
  オートクレーブ養生 (高温高圧の蒸気を加えて成形) される。内部に気泡が多いので、水より軽く、断熱性、寸法安定性、**耐火性**に優れ、S造の壁に多用される。

得点アップ講義

\\POINT UP!/

W造、R造、RC造、SRC造がそれぞれどんな構法を指すかは最低限押さえておきましょう。

Theme

7

重要度：★☆☆

鉄骨鉄筋コンクリート構造（SRC造）ほか

鉄骨鉄筋コンクリート構造の特徴は何でしょう？

Navigation

要点をつかめ！

学習アドバイス

SRC造は、RC造よりも強度が期待できる建物を作ることができます。

キーワードマップ

SRC造とその他造
- 鉄骨鉄筋コンクリート構造
- 組積造
- 補強コンクリートブロック造
- プレハブ構法

出題者の目線

● 出題数はあまり多くない範囲ですが、SRC造がどういうものかは覚えておきましょう。

詳しく見てみよう

SRC造のしくみ

公式下巻p27〜31

鉄骨鉄筋コンクリート構造とその他の構造についてまとめています。

1. 鉄骨鉄筋コンクリート構造（SRC造）の特徴

鉄骨構造と鉄筋コンクリート構造の短所を補い合った構法。
耐火性と**耐震**性に優れている。

2. 組積造

石や煉瓦、コンクリートなどを積み上げて造る構法。
ヨーロッパ、中近東、インド、中国、東南アジアで発展。
地震の多い日本ではあまり発展しなかったが、城壁などで採用されている。
フランス積、イギリス積、オランダ積などの煉瓦の積み方がある。

3. 補強コンクリートブロック造

中空のコンクリートブロックの穴に鉄筋を縦横に通し、モルタルで固めて積み上げる。
3階建て以下の建物にしか使用できない。
基本ブロックの寸法は、長さ390×高さ190mm、厚さ100、120、150、190mmなど（耐力壁にするには150mm以上）。

4. プレハブ構法

「プレハブ」という語は「あらかじめ造る」という意味の英語に由来する。
現場での作業をできるだけ減らすための技術開発をプレハブ化という。

プレハブの種類

軸組構法、壁式（パネル）構法、ボックスユニット構法など。
材料により、木質系、鉄骨系、コンクリート系がある。

Theme 8

床・壁・天井の構造

重要度：★★☆

仕上げの下になって見えない部分から仕上げまでのことですね。

Navigation

要点をつかめ！

学習アドバイス

ADVICE!

躯体の構造には、木造や鉄骨、鉄筋鉄骨コンクリートなどがありますが、その「構造から仕上げまで」の間の処理がそれぞれ異なります。その部分についてここでは見ていきましょう。
仕上げとも密接な関係があるため、一部、仕上げについても述べています。

キーワードマップ

- 床の構造
- 壁の構造
- 天井の構造

出題者の目線

●仕上げについては、できあがった建物でも見ることができるので、理解しやすいと思います。
その下の下地（ここでは木造の場合について説明しています）もしっかり理解しましょう。

詳しく見てみよう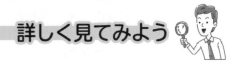

根太サイズ、真壁、大壁、乾式工法　　　　公式下巻p32〜39

　下地と仕上げとは深い関係があるので、詳しく見てみましょう。

1.　床の構造と仕上げ
在来軸組構法（一般的）

　床材（仕上げ材）を根太が受け、根太を大引きが受け、大引きを土台が受け、土台が基礎を受けているもの。

　大引きと呼ばれる下地材の上に根太と呼ばれる木の角材を並べ、その上に合板などで平面を作り、その上に直接、フローリングや畳、カーペットなどの仕上げ材を施工する。

　根太サイズ　　　45×45mm以上の角材を**300**または450mmピッチで並べる。

　大引きサイズ　　90〜120mm角の角材を**900**mmピッチ程度で並べる。

　最近では、在来構法、ツーバイフォー構法とも、各階の根太を省略し、厚みのある（24〜36mm程度）合板を貼り、床下地とすることもある。

鉄骨構造

　コンクリートの下地の場合が多い（またはALCの表面にモルタル塗り）。

　平滑な下地床面の上に、直接仕上げ材（シートやカーペットなど）で仕上げる。

　木質系床材で仕上げるときは、コンクリートの上に転ばし根太を使用してから、木造の場合と同じように仕上げる。

鉄筋コンクリート構造、鉄骨鉄筋コンクリート構造

　一般的には、鉄骨と同様の構法である。

その他

　伝統的な木造構法では、1階の土間などは三和土の場合がある。

床仕上げの種類
・木質系床仕上げ

　フローリング、縁甲板、複合フローリング、パーケット床など。

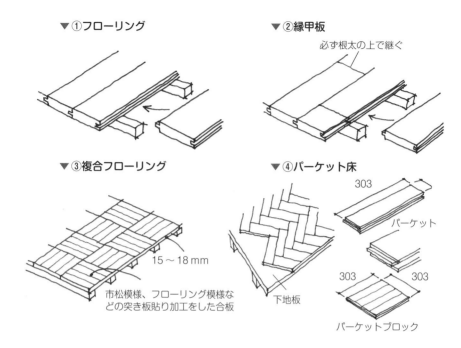

▼①フローリング

▼②縁甲板

必ず根太の上で継ぐ

▼③複合フローリング

15〜18mm

市松模様、フローリング模様な
どの突き板貼り加工をした合板

▼④パーケット床

303

パーケット

303　　303

パーケットブロック

下地板

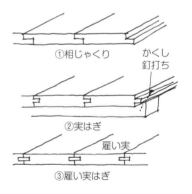

・**プラスチック系床仕上げ**

シート状ビニル系…長尺ビニル床シート、
　　　　　　　　　　クッションフロアなど

油脂系（リノリューム）

ゴム系……天然ゴム、合成ゴムなど

タイル状…ビニル床タイル（Pタイル）、ゴ
　　　　　ム床タイル、レジンテラゾータ
　　　　　イルなど

・**タイル仕上げ**

磁器質タイル……1300℃前後で焼成。吸水
　　　　性**なし**、床に適する。

せっ器質タイル…1250℃前後で焼成。吸水性はあまりない。

陶器質タイル……1100℃前後で焼成。多孔質で吸水性がある。内装向き。

・**石仕上げ**

人造石（**テラゾー**）、大理石、玉石、豆砂利。

浴室などをタイルにする場合は、コンクリートの上に、ならしモルタルで平面
を作る。

▼**板張り材の加工**

①相じゃくり

かくし
釘打ち

②実はぎ

雇い実

③雇い実はぎ

6

インテリアの構造・構法、仕上げ

181

防水の必要がある床は、ならしモルタルの上に防水シートを敷く。
貼付け用モルタルでタイルを貼り付ける。

・**カーペット**
木造床 ＋ カーペット直貼り
フェルト ＋ グリッパー構法

・**タイルカーペット**
タフテッドカーペットに特殊加工したもの。
フリーアクセスフロアの仕上げ材としても使用。
500 × 500 mm、450 × 450 mm など。

・**畳**
畳表＋（畳へり）＋畳床
今は昔のような本床と呼ばれる藁畳はほとんど使われなくなっている。
ヘリのない半畳の畳を「坊主畳」または「琉球畳」と呼ぶ。

2. 壁の構造と仕上げ
木構造の構成
木造軸組構法（在来構法）において、壁の構造と仕上げには次のものがある。
① 真壁………構造体（柱や梁など）の内側に壁を仕上げる。
　　　　　　　構造体が見える、古くからの構法。
② 大壁………構造体の上に仕上げ材をかぶせる。
　　　　　　　断熱材を入れる場合は大壁でないと納まらない。

壁の仕上げ
① 湿式構法…左官材料（モルタル、漆喰など）による塗り仕上げ。
　　　　　　　現場施工。
② 乾式構法…ボード類による壁面仕上げ。ボードは工場生産。
　　　　　　　塗装やクロスなどの仕上げを現場で行う。

構造耐力
① 耐力壁……構造体を支える壁。外すことができない。
② 非耐力壁…取り外しても差し支えない壁。移動も可能。

木造軸組構法（在来構法）の壁

真壁

▼ 小舞下地真壁

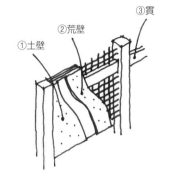

①土壁
②荒壁
③貫

▼ ラスボード下地真壁

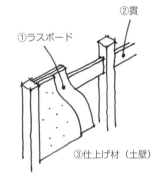

①ラスボード
②貫
③仕上げ材（土壁）

大壁

▼ ラスモルタル大壁

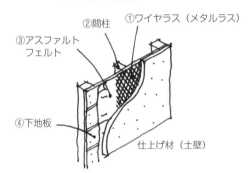

②間柱
①ワイヤラス（メタルラス）
③アスファルトフェルト
④下地板
仕上げ材（土壁）

▼ ラスボード下地大壁

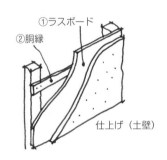

①ラスボード
②胴縁
仕上げ（土壁）

乾式工法

▼ 木胴縁（化粧合板）

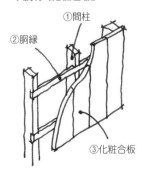

①間柱
②胴縁
③化粧合板

▼ 木胴縁

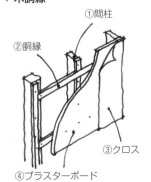

①間柱
②胴縁
③クロス
④プラスターボード

石膏ボード（下地材）の種類

- ・石膏ボード………………………代表的な石膏ボード。
- ・シージング石膏ボード（防水石膏ボード）… 湿気の多い場所、水回りに使用。
- ・強化石膏ボード（強化ボード）……無機質繊維＋石膏。防火性、耐火性が高い。
- ・化粧石膏ボード………………化粧加工した紙やシートを貼ったもの。
- ・石膏ラスボード………………平ラスボード、型押しボードなど。
- ・吸音用孔あき石膏ボード………不燃性シートで裏張り（裏張りのないものもあり）。
- ・化粧石膏吸音ボード…………平ボードに吸音用の孔を開けたもの、表面は化粧。
- ・特殊石膏吸音ボード…………吸音用の孔を開け、裏面にロックウールなどを張る。
- ・不燃石膏積層板………………表紙に不燃性ボード用原紙を使用。化粧はあるものとないものがある。

枠組壁構法の壁
▼ 枠組壁構法の壁の構成

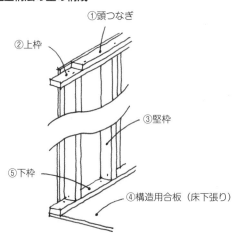

①頭つなぎ
②上枠
③竪枠
⑤下枠
④構造用合板（床下張り）

下地　①木造下地（木胴縁）
　　　②金属下地（金属胴縁）
　　　③ボード接着張り…だんご状にした接着剤を使用。
　　　④直仕上げ…………コンクリート面にそのまま、もしくはモルタル等でならして、その上に仕上げをする。
仕上げ　①タイル張り………コンクリートにモルタルを用いて張る。
　　　　②石張り…………湿式と乾式があり、内装では乾式が多い。

③直仕上げ…………コンクリート壁面に直接モルタルを塗り、プラスター
で仕上げる。

④打放し……………コンクリート面をそのまま仕上げ面とする方法。丁
寧な施工が必須。

コンクリートブロックの壁
仕上げはほとんどが左官工事。

コンクリートブロックの表面が下地となる。

仕上げのない、素地仕上げの場合もあるが、その場合は化粧目地とする。

3. 天井の構造と仕上げ
天井の構造
吊り天井…梁などの構造体から吊り下げられる。

直天井……RCのスラブなどをそのまま天井とする。

天井の下地
・木造軸組構法 (在来工法)

小屋組み (梁) ➡吊り木受け➡吊り木➡野縁受け➡野縁➡天井板 (もしくは合板など
の下地)

▼ 竿縁天井の付け方

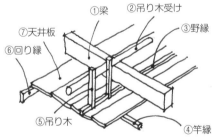

▼ 打ち上げ天井

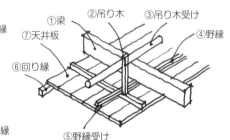

軽量鉄骨下地
鉄骨構造、鉄筋コンクリート構造の建物
に使われる。

中・大規模建物、小規模住宅では、木製
下地とすることもある。

鉄骨下地 (軽量形鋼、棒鋼)
➡野縁、野縁受け (Tバー、クロス
Tバーなど天井用材) ➡吊りボルト
➡天井板 (もしくは合板などの下地)

▼ 天井軽量鉄骨下地の構造

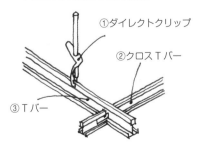

・天井軽量鉄骨下地の構造
　天井仕上げの種類
　・和風天井
　①竿縁天井
　　　　和室の天井。
　②格天井
　　　　格縁という、竿縁より少し太い角材を格子状に組んで張る。
　③網代天井
　　　　薄くそいだ杉などの板を、網代に編んだものを天井に張る。
　　　　茶室などに見られる。
　④よしず天井
　　　　葦で編んだすだれを下地板に張ったものを丸太で押さえるように張った天井。
　　　　茶室などに見られる。

　・打ち上げ天井
　　　　野縁に直接、天井板（長尺の板、石膏ボード＋クロス貼り、石膏ボード＋塗装、
　　　　化粧板）で仕上げる。

　・左官仕上げ天井
　　　　木ずり漆喰塗り天井、ラスモルタル塗り天井、直塗り天井など。

　・システム天井
　　　　湿気の多い浴室などの天井には、プラスチックや金属性の天井板を使用。
　　　　また、天井面に照明器具を入れた光天井などもある。

POINT UP!

得点アップ講義

和風の天井は和室の減少とともに少なくなりましたが、直天井でなければ洋室の天井も和室の天井と同様に基本は吊り天井です。

Theme 9 造作

重要度：★★☆

躯体（くたい）以外での木工事の部分を造作工事といいます。
具体的にはどんなものを指すのでしょう？

Navigation

要点をつかめ!

学習アドバイス

ADVICE!

造作、という明確な定義は実はないのです。
住宅ではおおむね、開口部周辺、幅木、回り縁、床の間、クローゼット、
カーテンボックス、階段などです。

キーワードマップ

- 天井納まり
- 和室の造作
- 開口部の種類と納まり

出題者の目線

●よく見ているはずですが、名称までは……という人も多いかもしれません。
　よく出題される範囲ですので、しっかり覚えましょう。

詳しく見てみよう

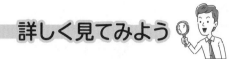

| 畳寄せ、床の間、階段、手すり | 公式下巻p39〜54 |

造作部の名称や納まりについて見てみましょう。

1．大壁と真壁の造作納まり

見切り縁

回り縁……天井と壁を見切る。

　　　　　和室にも洋室にも使用され、プラスチックや木材、アルミなど比較的
　　　　　軽量な材料で作られている。

▼a：真壁回り縁

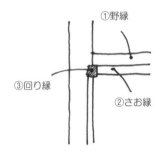

①野縁
③回り縁
②さお縁

▼b：大壁回り縁

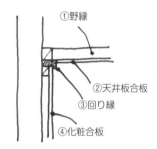

①野縁
②天井板合板
③回り縁
④化粧合板

▼c：隠し回り縁

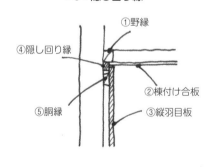

①野縁
④隠し回り縁
②棟付け合板
⑤胴縁
③縦羽目板

▼d：プラスチック回り縁

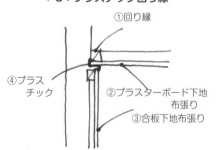

①回り縁
④プラスチック
②プラスターボード下地布張り
③合板下地布張り

幅木……壁と床を見切る。

　　　　　和室にも洋室にも使用され、プラスチックや木材、金属のほか、床の仕
　　　　　上げ材や壁の仕上げ材に合わせ、石、タイル、人造石 (テラゾー) なども
　　　　　ある。

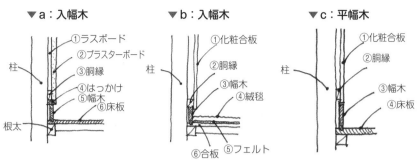

▼a：入幅木
- ①ラスボード
- ②プラスターボード
- ③胴縁
- ④はっかけ
- ⑤幅木
- ⑥床板

柱
根太

▼b：入幅木
- ①化粧合板
- ②胴縁
- ③幅木
- ④絨毯
- ⑤フェルト
- ⑥合板

柱

▼c：平幅木
- ①化粧合板
- ②胴縁
- ③幅木
- ④床板

柱

6

▼d：出幅木
- ①胴縁
- ②縦羽目板
- ③幅木

柱
根太

▼e：出幅木
- ①胴縁
- ②縦羽目板
- ③幅木
- ④張り床
- ⑤荒床

柱
根太

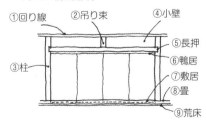

畳寄せ……畳と壁の間にできる
　　　　隙間をふさぐ木材。

▼畳寄せ
- ⑤真壁
- ①畳寄せ
- ⑥ちり
- ⑦柱
- ④畳
- ②根太
- ③荒床

2. 和室の造作
構成部材

・開口部分を中心に、和室の造作部材を「内法」という（通常、内法は部材の内側
から内側の寸法を指す）。

▼ 内法の構成部材

- ①回り線
- ②吊り束
- ④小壁
- ③柱
- ⑤長押
- ⑥鴨居
- ⑦敷居
- ⑧畳
- ⑨荒床

・内法の素材は主に、軟らかく加工しやすい樹木が使用される。

柱、敷居、鴨居には同一樹種（ヒノキ、ヒバ、ツガなど）が使用される。

①敷居…和室の出入り口の下端の材。

　　　　2〜3mmの溝を掘り、建具を落とし込む。

②鴨居…和室の出入り口の上端の材。

　　　　建具を入れるため15mm程度の溝を掘る。

　　　　開口部の幅が大きい場合、上部の小壁の荷重でたわむことがあるので、
つりづか
　　　　吊束で吊る。
なげし
③長押…以前は柱を固定するという構造的にも重要な役割を持っていたが、現在

　　　　は意匠的な役割しかない。
らんま
④欄間…小壁（鴨居から天井までの間にある壁）の一部にはめ込まれた装飾的な部

　　　　分。彫刻などが施される。

　　　　適風や採光の目的もあるが、遮音性や断熱性はあまりない。

柱

柱は鴨居との納まりにいくつかの種類がある。

また、ぶつけて欠けたり、人が怪我しないように、角を削って加工する。

面取りの種類➡・糸面（1〜2mm面取り）

　　　　　　　・小面（3〜5mm面取り）

　　　　　　　・大面（5〜8mm面取り）

床の間

鎌倉時代に始まり、徐々に様式化される。

室内が格式化され、床の間を中心とした作法などが生まれる。

▼ 床の種類

①本床　　　　　　　②踏込み床　　　地板　　　③蹴込み床　　　木口

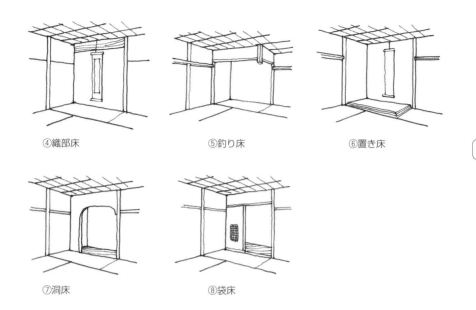

④織部床　　　　　　　⑤釣り床　　　　　　　⑥置き床

⑦洞床　　　　　　　　⑧袋床

●本床

本床
- 床の間…落とし掛け、床地板、床框で構成。
　　　　　柱は角柱、床框は黒の漆が正式。丸太の銘木もよく使われる。
- 床脇……上部の天袋、床面の地袋、違い棚で構成。
- 書院……本来は読み書きをする場所であったが、意匠的な面だけ残っている。採光のために、縁側に張り出したスペースを設けたもの。

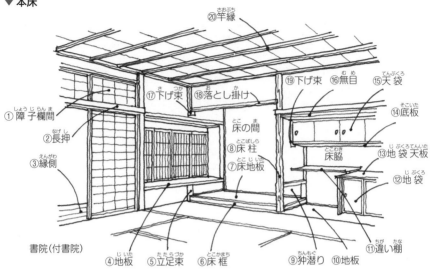

▼ **本床**

⑳竿縁（さおぶち）

①障子欄間（しょうじらんま）
②長押（なげし）
③縁側（えんがわ）

⑰下げ束（さげづか）
⑱落とし掛け（おとしかけ）

床の間（とこま）
⑧床柱（とこばしら）
⑦床地板（とこじいた）

⑲下げ束（さげづか）
⑯無目（むめ）
⑮天袋（てんぶくろ）
⑭底板（そこいた）

床脇
⑬地袋天板（じぶくろてんいた）
⑫地袋（じぶくろ）
⑪違い棚（ちがいたな）

書院（付書院）

④地板（じいた）
⑤立足束（たたらづか）
⑥床框（とこかまち）
⑨狆潜り（ちんもぐ）
⑩地板（たな）

▼ **書院**

①鴨居（かもい）
②中鴨居（なかかもい）
③書院障子（しょいんしょうじ）

平書院（ひらしょいん）

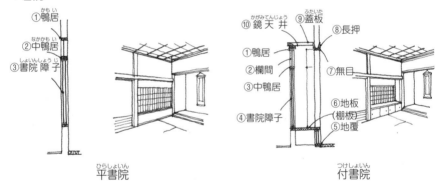

⑩鏡天井（かがみてんじょう）
⑨蓋板（ふたいた）
⑧長押

①鴨居
②欄間
③中鴨居
④書院障子

⑦無目
⑥地板（棚板）
⑤地覆

付書院（つけしょいん）

3. 開口部とその周辺の造作

住宅における開口部

外部開口部……天窓、窓、扉、換気口、点検口、吸気口など。

外壁に求められる機能と同等の機能が求められる。遮音性、断熱性、防火性、防水性、耐久性、耐候性、また採光性、プライバシーの保護など。

内部開口部……間仕切り（扉、障子、襖）など。

室内にあり、天候による影響もなく、また気密性もあまり必要としないため、求められる性能は少なく、材料の選択範囲は広い。

192

▼ 建具の表裏

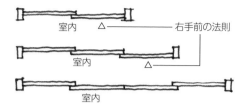

室内　△――――――― 右手前の法則

室内　　　　　　　　△

室内

開口部の開閉の種類

・回転式（開き戸）

　　丁番やピボットヒンジ、フロアヒンジを使用。

　　扉の回転スペースを考慮して設計する。

　　1つの丁番への負担を減らし、扉自体の変形を防ぐため、扉の高さに合わせて

　　丁番の数を決める。

・スライド式（引き戸、折れ戸など）

　　下部にレールを設置し、スライドさせることによって開閉するものと、上枠

　　に**吊り下げて**滑らせる機構の金物を使用するものとがある。

　　引き戸を滑りやすくするため、敷居に埋木をする。

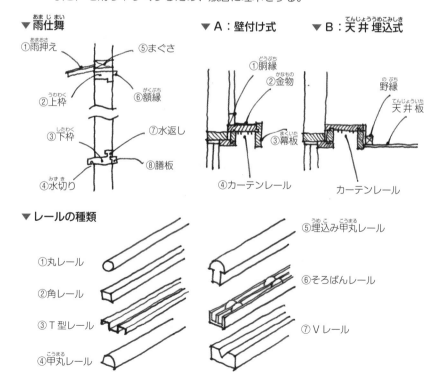

▼ 雨仕舞（あまじまい）
- ①雨押え（あまおき）
- ②上枠（うわわく）
- ③下枠（したわく）
- ④水切り（みずきり）
- ⑤まぐさ
- ⑥額縁（がくぶち）
- ⑦水返し
- ⑧膳板

▼ A：壁付け式
- ①胴縁（どうぶち）
- ②金物（かなもの）
- ③幕板（まくいた）
- ④カーテンレール

▼ B：天井埋込式（てんじょううめこみしき）
- 野縁（のぶち）
- 天井板（てんじょういた）
- カーテンレール

▼ レールの種類
- ①丸レール
- ②角レール
- ③T型レール
- ④甲丸レール（こうまる）
- ⑤埋込み甲丸レール（うめこ　こうまる）
- ⑥そろばんレール
- ⑦Vレール

窓の名称

▼ 洋間の開口部の構成

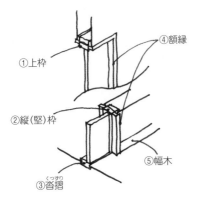

①上枠
④額縁
②縦(堅)枠
⑤幅木
③沓摺

開口部の位置による窓の名称

▼ 開口部 (窓) の名称

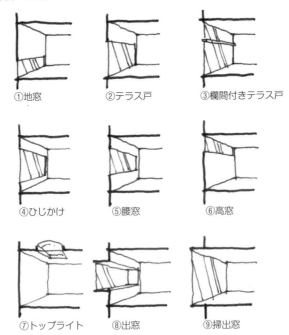

①地窓　②テラス戸　③欄間付きテラス戸

④ひじかけ　⑤腰窓　⑥高窓

⑦トップライト　⑧出窓　⑨掃出窓

4. 階段
階段の種類

▼ 階段の形式

①直階段
低層、小規模。

②折り返し階段
階高の1/2のところに踊り場があり、折り返す。中高層ビル、オフィスビルの階段、避難階段。

③曲がり階段
直階段と踊り場の組合せ。エントランスホール、住宅での上り口、下り口の位置の調整など。

④回り階段
必要な面積が少ないことから、非常階段として使われる。

階段の構成部材

▼ 階段の部位

▼ 寸法の呼び方

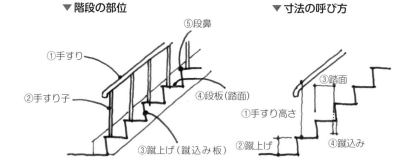

⑤段鼻
①手すり
②手すり子
④段板（踏面）
③蹴上げ（蹴込み板）
③踏面
①手すり高さ
②蹴上げ
④蹴込み

階段の勾配

昇降しやすい階段の勾配は30〜35度程度。

昇降しやすい階段の蹴上げ寸法と踏面寸法の目安は次の通り。

（蹴上げ寸法×2）＋踏面＝63cm

材料による階段の種類

・木造階段

側桁階段、ササラ階段、中桁階段などがある。

・鉄筋コンクリート階段

　構成部材が一体になっている。

　形状は自由だが、重い印象を受ける。

　型枠を現場で組んで打設する場合と、工場で生産するプレキャストコンクリートのものがある。

・鉄骨階段

　桁と段板は溶接もしくはボルトで取り付けられている。

　鉄骨階段は足音が響くので、騒音対策が必要。

階段の仕上げ

・踏面（段板）…住宅内部の階段➡肌触りのよいもの（絨毯、ビニルタイル、ゴムタイルなど）

・段鼻…………昇降の際に足がかかるため、滑り止めにノンスリップが取り付けられている。階段にとっては、段鼻の保護の役割もある（段板からの飛び出しは2mm以下）。

手すり

・階段の手すりの高さ

　バリアフリー（昇降介助）の観点から、FL**750**～**850**mmとする（FL＝床面の高さ）。

・手すりの取付け

　手すり子もしくは壁への取付け。手すり子の間隔は、幼児の転落防止を考慮する場合には**110**mm以下。

　それ以外の場合は、階段の用途に応じて検討する。

▼ 手すりの出っ張り

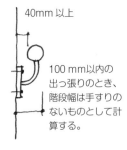

40mm 以上

100 mm以内の出っ張りのとき、階段幅は手すりのないものとして計算する。

Theme 10 機能材料

重要度：★★☆

機能材料って、どんなものがあるのでしょう？

Navigation

要点をつかめ!

ADVICE!

学習アドバイス

断熱材とひと言でいっても、多くの種類があることを覚えましょう。
使われる場所もそれぞれ異なっています。

キーワードマップ

- 断熱材……………ロックウール、グラスウール、ポリスチレンフォーム、
  現場発泡ウレタン
- 吸音材と遮音材……多孔質吸音材、その他
- 防火材……………防火材料、耐火被覆材

出題者の目線

●現在、断熱材などで多く使われていた「アスベスト」は使用禁止になっています。
　この言葉が出てきたら、要注意です。
　どんなに惑すような記述があっても、今は使用禁止です。

詳しく見てみよう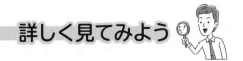

壁に機能性を持たせる材料の役割　　　　公式下巻p54〜58

壁の中で働く材料について見てみましょう。

1. 断熱材料

繊維質、多孔質 (無数の極小な気孔がある)、軽量である。

輻射熱を反射、遮断する。

断熱材の性能は、**熱伝導率**で表される。

ロックウール (岩綿)

岩石 (玄武岩、蛇紋岩、安山岩など) を高熱で溶かし、圧縮蒸気や圧縮空気で吹き飛ばして急冷することで、細く細かい繊維状にしたもの。

ガラス繊維の吸音材、**耐火被覆**にも使用。

グラスウール

代表的な断熱材であり、ガラス繊維の綿状集合体のこと。不燃性、断熱性、吸音性がある。

ガラス繊維はFRP (強化プラスチック) の原料としても使われている。

グラスウールの熱伝導率は、木材の約**1/3**、コンクリートの約**1/30**である。

インシュレーションボード

軟質繊維板。床の断熱下地用であったが、現在はほとんど用いられていない。

ポリスチレンフォーム

発砲させたポリスチレン (スチロール) を**板状**に成形して作る。

断熱材としては押出しポリスチレンが適している。

木造床、RC造の断熱材打ち込み工法でよく使われる。

現場発泡ウレタン

発泡性のウレタンを現場で下地に吹き付ける。

隙間ができないため優れているが、火に弱い。

内断熱と**外断熱**に採用される。

2. 吸音材と遮音材

　部屋の中の音は、反響や吸音、遮音が適度になされてこそ、快適に過ごすことができるのである。

　もし、適度な吸音がなされなければ、反響が大きすぎて会話すらしにくく感じてしまう。

　「吸音」「遮音」を実現するための材料を総称して「音響材料（防音材料）」という。

　なお、現在、熱を音に変換し、その音を使って発電するという「熱音響機関」の開発が進んでいる。

多孔質型吸音材

　主に、細孔中の摩擦抵抗により、音のエネルギーを部分的に熱のエネルギーに変換することで音を吸収する材料。

　残響時間、エコーの現象に関係する。

　・グラスウール…断熱材として用いることが多いが、吸音もする。
　　　　　　　　他の材料と違うのは、**燃えにくい**こと。
　・ロックウール…グラスウールと性能はほとんど変わらない。
　　　　　　　　天井材に多用。

その他の吸音機構

　・中音域の吸音効果…………後ろに空気層を設けて、有孔合板、有孔プラスターボードなどを張ると効果がある。
　低音域と高音域の吸音……上記の内側に多孔質吸音材を張ると効果が出る。

3. 防火材
防火材料とは

建築基準法における規定を以下にまとめる。

　・不燃材料（不燃性能テストに20分間耐える）
　　（建築基準法第2条）
　　…燃焼しないこと。
　　…防火上有害な変形、溶解、亀裂その他の損傷を生じないこと。
　　…有害な煙や**ガス**を出さないもの。
　　石膏ボード（**12**mm厚以上、ボード紙厚0.6mm以下）、コンクリート、煉瓦、瓦、ロックウール、鉄鋼、アルミニウム、ガラス、モルタル、しっくいなど。

　・準不燃材料（同テストに10分間耐える）　※不燃材料を含む
　　（建築基準法施行令第1条）
　　…燃焼はするがわずかで、燃焼が大きく広がらないこと。

…不燃材料に準ずる防火性能を持ち、不燃性能テストの規定時間をクリアするもの。

石膏ボード (**9**mm厚以上、ボード紙厚0.6mm以下)、木毛セメント板 (15mm厚以上)、木片セメント板 (軟質30mm厚以上、硬質9mm厚以上)。

・同じ材料でも厚さによって異なる防火性能が指定される。

・難燃材料 (同テストに5分間耐える)　※不燃・準不燃材料を含む

(建築基準法施行令第1条、JISに等級が定められている)

…燃焼の広がりが遅いもの。

石膏ボード (7mm 厚以上、ボード紙厚0.7mm以下)、難燃合板 (板55 mm厚以上)。

耐火被覆材

鉄鋼は不燃材料ではあるが、火災による高熱では極端に強度が低下する。そのため **2** 階建てまでの鉄骨造の建築物の場合を除き、柱や梁などの主要構造体に耐火被覆を施す。

耐火被覆には吹付けロックウールやケイ酸カルシウム板を使用する。

4. 防水材料・シール材
防水の種類

防水とは、水の侵入を防ぐこと。

部位により、防水材料や構法が異なる。

施工場所別の分類

屋根などの床の面防水…アスファルト防水、塗膜防水、シート防水など。

隙間の充填防水…………コーキング材 (シリコンゴムなどの高分子化合物製品) を使用する。

5.　接着剤

接着剤は、非常に種類が多い。

建物の部位や用途により、使い分ける必要がある。

主な接着剤の特徴と使用に適した材料は以下の通りである。

酢酸ビニル樹脂系（エマルション型）…**水**性であり、耐水・耐熱性が**弱い**。

木質材料、布、紙、化粧合板などに適用。

酢酸ビニル樹脂系（溶剤）…………耐水・耐熱性が弱い。

木質材料、化粧合板、繊維板、発泡ウレタンなどに適用。

SBRゴム系ラテックス型………可使時間が長い。

ビニル樹脂シート、絨毯などに適用。

クロロプレンゴム系ラテックス型…初期接着力が大きい。

ゴム系床タイル、ビニル樹脂シート、発泡ウレタンなどに適用。

ニトリルゴム系…………………初期接着力に優れている。

ビニル床タイル、ビニル樹脂シート、発泡ウレタンなど。

エポキシ樹脂系…………………2種類の液を混合して用いる。**耐水・耐久性**が良好。

テラゾー、石材、セラミックタイル、ノンスリップなどに適用。

でんぷん糊系……………………安価であるが、防カビ対策が必要である。

布、紙クロス、塩化ビニルクロスなどに適用。

建具

「建具」ってそんなにたくさんの部位がかか
わっているんですか？

Navigation

要点をつかめ！

ADVICE!

学習アドバイス

「建具」とひと言でいっても、かなり複雑で種類も多くあります。
そのあたりをじっくり見ていきましょう。

キーワードマップ

- 建具の種類
- 建具の金物
- その他の金物
- ガラス

出題者の目線

●和室の部位の名称がちょこちょこ出題されます。

詳しく見てみよう

内倒し窓、シーベキップ、サムターン、ドアクローザー　公式下巻p59〜72

毎日使っている建具について、詳しく見てみましょう。

1.　建具の種類

木製……框戸、フラッシュ戸、雨戸、舞良戸、ガラス戸、ガラリ戸など。

金属性…アルミ製ドア、スチール製ドア、ステンレス製ドアなど。

そのほかに塩化ビニル樹脂製などがある。

内部建具

開き戸………………框戸、フラッシュ戸

折り戸………………クローゼット用など

引き戸、引違い戸…障子、襖、木製戸、間仕切り戸

▼ **木製建具の種類　その1**

①障子

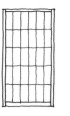 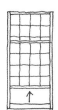

組子障子　　雪見障子

②襖

 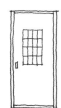

太鼓張り襖　　源氏襖

③フラッシュ戸

 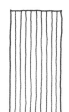

フラッシュ戸　　縁甲板
フラッシュ戸

④板戸

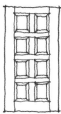 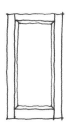

格子入板戸　　鏡板戸

6

インテリアの構造・構法、仕上げ

▼ 木製建具の種類　その2

⑤舞良戸

⑥ガラリ戸

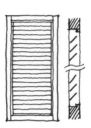

⑦フランス戸

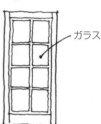

ガラス

┌─ 外部建具 ──────────────────────────

引き違い窓　　　　　　　　ガラスルーバー窓

片引き窓　　　　　　　　　複合開閉機構を持つ窓…シーベキップ、

開き窓（片開き、両開き）　　　　　　　　　　　　ドレーキップ

上げ下げ窓　　　　　　　　アルミ製建具

横軸滑り出し窓　　　　　　出窓

内倒し窓　　　　　　　　　天窓

オーニング　　　　　　　　木製サッシ

　　　　　　　　　　　　　高機能・高性能窓…アルミ断熱サッシ、

　　　　　　　　　　　　　　　　　　　　　　二重サッシ、

　　　　　　　　　　　　　　　　　　　　　　木＋アルミサッシ

▼ 窓の種類

①シーベキップ
（引き窓兼内倒し窓）

②ドレーキップ
（内開き窓兼内倒し窓）

③ケースメント

④ジャロジー
（窓ガラスがルーバー状に開閉する）

⑤オーニング
（サッシが開閉する）

▼ 出窓の種類

①角型出窓
（ベイウィンドウ）

②弓形出窓
（ボウウィンドウ）

③台形出窓

④三角出窓

⑤三角（変形）出窓

⑥トップライト出窓

⑦コーナー出窓

⑧ルーフレス出窓

▼ 建具の開閉方式

①片開き戸

②両開き戸

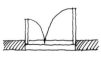
③親子戸

④引き違い戸

⑤片引き戸

⑥引き込み戸

▼ 窓の開閉方式

①片開き窓

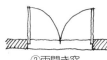
②両開き窓

③縦軸滑り出し窓

④縦軸回転窓

室内

室内

⑤突き出し窓　⑥内倒し窓　⑦横軸滑り出し窓　⑧横軸回転窓

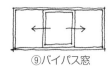
⑨バイパス窓

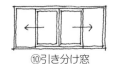
⑩引き分け窓

2. 建具金物

錠前とは

錠（ロック）と鍵（キー）で構成。シリンダー錠など。

シリンダー鍵は、シリンダー（円筒形のケース）内部のタンブラー（回転する部分）をキーで回転させることにより施錠、開錠するしくみ。

タンブラーの形状の違いにより、ピン、ディスク、ロータリーディスク、マグネチックなどのタイプがある。

▼シリンダー鍵の構造と各部の名称・働き

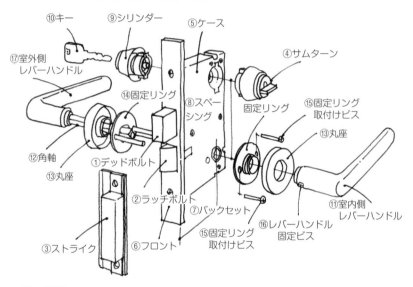

鍵の種類

・本締まり錠（彫り込み型）

・本締まり錠（面付け型）

・鎌錠

・モノロック

電子錠

カードロック、テンキーロック、キーメモリーシステム

その他の錠

グレモンボルト、フランス落とし、丸落としなど

3．その他の金物

取手と引手

取手‥‥‥‥‥握り玉、レバーハンドル

引手‥‥‥‥‥船底引手（縦長の埋込型引手）

丁番とヒンジ

丁番（扉を枠に止めて開閉できる金物）‥‥‥‥‥‥普通丁番、フランス丁番、旗丁番

ヒンジ（丁番よりメカニカルな機構を持つ金物）‥‥ピボットヒンジ（軸吊り丁番）
フロアヒンジ

ドアクローザー

・パラレル型（ドアを押す側に取り付ける）

・標準型（引く側に取り付ける）

4．ガラス

ガラスの種類

板ガラス

・フロートガラス‥‥‥‥‥‥「透明ガラス」で最も一般的なガラス

・**すりガラス**‥‥‥‥‥‥‥‥フロート透明ガラスの片面を砂などで「すり状」
にした、**不透明**なガラス

・**型板ガラス**‥‥‥‥‥‥‥‥型模様のローラーを通し、**片面**に凹凸を付けたガ
ラス

・網入りガラス、線入りガラス

・複層ガラス（ペアガラス）‥‥板ガラス＋**空気層**＋板ガラス

・合わせガラス‥‥‥‥‥‥‥‥板ガラス＋**中間膜**＋板ガラス

・真空ガラス‥‥‥‥‥‥‥‥‥板ガラス＋真空層＋板ガラス

・防火ガラス

・強化ガラス‥‥‥‥‥‥‥‥‥通常の板ガラスの3～5倍の強度を持つガラス

・熱線吸収・熱線反射ガラス

・フロストガラス‥‥‥‥‥‥‥片面をサンドブラスト＋フッ化水素

その他のガラス

・クリアミラー‥‥‥‥‥‥‥‥フロートガラスの片面に銀メッキ＋鉛丹

・ハーフミラー‥‥‥‥‥‥‥‥マジックミラーとも呼ばれる

・ガラスブロック‥‥‥‥‥‥‥中が空洞の正方形または長方形のブロック状

ひっかけのポイント

すりガラスと型板ガラスの違いに注意しましょう。
逆で覚えている人が多いようです。

6

インテリアの構造・構法、仕上げ

仕上げ

今は、多種多様な仕上げ材がたくさんあります。
TPOに合わせて選べるようになるには、十分
な知識が必要なのですね？

Navigation

要点をつかめ！

学習アドバイス

ADVICE!

仕上げは、必ず、下地との関係が重要になります。
また、仕上げ次第で、機能性もイメージも変わってきます。
インテリアにとっては重要な仕上げについて、見てみましょう。

キーワードマップ

- 床仕上げ
- 壁仕上げ
- 天井仕上げ

出題者の目線

● 床はフローリングだけではないですし、壁はビニールクロスだけではありません。
　使用されている頻度に差はありますが、石やタイルも覚えましょう。

Lecture

詳しく見てみよう

複合フローリング、壁紙の種類、合成樹脂エマルションペイント

公式下巻p73〜91

仕上げの材料の代表的なものを見てみましょう。

1．床仕上げ

床の性能

床には、最も多くの機能性能が要求される。

使われる場所により、その要求性能も多岐にわたる。

耐摩耗性、耐衝撃性、耐熱性、遮音性、耐汚性、クッション性など。

床材の種類

木質系床材……………………①単層フローリング

　　　　　　　　　　　　　　　1枚板の床材で、天然素材（スギ、マツ、ナラなど）。

　　　　　　　　　　　　　　　厚みは12〜18mmが一般的。

　　　　　　　　　　　　　　　針葉樹種（スギなど）は、変形が少ないので、長尺（1800mm）ができる。

　　　　　　　　　　　　　　②複合フローリング

　　　　　　　　　　　　　　　耐水合板やMDFに薄い単板を貼ったものである。

　　　　　　　　　　　　　　　ノンワックスや滑り止めなどの機能が加えられる。

　　　　　　　　　　　　　　③コルク

　　　　　　　　　　　　　　　厚み3〜7mm程度、300角と600角が一般的。

プラスチック系床材………①ビニル床タイル

　　　　　　　　　　　　　　　主原料は塩化ビニル樹脂（種類により含有量が異なる）。

　　　　　　　　　　　　　　　それに、可塑剤、安定剤、充填剤などを加える。

　　　　　　　　　　　　　　　厚み2〜3mm、300角と**450**角が一般的。

　　　　　　　　　　　　　　②ビニル床シート

　　　　　　　　　　　　　　　シート状なので継ぎ目が少なく、耐薬品性、耐水性、耐摩擦性に富む。

　　　　　　　　　　　　　　　幅1800mm×長さ20m（30m）が一般的

石・タイル系床材…………①タイル

　　　　　　　　　　　　　　　玄関、洗面所、トイレなどに多用。

　　　　　　　　　　　　　　　国内産地は、常滑、瀬戸、信楽など。

　　　　　　　　　　　　　　　イタリア、スペイン、ドイツなどから輸入。

②石

　　タイルと同様に水回りで多用。

　　大理石、花崗岩、鉄平石、玄昌石、人造石など。

　　表面仕上げに、割り肌仕上げ、ビシャン叩き、

　　磨き仕上げ、ジェットバーナー仕上げなど。

③煉瓦

　　JIS規格では、普通煉瓦、建築用煉瓦、耐火煉瓦、特
　　殊煉瓦に分類。

　　210×100×60mmが標準で、**おなま**、縦半分のも
　　のを、**羊かん**と呼ぶ。

繊維系床材（カーペット）…①**緞通**

　　30.48cm四方の中の結び目の数で規格を表示。

　　手作りで高価。

②ウィルトン・カーペット

　　英国ウィルトン地方が発祥。

　　ジャガード機を使い2〜5色で柄を表現。

③ダブルフェイス・カーペット

　　左右逆柄のカーペットが**2枚**同時にできる。

④アキスミンスター・カーペット

　　ウィルトン・カーペットと同じ製法だが、多色。

　　ホテルの宴会場などで多用。

⑤タフテッド・カーペット

　　刺繍のように差し込んで織り上げる。

　　引き抜きを抑えるために、ラテックスゴムにさらに
　　基布を付ける。

　　大量生産を可能にしたカーペット。

⑥ニードルパンチ・カーペット

　　表面がフラットな不織カーペット。

　　多数の針（**ニードル**）で突き刺してウェブを絡み合
　　せてフェルト状にしたもの。

その他………………………①畳

　　畳床＋畳表。

　　琉球畳にはないが、それ以外には畳縁がある。

②**三和土**

　　昔からある手法で、消石灰や砂、砂利を混ぜ、水とにが
　　りを入れて練ったものを床面に敷いて、叩いて固める。

2.　壁仕上げ

壁の性能

床仕上げと比べると、求められる性能はあまり多くはない。

場所により求められる性能が異なる。

・キッチン……………………防火性 (内装制限)、防水性、防カビ性、防汚性など。

・ダイニング………………遮音性、調湿性、断熱性など。

・浴室………………………防水・耐水性、防カビ性など。

・寝室、子ども部屋………多少の防音性、断熱性、防カビ性など。

湿式壁仕上げと乾式壁仕上げ

湿式壁仕上げ…………①左官仕上げ

　　　　　　　　　　　石膏プラスター塗り、漆喰塗り、聚楽塗り

　　　　　　　　　　　珪藻土塗り、土塗り

　　　　　　　　　②タイル仕上げ

　　　　　　　　　　　大判、**100角**、**モザイク**

　　　　　　　　　　　内装用、外装用、水回り用

　　　　　　　　　③石貼り仕上げ

　　　　　　　　　　　大理石、**花崗岩**、砂岩系、安山系

壁紙仕上げ……………①ビニル壁紙

　　　　　　　　　　　エンボス無地系壁紙、プリント・エンボス壁紙

　　　　　　　　　　　シルクスクリーン壁紙、発泡壁紙、ケミカル発泡壁紙

　　　　　　　　　②織物壁紙

　　　　　　　　　　　平織、綾織、朱子織

　　　　　　　　　③紙壁紙

　　　　　　　　　④木質系壁紙

　　　　　　　　　⑤無機質系壁紙

その他の壁仕上げ……化粧石膏ボード張り、石膏ボード塗装仕上げ

3.　天井仕上げ

天井の性能

住宅の天井の性能は、断熱性能、遮音性能、吸音性能、防露性能、

耐水性能、耐震性能、照明器具を付けても耐えうる丈夫さ、など。

どの部屋にも必要な性能と、部屋の目的により必要となる性能がある。

天井の仕上げの種類

壁紙（クロス）仕上げ……湿気の多い部屋は下地に注意。

木質系仕上げ……………主に和室。

竿縁天井、目透かし張り天井、網代天井、葦天井など。

無機質系仕上げ…………①ロックウールボード張り

吸音性、断熱性に優れる。

②**石膏ボード張り**＋仕上げ

ボードの表面に化粧材を張り、仕上げたものもある。

4. 塗装仕上げ

家具塗装と建築塗装があるが、ここでは主に建築塗装を扱う（基本的にどちらも考え方、扱い方は同じ）。

塗装は、下地との関係が非常に大きく、また、目的により多種多様な塗料がある。

塗装の目的

機能面…①基材（素材）の保護　②耐久性、対侯性の向上　③錆止め

装飾面…光沢、着色を施す

塗料の希釈の種類

・塗膜形成材料（油類や天然樹脂、合成樹脂など表面に塗膜として残る材料）＋溶剤（アルコール、シンナーなど塗膜形成材料を溶かす材料）＋着色剤（顔料、染料）

・水溶性（水道水で希釈）塗料

塗装の仕上げ

①クリヤー塗装……透明

②エナメル塗装……不透明➡艶のないもの＝ペイント塗装

不透明➡艶のあるもの

塗料について

①漆（うるし）

漆の木の樹皮からとれる樹液を原料として精製した塗料。

成分の8割はウルシオール。常温・多湿で乾燥させるため、時間がかかる。

乾くと硬化し、光沢のある美しい表面になる。

高級家具や工芸品に使用。

アルカリ、油、アルコールなどには強いが、日光に弱い。

②カシュー

漆の代用品。カシューの実に含まれる液を原料とした塗料で、耐水、

耐薬品性に優れる。

③**オイルペイント（油性ペイント：OP）**

油脂＋ボイル油＋顔料。

安価、塗りやすい。耐衝撃性と耐候性に優れる。

厚塗りができ鋼材にも使用できるが、コンクリート壁には向かない。

乾燥が遅く、臭いが残る。外部塗料に向く。

④**オイルステイン**

塗料というより、素材（木材）に**吸い込ませる**着色材。

染料を石油系溶剤に溶解したもの。自然の艶が出やすい。

木目を出す場合は拭取り仕上げが適している。

⑤オイルフィニッシュ

ボイル油などを刷毛で直接塗り、素材に擦り込みながら拭き取る。

木材の自然な風合いを生かした薄塗りの仕上げ。

⑥ワニス（C）

透明塗料（クリア塗装）。

塗膜形成材料は天然樹脂、合成樹脂。

油性ワニス（OC）………各種樹脂をボイル油に溶いたもの。

　　　　　　　　　　　　乾燥が遅く、油のニオイが残る。

ウレタンワニス（UC）…ポリウレタン樹脂を主成分とする。

　　　　　　　　　　　　あらかじめ調合された1液性のものと、塗料液と硬化剤

　　　　　　　　　　　　が分離された2液性のものがある。

　　　　　　　　　　　　塗膜が硬く、耐水・耐磨耗性に優れる。

　　　　　　　　　　　　現場施工ではチリ、ホコリなどに細心の注意を要する。

　　　　　　　　　　　　高級。

酒精ワニス………………各種樹脂をアルコール系溶剤に溶いたもの。

　　　　　　　　　　　　乾燥は速いが、耐熱・耐侯性に劣る。

⑦ラッカー

ニトロセルロース（硝化綿）を主原料とした塗料。

乾燥が速く、塗面が硬い。透明なものをクリアラッカー（CL）、顔料を含むもの

をラッカーエナメル（LE）という。

⑧合成樹脂エマルションペイント

乳液状の**水性**塗料。水性だが、乾くと耐水性が高くなる。

　・一種（AEP）……アクリル樹脂を主原料とする。

　　　　　　　　　　耐水性、耐磨耗性に優れ、浴室やキッチンに使用。

　・二種（EP）………水性エマルションペイントと呼ばれる。

　　　　　　　　　　耐水・耐アルカリ性は劣るが、安全で無公害なので壁や天井

　　　　　　　　　　に最も多く使われている。

6

インテリアの構造・構法、仕上げ

⑨塩化ビニル樹脂エナメルペイント (塩化ビニルエナメル：VE)

塩化ビニル樹脂を主原料としたもので、耐水・耐薬品性に優れる。
壁面などの耐薬品塗料として使用。艶あり。

⑩アクリル樹脂系塗料

アクリルラッカー、アクリルエナメルなど。透明で色彩が豊富。
ウレタン塗装より安価。現場向き。

⑪メラミン樹脂系塗料

電気製品などの焼付け塗装に使用。白が美しく、耐汚染性が特徴。

⑫エポキシ樹脂塗料

鉄の防錆性能が最も強力な塗料で、耐水性、耐湿性、耐塩水性、**耐薬品**性に優れる。
日光に弱い。高価。

塗装の下地処理

石膏ボードの場合、目地の処理をしないと継ぎ目が出るため、目地処理が最も重
要である。

・ドライウォール工法

テーパーエッジ (角度が**なだらか**) のボードに対し、セメントペースト、パテ、
ジョイントテープを使って平滑に仕上げる。

▼ テーパーエッジ (角度がなだらか)

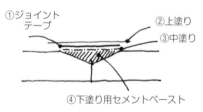

▼ ベベルエッジ (角度が急)

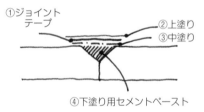

得点アップ講義

石膏ボードのテーパーエッジを採用すると、ドライウォール工
法の壁 (ひびの入りにくい壁) にすることができます。

\\POINT UP!/

問題を解いてみよう

下の問題に〇か×で解答しよう。

問1 木造は、木造在来工法のみである。

問2 木肌がきれいに平行に現れる板や、その模様のことを板目という。

問3 鉄骨造は高層ビルに適しているが、耐火被覆をしないと、約500℃で強度が半減する。

問4 鉄筋コンクリート造で、間仕切り壁が自由に動かせ、天井と梁が一体になっているものを壁式構造という。

問5 基礎には、べた基礎、布基礎、独立基礎などがある。

問6 室内に取り付けるスペースユニットとしては、トイレユニット、浴室ユニット、シャワーユニット、サニタリーユニット、地下収納ユニット、キッチンユニットなどがある。

問7 外部開口部は、昔は木製だったが、近年は大量生産が可能になり、ほとんどがアルミなどの金属製になった。しかし、結露が生じるため、最近では樹脂製も出てきている。

問8 階段の踏む部分を踏面、立ち上がりを蹴上げ、踏面の先を「ササラ」という。

| 問10 | 防犯の観点から、現在では、ワンドア・スリーロックが薦められている。 |

Answewer 答え合わせ

| 問1 | 正解：× |

解説

木造枠組壁工法もある。

| 問2 | 正解：× |

解説

板目ではなく柾目である。板目では、木目は平行に出ているのではなく、山形や不規則な波形である。

| 問3 | 正解：○ |

解説

鉄は不燃材料であるが、500℃以上になると強度が半減する。

| 問4 | 正解：× |

解説

壁式構造ではなく、ラーメン構造である。

問5　正解：○

解説

その土地に合わせて、基礎の形状を選ぶ。

問6　正解：○

解説

在来工法に代わってユニットが普及していった。

問7　正解：○

解説

樹脂製のほかに、木製もある。

問8　正解：×

解説

「ササラ」は、階段の両サイドの立ち上がり部のことである。
問題文は、段鼻のことである。

問9　正解：○

解説

めずらしい窓である。

問10　正解：×

解説

ワンドア・ツーロックが防犯上有効であり、推奨されている。

MEMO

第7章

住環境

環境工学（室内外環境と熱）

自然のエネルギーや熱の流れ方について知る
必要があるのですね？

Navigation

要点をつかめ!

学習アドバイス

ADVICE!

今、一番課題となっているエネルギーについての範囲です。
自然のしくみと人工的なエネルギーについて見てみましょう。

キーワードマップ

- 室外環境
- 省エネルギー
- 熱の性質…伝導、対流、放射

出題者の目線

●この範囲からは出題しやすいため、今後も出題されていくでしょう。
　熱伝導率と熱伝導抵抗と熱貫流率の違いについて、しっかり整理しておきま
　しょう。

詳しく見てみよう

デグリーデー、伝導、対流、放射、熱伝導率、熱貫流率　公式下巻p96〜108

近年、注目されているテーマの1つである省エネについて見てみましょう。

1. 屋外環境と室内環境

屋外環境

札幌（北海道）北緯43°〜那覇（沖縄県）北緯26°

日本は南北に長い➡日照が異なる。

デグリーデー（度日）

> ある一定期間、室温の基準を設定し、その期間中の各日の平均外気温と設定室温の差を求める。
>
> （設定室温）－（平均外気温）＝プラスの場合、暖房の必要がある。
>
> 暖房を行う期間中、加算し続けたもの➡暖房デグリーデー。
>
> 冷暖房に要するエネルギーはデグリーデー値に比例する。
>
> ➡デグリーデー値の大きい地域では、建物の断熱・気密性能を高めることによって冷暖房の効率を高める必要がある（省エネルギーの考え方）。

住宅の省エネルギー基準（省エネ法）

1970年（昭和55年）に制定され、何度か改定されている。

1999年（平成11年）に改定され、その後2013年、2016年（平成25年、28年）と改定が進み、現在は、2016年（平成28年）の省エネ基準が運用されている。

全国を8つの地域に区分し、その区分のそれぞれについて断熱性やエネルギー消費などの基準を定めている。

省エネ法改正では、2018年6月6日成立、6月13日公布、2021年より施行。

詳細は、経済産業省、国土交通省その他のホームページでチェックしておくこと。

風配図
（ふうはいず）

中間期や夏の通風性能の検討に使われる。

東京と大阪の8月の昼を見てみると、東京では**南風**が、大阪では**西風**が吹く頻度が高いことがわかる。

そのことから、南面、西面に開口部を設け、その風を抜く他の開口部を設けるのが有効であるとわかる。

環境工学とは

　建築を取り巻く外部の環境と建築との関係を分析し、居住者にとって快適な物理的・心理的環境を実現するための工学である。

省エネルギーの必要性

　日本の世帯あたりの家庭用エネルギーは2000年前後から横ばいであり、人口は2004年ごろから減少が続いている。

　冷暖房25：給湯35：照明40の割合であるが、住宅部門のエネルギー消費量は増加傾向にあり、削減が課題となっている。

２．熱と換気
熱の性質

　熱は、高温部から低温部に流れるという性質がある。

　熱の移動 (伝熱活動) は以下の3つの方法で行われる。

　伝導　………固体内部を熱が伝わる現象。

　　　　　　　　(例) 熱いものに触れると手が熱くなる、など。

　対流　………温度の異なる空気が混じりあうことで、熱が移動する現象。

　　　　　　　　(例) 暖房器具をつけると、室内の空気が対流し、全体が暖かくなる、など。

　放射 (輻射)…電磁波による熱の移動。

　　　　　　　　(例) 太陽を浴びると暑く感じる　など

　これらは単独で起こるのではなく、ほとんどの場合、複合して起こる。

▼ 熱の移動

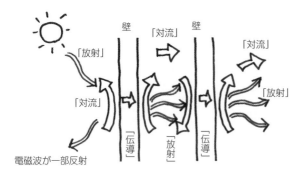

熱の移動を示す指標

・熱伝導率

物質の熱の伝導しやすさを示す単位：W/m・K

温度差が1℃のとき、1時間で1mの距離をどれくらいの熱が適過するかを示す➡

数値が大きいほど熱が伝わりやすい。

　・主な材料の熱伝導率（単位＝W/m・K）

　・銅 45　・鋼 53　・アルミニウム 20

　➡伝わりやすい

　・板ガラス 0.78　・水 0.6　・石膏ボード 0.22

　・硬質ウレタンフォーム 0.027　・空気 0.022

　➡伝わりにくい

・熱伝導抵抗

熱の伝わりにくさを表す。

熱伝導率の逆数＝m・K/W × 材料の厚さ

数字が大きいほど、熱が伝わりにくい。

厚さ3mmのガラス板 0.004

厚さ10mmの木材の板 0.067

厚さ20mmの木材の板 0.133

二重ガラスの中空層（工場生産品）0.17

壁の中空層 0.09

・熱貫流率

間に中空層があるような壁や床などで、熱が通過することを**貫流**といいます。

関連する壁（床）の熱伝導、表面での熱伝達を合わせたものであり、この熱の伝わりやすさの指標を熱貫流率という。

熱貫流率（W/ m^2・K）＝両側の温度差1℃のとき、1m^2あたり1時間の通過熱量

・熱貫流抵抗

熱の貫流しにくさ＝壁材料 × 中空層 × 壁両面の空気膜の熱抵抗

熱伝導率と熱貫流率をコントロールする

建築材料によって熱伝導率は異なるが、他の素材や部材と組み合わせて使用することで、その部分の熱貫流率を下げることは可能である。

壁内に中空層を設けたり、天井や壁に断熱材を用いると、断熱性は高まる（つまり熱貫流率は**低く**なる）。

7

住環境

建物の熱性能

室内の熱環境を快適に整えるために考慮すること。

①建物の断熱性…壁や屋根、床などの断熱性が高いと、熱貫流率が低くなり、冷暖房エネルギーを効率よく使用できる。

②建物の気密性…室内外に温度差があるとき、建物に隙間があると、そこから空気とともに熱の流出入があり、冷暖房エネルギーのロスが出る。

③日射…………室内に入る日射は、冬は暖房を助けるが、夏は冷房の妨げになる。

④建物の熱容量…壁や屋根の素材が熱を蓄えることのできる容量が大きいほど、熱環境に影響が出るまでの時間が長くなり、影響が少なくなる。

⑤　①〜④を考慮したうえでの適切な冷暖房設備。

断熱とは

室内外の熱の移動を阻止すること。

断熱材

　・グラスウール　　　　・ロックウール
　・ウレタンフォーム　　・ポリスチレンフォーム　など

断熱材には、繊維質であったり、有孔（多孔）質であったりという性質の素材が適している。内部に多くの空気を含むことができ、その空気を閉じ込めることで、熱の移動を妨げる。

断熱サッシ

　・木製や樹脂製のサッシは熱伝導率が**低い**。
　・中間に乾燥空気の層のある複層ガラス（ペアガラス）を併わせて使用する。

気密とは

室内の適正な温度を室外に逃がさないように、建物の隙間をなくすこと。

気密性を高めるために有効な方策は以下のとおり。
　・窓、出入り口の面積を小さくする
　・隙間のない気密性の高い建具を利用する
　・防湿気密フィルムや、透湿防水シートなどを使用する
　・コンクリート部材を密接に打設する　など

▼ 日よけの日射遮蔽効果の比較

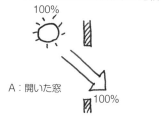

A：開いた窓

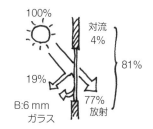

B:6 mm
ガラス

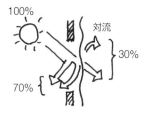

C: 開いた窓と
　 カーテン

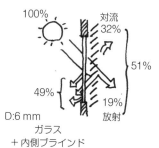

D:6 mm
ガラス
＋内側ブラインド

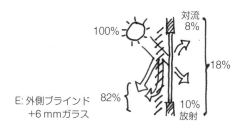

E: 外側ブラインド
＋6 mmガラス

日射への対応

　直射日光を遮蔽する。

➡ 「軒を深くする」「庇、ルーバーなどを設ける」「ブラインド、すだれ、カーテンを利用する」 など。

環境工学（湿度と結露・換気と通風）

結露はとても身近な問題ですが、どうして結露は発生するのでしょう？

Navigation

要点をつかめ！

学習アドバイス

ADVICE!

湿度と通風と結露などはすべてつながっている問題です。
なので、理屈を理解しましょう。

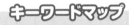

キーワードマップ

- 湿度
- 結露
- 換気………自然換気と機械換気
- シックハウス対策

出題者の目線

●壁や窓などの表面にできる結露と、壁の中にできる内部結露については勘違いしやすいところですので、しっかり自分のものにしておきましょう。
また、シックハウス症候群の問題もちらほら出題されています。

Lecture 詳しく見てみよう

絶対湿度、相対湿度、躯体内結露、シックハウス対策 公式下巻p108〜116

湿度と空気について見てみましょう。

7

住環境

1. 湿度と結露
＜湿度とは＞

空気中に含まれる水蒸気の割合である。

人間の感覚に大きな影響を与える。

空気の状態を示す指標として、湿度は温度とともに重要である。

絶対湿度…一定量の空気に含まれる水蒸気量（kg / m^3）。

相対湿度…温度との関係で表される。

ある温度の空気が最大限含むことのできる水蒸気の量（＝飽和水蒸気量）を100として、そのときの水蒸気量の割合で示される。

結露

結露とは、空気中に含みきれない水蒸気が水（水滴）になる現象。

・露点温度…結露する寸前の温度＝相対湿度**100％**のときの温度。

結露対策

結露が住宅内で起こると、**カビ**の原因になるほか、また木材を腐らせる、金属に**錆び**を生じさせるなどの原因となる。結露を防ぐ方策は、次のとおり。

①水蒸気を発生させない

・吸放湿性壁紙を使用する➡壁面結露を防ぐ。

・開放型燃焼器具を使用する際には、換気を行う。

②低温度の場所を作らない

・断熱性を高める（窓などに複層ガラスを使用する、木製や樹脂製のサッシを使用する、など）。

③空気の滞留を防ぐ

・**換気**を十分にする。

・家具は壁から離して設置する。

・押入れにはすのこを敷く。……など

内部結露

壁の内側にできる結露。

室内で発生した水蒸気が壁の内部に侵入し、外気の影響で冷やされるためにできる。

・壁体の室内側に断湿層（樹脂フィルム）を設けるとともに、室外側を断熱する。

※断熱は**外断熱**が有効➡壁体内の室外側に断熱材を密着させる工法。

断熱性が増し、結露防止に有効。

居室の快適さ

・省エネルギー基準

　　冬季　暖房温度22℃　湿度50%

　　夏季　冷房温度26℃　湿度50%

2．換気と通風

換気の役割

室内の空気の清浄化を促す。

・室内の空気汚染の原因

　　人間の生活活動（呼吸、喫煙、暖房、調理など）

　　化学物質による汚染（合板、家具などの木質材料から放散するホルムアルデヒドなど）

・一酸化炭素（CO）

石油ストーブの不完全燃焼などが原因で発生する。

・空気中の酸素が不足しているときに発生し、人間の血液中のヘモグロビンと**結合**して、酸欠を起こす原因となる。

・二酸化炭素（CO_2）

「炭酸ガス」ともいわれる二酸化炭素量の増加は、空気汚染の目安になる。

・許容濃度

建築基準法、ビル管理法などにより定められている。

　一酸化炭素（CO）……　10ppm（＝0.001%）以下

　二酸化炭素（CO_2）…　1000ppm（＝0.1%）以下

　浮遊粉塵基準値　……　0.15mg／m³以下

換気量

1時間あたりに室内に流入する空気量（単位：m³/h）

必要換気量…室内の空気を清浄に保つために必要な換気量

在室者1人あたり…機械換気（換気扇など）で**20m³/h**

　　　　　　　　一般的には30m³/hを目安にする。

・暖房器具を室内で使用している場合

　開放型燃焼器具　　　　　1000kcal/hあたり40m³/h

　半密閉型燃焼器具　　　　1000kcal/hあたり2m³/h

①密閉型燃焼器具(FF式、B式）……室内空気の汚染はまったくない。

②**開放型燃焼器具**　………………………室内空気を汚染する。

③半密閉型燃焼器具　…………………室内空気の汚染はほとんどない。

7

住環境

▼ 燃焼器具の種類

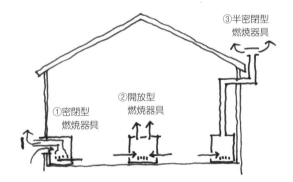

・シックハウス対策

　シックハウス対策のため、2003年（平成15年）から建築基準法で換気基準が定められた。

　①クロルピリホスの使用禁止（防蟻材として使用されていた）。

　②対策1）F☆☆☆☆〜F☆のそれぞれについて内装制限が設けられた。

　　対策2）換気回数0.5回/hの24時間換気システムの設置が義務化された。

　　対策3）天井裏、床下、壁内、収納スペースなどから居室へのホルムアルデヒドの流入を防ぐための措置が義務化された。

換気回数

一時間あたり部屋の空気が何回入れ替わったかを示す。

その部屋に必要な換気回数がわかる。

自然換気…窓を開けるだけの換気、風力換気、重力換気。

機械換気…人工的な給排気装置を使用した換気。

自然換気

・風力換気

風による室内外の圧力差によって生じる。

風速と換気量は比例関係。

開口部の面積とも比例するので、開口部は1つより2つ、2つの場合は、同じ壁面より向かい合った壁面にある方が、効率がよい。

・重力換気

暖まった空気は上方に、冷たい空気は下方に、という空気の性質により、上部の開口部から暖かい空気が排出される。

開口部は、**上下**にあった方が効率がよい。

換気量は、給気口と排気口の**垂直距離**の平方根に比例する。

機械換気

① 第一種換気設備

送風機と排風機の両方が付いているもの。

ビルなどの大型施設で採用。換気の形態としては理想的。

② 第二種換気設備

送風機のみで、排気は排気口からの自然排気とする。

送風機で空気を送り込むので、室内の気圧が外部より高くなり、他の箇所からの隙間風は入りにくくなる。

手術室、精密機械を扱う部屋など、室内を清潔に保ちたい場所に適する。

③ 第三種換気設備

排風機のみで、給気は給気口より自然換気で取り入れる。

一般住宅に見られる換気扇による換気が該当する。

排風機で空気を吸い出すので、室内の気圧が外部より低くなり、室内の空気が外に漏れにくくなる。

便所、キッチン、浴室など、臭いの漏れを防ぎたい場所に適する。

▼ 機械換気設備の種類

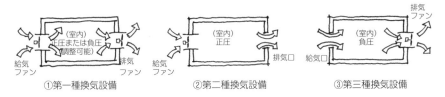

①第一種換気設備　　　②第二種換気設備　　　③第三種換気設備

これらで使用されるファンは、軸流ファンと遠心力ファンに分かれている。

▼ ファンの種類

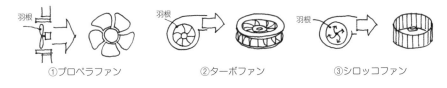

①プロペラファン　　　②ターボファン　　　③シロッコファン

①軸流ファン（プロペラファン）………換気扇など。
　　　　　　　　　　　　　　　　　風量は多いが、静圧は低い。
②遠心力ファン（**ターボファン**）………換気設備の中で効率が最もよい。
　　　　　　　　　　　　　　　　　高速ダクトなど。
③遠心力ファン（シロッコファン）……家庭用レンジフード、空調ダクトなど。
なお、静圧とは、屋外からの風力などの圧力に対して、抵抗して風を送る力のこと。

7

住環境

環境工学（音）

音と住環境には、どんな関係があるのでしょう？

Navigation

要点をつかめ！

ADVICE!

学習アドバイス

音の性質をまず知りましょう。
次に騒音や防音対策について考えてみましょう。

キーワードマップ

- 音の性質
- 騒音
- 遮音、吸音

出題者の目線

● ある1点から出る音の強さは、その音源の距離の2乗に反比例して音が減少する、などという問題も出ています。

Lecture

詳しく見てみよう

固体伝搬音、騒音、フラッターエコー、遮音、吸音 　公式下巻p117〜124

音のしくみを見てみましょう。

音の性質

音は**波動**になって、空気中を伝わっていく。そのため、液体や固体の中でも振動して伝わる。

・**個体伝搬音**…建物を振動させて伝わる音。

▼ 音の入射、反射、吸収と透過

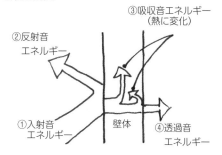

音の3属性

①音の強さ（大きさ）　単位：dB（デシベル）

　　　　　音の強さのレベル、音圧レベルの数値で表される。

　　　　　音源からの距離の**2乗に反比例**して減少する。

　　　　　つまり距離が2倍になると、音の強さは4分の1になる。

②音の高さ　単位：Hz（ヘルツ）

　　周波数の大小で表される。

　　周波数は、1秒間に音の波が振動する回数（言い換えれば、波長の長さ）。

　　周波数が大きい（波長が短い）＝高音

　　周波数が小さい（波長が長い）＝低音　　として人間の耳に聞こえる。

　　周波数が倍になると、人間の耳には1オクターブ高く聞こえる。

　　人間の耳の聞こえる範囲：20〜20000Hz（個人差がある）

　　　　男性の話し声：100〜400Hz

　　　　女性の話し声：150〜1200Hz

・等ラウドネス曲線

　　同じ大きさに聞こえる周波数ごとの音圧レベルを表示したグラフ。

　　同じ大きさに聞こえる音でも、低い音程の音は聞き取りにくい。

　　人間の耳には、**4000Hz**付近の音が一番聞き取りやすい。

③音色

　　周波数の混合状態の差によって、人間の耳に感じられる音の性質の違いのこと。

　　人間の耳は、これらの3つの属性の音を精巧に聞き分けている。

騒音とは

　　日常生活において、不快で取り除きたい音のことをいう。

　　マスキング………………………騒音により会話などを妨害されること。

　　カクテルパーティー効果……騒音の中でも、聞きたい音だけを聞き分ける人間の能
　　　　　　　　　　　　　　　　　力。

騒音を測る

・デシベル値

　　騒音計＝人間の聴覚の特性に合わせたデシベル値（デシベルA 特性）で測定する。

　　単位：デシベル＝dB 、　　　　　　デシベルA 特性＝dB (A)

・騒音のレベル

　　20dB(A) ……… ほとんど無音：木の葉のそよぐ音程度。

　　50〜60dB(A)… やや騒音を感じる：普通の会話、静かな事務所程度。

　　80dB(A) ……… 騒音を感じる：電車の中、市街地程度。

　　100dB (A) …… 聴力の低下をきたす騒音：鉄道のガード下程度。

・住宅の騒音（環境基本法）

　　住宅地：昼間50dB、夜間40dB

　　商工業地の住宅：昼間60dB、夜間50dB

　　（3車線以上の道路に面する場合：昼間65dB）

・NC値

　　室内の騒音のレベルを表す。

　　音の大きさと会話の妨害レベルの組合せをオクターブごとに分析したもの（グラフ
　　➡NC曲線）。

防音対策

　　遮音と吸音が必要。

　　外部からの音を遮音し、室内で発生した音を吸収する（固体伝搬音を遮断する）。

遮音

外部からの騒音の侵入を断つこと。

遮音性能は、透過損失という指標で表される。

数値が**大きい**方が遮音性は高い。

吸音

室内の反射音を内装材などが吸い取ること。

吸音能力とは

吸音率………ある材料に入射した音エネルギーに対し、どのくらい吸音（透過）したかを表す。

吸音力………測定したいもの全体の吸音性能。

断熱材、吸音材

多孔質型吸音材　……………グラスウールなどの断熱材。

　　　　　　　　　　　　　　内部に空気を含む材料では、音が侵入し内部の空気が振動することにより、音エネルギーが熱エネルギーに変換される。

　　　　　　　　　　　　　　高音域の音ほど、よく吸収する。

板（膜）振動型吸音材　………合板、ビニールシートなど。

　　　　　　　　　　　　　　音同士がぶつかって共鳴して振動し、吸収する。

　　　　　　　　　　　　　　中低音域を吸収。

共鳴器型吸音材　……………録音スタジオなどで使用。

　　　　　　　　　　　　　　壺状の空洞が連続している。中低音域を吸収。

その他の音の性質

反響…直接音と反射音のずれによって、別々の音が聞こえる。

　　　　ずれは、**0.05秒**以上。

　　　　いわゆる、やまびこのこと。

残響…室内で反射した音が連続的に響いている現象。

　　　　床、壁、天井が平行で、反射率の高い材料でできている場合などに起こる。

　　　　フラッターエコー（鳴竜）

　　・残響時間…………部屋の容積に比例し、吸音力に反比例する。

　　　　　　　　　　　音を止めて、室内の音圧レベルがもとの音圧レベルから**60dB**下がるまでの時間で表す。

　　・最適残響時間……部屋の用途に最も適した残響時間のこと。

7

住環境

環境工学（光）

毎日、光の恩恵を受けて生活していますが、
実は、知らないこともたくさんあるんじゃな
いでしょうか？

Navigation

要点をつかめ！

学習アドバイス

ADVICE!

赤外線は温熱療法で使われています。
紫外線はお肌の大敵ですね。
その間の周波数で色が見えるのです。

キーワードマップ

- 光の性質
- 明るさの尺度…ルーメン、カンデラ、ルクス、輝度
- 採光
- 室内照明
- グレア
- 照明計画

出題者の目線

● この項目の内容はすべて実際の照明計画に生かされているものです。
　白熱球は、製造が順次中止になっています。

Lecture　詳しく見てみよう

可視光線、プルキンエ現象、明るさの尺度　　公式下巻p124～134

光の見え方など、光の性質と扱い方について見てみましょう。

光の性質

可視光線………人間の眼に見える光の範囲。

　　　　　　　➡光は波動の性質と粒子の性質を持つ、特定範囲の電磁波である。

　　　　　　　380～780nm（ナノメートル）が可視光線の範囲。

　　　　　　　780nmより波長が長くなると赤外線になる。

　　　　　　　380nmより波長が短くなると紫外線になる。

　人間の眼は、明るい場所では可視光線の範囲の中の555nmあたりが最も感度が高い（＝一番よく明るさを感じる）。

　明るい場所では錐状体（すいじょうたい）が対応している。

　暗い場所では、杆状体（かんじょうたい）が対応している。

　暗い場所では感度のピークが波長の短い青色側にずれるので、青みがかった視対象は明るく見え、赤いものは暗く見える➡プルキンエ現象。

明順応………暗いところから明るいところへ移ったとき、眼が慣れること（1分程度かかる）。

暗順応………明るいところから暗いところへ移ったとき、眼が慣れること（**30分**程度かかる）。

明るさの尺度

①光束（単位はlm-ルーメン）

　ある一定時間の光のエネルギー量。

　照明器具が発する光の総量などを表すのに用いる。

②光度（単位はcd-カンデラ）

　ある一定時間に、ある方向に発せられる光のエネルギー量。

　照明器具の方向別の光のエネルギーを表すときに用いる。

③照度（単位はlx-ルクス）

　単位面積あたりにどれだけの光があたっているかを示す。

　室内の各部分の明るさを表すのに用いる。

　・照度は点光源からの距離の**2乗に反比例**する（光源から2メートル離れると、照度は1/4になる）。

・光の入射角がついた場合、角度のついた方があたる面積が広くなるので、照度
は低くなる。

④輝度（単位は cd/m² -カンデラ毎平方メートル）

ある場所を見たときの、その場所の明るさ。

同じ照度で光があたっていても、光の反射率が高い方の輝度が高くなる。

▼ **物の見え方の関係**

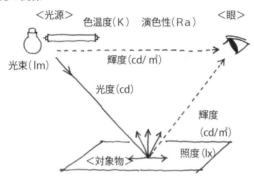

採光

昼間の自然光を室内に取り入れること。

直射日光以外の空からの光（天空光）のこと。

・**全天空照度**

空全体からの天空光による屋外の水平面照度のこと。

乱反射の影響で、暑りの日の方が大きくなる。

設計では15000 lxが使用される。

・**昼光率**

採光による部屋の明るさ。

測定箇所（室内）の照度 ÷ 全天空照度 × 100。

・昼光率の目安

住宅の居間 0.7％（約1％としたとき、全天空照度15000 lxとすれば室内は
100 lx がおおよそ必要ということになる）。

・昼光率を変化させる要因

①測定位置

②窓の大きさ、高低位置

③**窓ガラスの種類**

④窓の内外の障害物の状況

⑤壁の仕上げの色や材質

・昼光率を変化させない要因

　①測定する時刻、天候、季節

　②窓の開いている方角

・採光の目安

居室は床面積の**1／7以上**の採光に有効な窓面積が必要。なお、天窓は側窓の３倍の面積とみなす。

・均斉度[*]

最低照度と最高照度の比。

差が小さいほど均斉度が高い。

最低照度／平均照度で表す。

（例）事務室　　　　　　均斉度１／３以上

　　　同一作業面上　　均斉度１／1.5以上

・日照時間

１日のうちで建物の主要な部分に直射日光があたる時間。

設計の際には、晴天の冬至の日に建物の開口部にもたらされる４時間の日照を基準とする。

7

住環境

室内照明の基準

・JIS 照度基準

　・居室の全般照明　………………… 30〜100lx

　・読書、勉強　………………… 500〜1000lx

　・台所（調理台）、洗面　……………… 200〜500lx

　・オフィスの鉛直面照度

　　VDT画面[*]　………………… 100〜500lx

　・局部照明の照度は全般照明の照度の1／10 以上であることが望ましい。

　　➡明るいところと暗いところの差がありすぎると、眼の負担が大きくなる。

　・均斉度について

　　非作業域の平均照度と作業域の平均照度の比は1／3 以上。

　　同一作業面上の最低照度と最高照度の比は1／1.5 以上。

＊均斉度　　　「1」に近い方が照度のムラがないことを表す。
＊VDT 画面　　パソコンなどのディスプレイ画面のこと。

グレア

視界の邪魔になる不快なまぶしさのこと。輝度が強すぎる、もしくは周辺の輝度との差がありすぎるときに発生する。

- ・直射グレア…光源が直接視野に入るもの (光源の水平線から約60°の間)。
- ・反射グレア…面に反射して視野に入るもの (光源の垂直面からの反射光)。

- **・グレアの防止**
  - ・直接グレア…光を拡散させる工夫 (乳白の照明カバーなど)。輝度の低い光源を用いる。
  - ・反射グレア…直下光のカット、光源の位置の調整、ルーバーの使用による写りこみの防止など。

照明計画

全般照明………部屋全体を均等に明るく照らす。

局部照明………手元を明るく照らす (タスク・アンビエント照明)。

▼ 輝度の目安

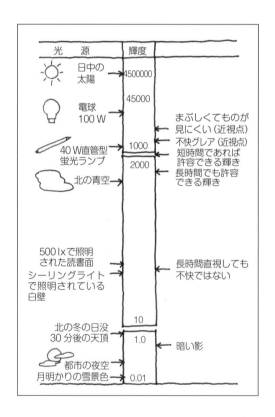

・照明方法による分類

　　　直接照明（半直接照明）と間接照明（半間接照明）に分類される

配光曲線…照明器具の形によって生じる各方向の光度のパターンのこと。

色温度……光源が放つ光の色を示す。

　　　　　色温度が高い光➡青白く冷たい感じの光（クール）。

　　　　　色温度が低い光➡黄色味を帯びた暖かい感じの光（ウォーム）。

　　　　　白熱電球　　　　　2800K（ケルビン：色温度）

　　　　　白色蛍光灯　　　　4200K

　　　　　昼光色蛍光ランプ　6500K（**正午の太陽光**に近い）

演色性…光が物体をどのように見せるか、という光の性質。

　　　　　平均演色評価数…単位:Ra（アールエー）

　　　　　　　　　数値が大きいほど演色性が**高い**（最高値Ra100）

　　　　　　　　　＝物体の色が自然光に近い状態で見える

　　　　　　　　　（その他の条件とも関係するので、まったく同じに見え

　　　　　　　　　るとは限らない）

　　　　　白熱電球、ハロゲンランプ　　　Ra100

　　　　　白色蛍光灯（一般的なもの）　　Ra61～64

　　　　　三波長型蛍光灯　　　　　　　　Ra84～88

7

住環境

問題を解いてみよう

下の問題に〇か×で解答しよう。

問1 冷房の効率を上げるためにも、直射日光をさえぎることは有効である。そのため、窓には庇が工夫がされているといいのだが、庇が短い場合、外側にベネシャンブラインドを取り付けることは、遮蔽の目的を達成するのに有効である。

問2 熱伝導率は、熱の伝導しやすさを示すもので、熱伝導抵抗は、熱の伝わりにくさを示す。

問3 明所視では「錐状体（すいじょうたい）」が、暗所視では「環状桎（かんじょうせん）」が対応している。

問4 子ども部屋で勉強するときに必要な照度は500〜1000lx（ルクス）だが、リビングなどでくつろぐときの照度は30〜75lxくらいがよいとされている。

問5 騒音の中でも聞きたい音だけを聞き分ける能力が人間には備わっている。その能力のことをクリティカルパスという。

問6 結露とは、空気中に含みきれなくなった水蒸気が水滴になる現象である。

問7 熱伝導抵抗は、厚さ20mmの木材の板よりも壁の中の空気層の方が大きい。要するに、熱が伝わりにくい。

答え合わせ

問1　正解：○

解説

室内側に日よけをするよりも、室外側に日よけを取り付ける方が有効である。

問2　正解：○

解説

似た言葉で、熱貫流率とは、床、壁、天井や屋根などにおける熱の通しやすさのことである。

問3　正解：×

解説

暗所視では、「杆状体（かんじょうたい）」が対応している。

問4　正解：○

解説

どの場所でも、どのような場合でも明るい方がよい、というわけではない。

問5　正解：×

解説

クリティカルパスとは、工程表の1つの表示手法である。

問題文は、カクテルパーティー効果という。

問6　正解：○

解説

結露は、北側のコーナーに発生しやすい。

解説

　問題文の説明は逆であり、厚さ20mmの木材板の方が熱は伝わりにくい。

➡すなわち、それだけ断熱性に優れている、ということになる。

第**8**章

住宅設備

給水

私たちの国では蛇口をひねれば飲める水が出てきますが、どうなっているのでしょう？

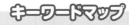

要点をつかめ！

Navigation

学習アドバイス

ADVICE!

給水方法がいくつかあるので、それぞれの特徴を知っておきましょう。その水を使って給湯のシステムを使うのですが、どうなっているか整理してみましょう。

キーワードマップ

- 給水方式
- 給水管
- 給湯方式
- 給湯設備

出題者の目線

● 近年、自治体によっては、高さの低いマンションなどで、水槽方式から直結方式に切り替えることを推奨しているところがあります。

詳しく見てみよう

クロスコネクション、ウォーターハンマー現象　公式下巻p134〜142

上水について見てみましょう。

1. 給水
水質

私たちにとって必須な飲料水。

いつも変わらず衛生上無害、無色透明、無味無臭であることが望ましく、水質基準は「水質基準に関する省令」で規定されている。

水質を守るために、水道法、建築基準法などで設備の構造や維持管理に関して定められている。

上　水………一般家庭で飲料、生活用水として使用。

➡浄水場で浄化された水。

中　水………ビル、巨大施設で雑用水として使用。

➡雨水などを利用する。

給水方式の分類

水道直結直圧方式…水道本管の水圧で**直接給水**する方式。

２階以下の建物に使われる。

地域の状況によって、水が出にくいなどの不便が生じることがある。

本管から直接給水する。

増圧給水設備を取り付け、必要な給水圧を確保する方式もある。

増圧ポンプ（受水槽なし）。

高置水槽方式………受水槽から、屋上のタンクに水をくみ上げ、重力によって各階に給水する方式。

3階建て以上の建物に多く使われる。

停電や断水のときでもある程度の給水が可能。

水質管理やタンク内の清掃が必要であり、また重量のあるものを屋上の床面から10m以上のところに設置するため、構造・美観上の問題もある。

受水槽＋ポンプ＋高置水槽。

圧力水槽方式………受水槽に一度水をため、ポンプで高圧をかけて直接給水する方式。

受水槽＋揚水ポンプ。

給水塔方式…………高置水槽方式と同じ原理で、タンク自体を給水塔として建て、別の複数の建物に給水する方式。

給水塔は給水の対象となる建物よりも、高く建てる必要がある。

受水槽＋ポンプ＋別棟に高架水槽。

蓄圧水槽方式………高置水槽の代わりに、建物の屋上に蓄圧水槽を置き、加圧して給水する方式。

受水槽＋ポンプ＋蓄圧水槽。

必要水圧

水圧の単位：kPa（キロパスカル）、mPa（メガパスカル）など。

一般水栓…………30kPa

大便器の洗浄……70kPa

シャワー水栓……70kPa

ガス給湯器………40kPa以上

住宅における最適な給水圧：200〜300kPa

ウオーターハンマー現象：給水圧が高すぎた場合、水栓の開閉時に水が給水管を叩き、衝撃音や振動が起こり、故障の原因となる。

減圧弁：給水圧が高すぎる場合に取り付けて、圧力を下げる。

給水管について

住宅用給水管　…塩化ビニル管（VP）

管径　……………住宅の場合、引き込み径は20mm

器具への接続径13または20mm（大便器15mm）

管内流速　………1.5〜2m/s以下

ビニルライニング管（VLP）………鋼管の内側を塩化ビニル樹脂でコーティングしたもので、錆びにくく、強度がある。

このようにコーティングすることをライニング工法といい、赤水（給水管のサビが水に混入すること）防止のために開発された。

・**クロスコネクション**

上水と排水が混ざる状態、もしくは混ざるような配管の状態。

・**バキュームブレーカー（真空破壊器）**

フラッシュバブル式便器の洗浄バルブに取り付ける。

・**チャッキ弁（逆流防止弁）**

シャワー金具に取り付ける。

・吐水口空間

給水栓の吐水口とたまり水の水面の間の空間。

2. 給湯
給湯方式の分類

中央式給湯方式　……　ホテルなどの大規模な施設において、1か所に大型ボイラーと大型貯湯タンクを設置し、配管によって分配給湯する方式。

　直接加熱式：ボイラーから直接給湯する。

　間接加熱式：ボイラーから貯湯タンクへ送り、そこから各所へ給湯する。

局所式給湯方式　……　台所、浴室などお湯を使う各場所ごとに、小規模な給湯設備を設置する方式。瞬間式と貯湯式がある。

先止め式と元止め式

先止め式……給湯可能な水栓（湯栓）を開けると給湯器が点火する方式。湯栓を開けたときに水圧変動を感知して点火をする装置をダイヤフラムという。

元止め式……給湯器本体のバルブの開閉で湯を出したり止めたりする方式。

給湯設備

ガス給湯器

　いわゆるガス瞬間湯沸し器。能力を号数で表す。

電気温水器

　割安な深夜電力で夜のうちに加熱し、日中に利用する。

風呂給湯器

　風呂釜と給湯器が一体化したもの。

太陽熱温水器

　給湯に太陽熱を利用する設備。

　・自然循環式…集熱板と貯湯タンクが一体化したタイプ。

　・強制循環式…集熱板と貯湯タンクが分離しており、湯水の循環にポンプが必要なタイプ。

エネファーム（家庭用燃料電池コージェネレーションシステム）

　ガスから電気と熱を作り、発電と給湯ができる「家庭用燃料電池」。温水タンクが必要。

エコウィル（家庭用ガスコージェネレーションシステム）

　ガスから湯と電気を作る。温水タンクが必要。2017年に製造、販売中止。

エコジョーズ

高効率瞬間式ガス給湯器。潜熱の再利用。

エコキュート

電気を使う「ヒートポンプ式給湯器」。夜間電力の利用。温水タンクが必要。

その他、エコワンなど省エネシステムがある。

給湯配管について

配管方式　先分岐方式……主管から湯栓ごとに配管が枝分かれしていく方式。

　　　　　ヘッダー方式…給湯の配分をするヘッダーから、直接、湯栓ごとに配
　　　　　　　　　　　　管をつなぐ方式。

得点アップ講義

\\ POINT UP! //

「太陽熱」を利用する設備も「太陽光」を利用する設備もある
ことを覚えておきましょう。

Theme

2

排水

重要度：★★☆

排水にも種類があるみたいですね。

Navigation

要点をつかめ！

学習アドバイス

ADVICE！

汚水、雑排水、雨水に分かれます。

キーワードマップ

- 排水の種類
- 排水の方法
- トラップ

出題者の目線

●この範囲からは、基本的なことが出題されています。

　基本をしっかり押さえておきましょう。

詳しく見てみよう

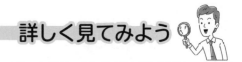

雑排水、トラップ、通気管

公式下巻 p142〜146

排水のしくみについて見てみましょう。

1. 排水
排水の種類
①汚水………便器、汚物流しなどからの排水。

②雑排水……台所、洗面、洗濯、入浴などからの排水。

③雨水………雨水などの比較的汚れの少ない排水。

④特殊排水…薬品、酸やアルカリなどといった工場、病院などからの排水。

排水方式
家庭用と公共設備では、同じ言葉でも内容が異なる。

家庭用
①分流方式

　　雨水を排水し、その後、汚水と雑排水を別々に排水する方式。

②合流式排水

　　雨水を排水し、その後、汚水と雑排水は合流式に排水する方式。

公共設備
①公共下水道……排水処理施設で処理。

　　分流式：雨水は別系統で汚水と雑排水を合流して処理。

　　合流式：雨水と汚水と**雑排水**を合流して処理。

②都市下水路……浄化槽で処理し放流。◆公共下水道の設備が整っていない地域で

　　　　　　　　　　　　　　　　　　　　行われているが、現在は新設できない。

排水管
素材　…　塩化ビニル管（VP管、内径の1mmほど小さいVU管もあり）

　　　　　ステンレス管、鋳鉄管など

口径　…　大便器汚水、汚物：直径75〜**100**mm

　　　　　雑排水：直径40〜60mm

勾配　…　配水管の設置の際には、排水をスムーズにするために勾配をつける必要

　　　　　がある。口径のサイズにより、勾配が変わる。

管径：65mm以下　➡　勾配1/50 以上

管径：100mm以下 ➡ 勾配1/100 以上

口径が小さいほど勾配は急になる。

2. トラップ

トラップの役割

下水の悪臭や害虫が室内に侵入するのを防ぐ。

➡トラップ内に常時水がたまっている状態（**封水**）とするため、ある程度の深さ（50〜100mm）が必要。

トラップの種類

・サイホン式封水トラップ（＝管トラップ）

Pトラップ…封水安定性が高い。主に壁排水の場合に多用。

さらに通気管があれば理想的。

Sトラップ…自己サイホン作用により封水がなくなりやすい。

主に、床排水の場合に多用。

・非サイホン式封水トラップ

ドラムトラップ………多量の水を溜めるので封水がやぶられにくい。

掃除口が必要。

わん（ベル）トラップ…シンク、浴室床排水に多用。

わんを取るとトラップ機能はなくなる。

破封現象

トラップの封水がなくなる現象。

①自己サイホン現象…………水を一気に流すと、排水の勢いで残すべき水まで排水してしまう。

②毛管現象…………………あふれ部にたまった糸くずなどにより、少しずつ封水が排水されてしまう。

③吸い出し、跳ね出し現象…配水管内の気圧と大気圧の具合が封水に影響する。

気圧が低くなる＝封水が排水管に引き込まれる。

気圧が高くなる＝封水が上部に跳ね出してくる。

④蒸発…………………………長期間排水しないときに起こる。

8

住宅設備

その他のトラップのトラブル

①二重トラップ……………1つの配管上に2つのトラップを付けること。
　　　　　　　　　　　　排水や封水が働かない。
②蛇腹配管を利用したもの…蛇腹配管は、トラップの役割を果たさない場合が
　　　　　　　　　　　　ある(キッチンシンクの下など)。
③その他

阻集器

排水中の有害物質や危険物質を分離収集し、液体だけを排水するように作られた器具。
飲食店などの**グリース阻集器**、美容院などの毛髪阻集器など。

通気

破封現象を起こさないために、排水管と外気を連絡させる通気管を付ける。
①**伸頂通気方式**　………　排水立て管の頂部を伸ばして屋上から通気する。
　　　　　　　　　　　　住宅など。
②各個通気方式　………　排水系統の設備ごとに通気する。費用が高い。
③ループ通気方式　……　いくつかの設備をまとめて通気する。
④特殊通気継手方式　…　伸頂通気方式の一種。
　　　　　　　　　　　　排水と空気の流れをコントロールする特殊継手。

得点アップ講義

トラップが二重トラップになると、水を流したときトラップが働かないので水がまったく流れず、排水溝からあふれ出してしまいます。

Theme 3 換気・冷暖房

重要度：★★★

冷暖房の方法は、熱源の違いもありますし、とにかくたくさんの種類がありますね。

Navigation **要点をつかめ！**

学習アドバイス

ADVICE!

あまり見かけないものもありますし、身近にあっても知らない方法もあります。

キーワードマップ

```
┌ 換気
└ 冷暖房 ─┬ 冷暖房設備
         ├ 放熱機
         ├ 床暖房
         └ 自然エネルギー利用
```

出題者の目線

●換気と冷暖房には関連性があるので、両者を絡めた問題が出題されやすい傾向があります。

詳しく見てみよう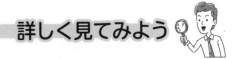

開放型燃焼器具、輻射暖房、地中熱利用	公式下巻 p146〜161

いろいろな冷暖房について見てみましょう。

1. 換気

詳解は「第7章Theme2　環境工学 (湿度と結露・換気と通風)」を参照のこと。

2. 冷暖房

・暖房設備の分類

暖房方法での分類①

・個別式暖房…暖房する部屋内に暖房器具を置く。

ファンヒーター、ストーブ、こたつ　など。

・中央式暖房…大型の熱源機器を備え、そこから熱を各室に供給する。

セントラルヒーティングと呼ばれる。

暖房方法での分類②

・対流暖房…空気を加熱して暖まった空気が部屋の中を循環することで部屋全体を暖める方法。エアコン、ファンヒーター、ストーブなど。

部屋内の上下で温度差が生じやすい。

・放射暖房 (輻射暖房)…器具から赤外線が放射され、その赤外線 (熱線) が直接物体や身体を温める方法。代表例は床暖房。

※通常は2つの方法が混ざり合って暖房している。

暖房方法での分類③

間欠暖房………部屋を使用するときだけ暖房する方法。

連続暖房………24時間、外出時なども続けて暖房する方法。

暖房器具の給排気の形式による分類

・開放型燃焼器具　……　給気、排気のどちらも室内で行うもの。

室内に火元が開放されている。

ストーブ、ファンヒーターなど。

○移動できる。燃焼効率がよい。

×室内の空気を汚す (頻繁な換気が必要)。

・半密閉型燃焼器具　…　給気は室内で行い、排気は屋外に出すもの。

・密閉型燃焼器具　……　給排気とも屋外の空気を使う(FF式暖房機)。

○部屋の空気を汚さない。

×燃焼効率が悪い。室内が乾燥する。

暖房負荷と冷房負荷

- ・暖房負荷　…　ある空間をある温度に保つために必要な熱量。

　　　　　　　　　部屋の気密性を高めることで、暖房負荷の軽減が可能。

　　　　　　　　　$1m^3$ あたり $250W$ 前後。

- ・冷房負荷　…　ある空間をある温度に保つために奪う熱量。

　　　　　　　　　気密性を高めたり、断熱材を使用して外気からの熱の侵入を防

　　　　　　　　　ぐことで軽減することが可能。

　　　　　　　　　$1m^3$ あたり $200W$ 前後。

熱源による分類

①輻射暖房…赤外線(熱線)によって、物体や身体を温める。

　　　　　　　温風暖房方式に比べ、エネルギー使用量を20%ほど削減可能。

　　　　　　　床暖房、パネルヒーター。

②温水暖房…ボイラーから温水を配管により各部屋へ配る。

③蒸気暖房…ボイラーによって蒸気を発生させ、パイプで各部屋に分配する。

　　　　　　　温度ムラが生じやすい。

④温風暖房　温風炉で高温の空気を作り、ダクトを使って各部屋まで分配。

　　　　　　　天井にダクトスペースが必要。

　　　　　　　空調設備としてビル、工場などで多用。

　　　　　　　FF式(強制給排気)温風暖房機が住宅では減少。

放熱機について

　中央暖房方式により室内に熱を放つ機器。

①ラジエーター

　温水・蒸気暖房などに使われる。

　放熱部分が露出している。

　家庭用＝パネルラジエーター(小型)。

②コンベクター

　対流方式。放熱部分が金属製のキャビネット内に納められている。

③強制対流式放熱器

　対流方式で大量の空気を暖めるもの。

　・ファンコイルユニット…熱交換器＋ファン＋エアフィルター。

　・ファンコンベクター……ファンコイルユニットと同じ構成のもので、暖房専用。

④ベースボードヒーター

　ファンコンベクターと同じしくみで高さが低く、幅が広い。

　スペースを生かせる。

　上部に噴出し口があり、窓下に設置すると、冷たい空気が温風と一体化し、室

8

住宅設備

257

内を循環することで理想的な対流式の暖房効果が得られる。

3. パッケージエアコンとエアコン

パッケージエアコンとは、店舗や事務所用の空調機のことであり、住宅用のエアコンと区別するため、このように呼ばれている。

電動ヒートポンプとガスヒートポンプがある。

ヒートポンプの原理

冷媒 (フロンなど) が蒸発するときに周囲から熱を奪い (**気化**)、気体から液体になるときに熱を発する (凝縮) という性質を利用して、外気から熱をくみ上げる熱源機器。

熱を発するとき＝暖房時　　　熱を奪うとき＝冷房時

ヒートポンプエアコンの特徴

・メリット

運動効率がよい…運動効率を表す成績係数 (COP) の値が2〜4

電気ストーブの場合は1以下。

冷房と暖房が1台の機器で可能。…など

・デメリット

対流方式で温度ムラが生じやすい。

換気機能がない (冷房時＝湿っぽい、暖房時＝乾燥)。

外気温度が低いと能力低下…外気の温度を利用して冷媒を気化もしくは液化させるしくみのため、外気温度が低くなりすぎると、気化熱が十分奪えず能力は低下する。…など

その他

インバーター制御による効率アップ。

換気機能に代わる除湿機能、空気清浄機能の搭載など。

施工上の注意

冷却時の排水のため、スリーブ (排水用の穴) は室内機より下に開ける、など。

4. 自然エネルギー利用

・太陽熱利用

太陽熱は、集熱し、温水や温風にし、給湯や冷暖房に利用。

溜める場合は、蓄熱槽を利用する。

①アクティブソーラー方式

人工的な機械、エネルギーを使って、太陽熱を利用する。

太陽熱集熱器＋集熱ポンプ (送風機)、太陽熱温水器。など

②パッシブソーラー方式

蓄熱 (集熱) 機を設置するだけで、**太陽熱**を直接利用する。

蓄熱材は、水、氷、土、コンクリートなど。

・太陽光利用

太陽光は、集光し、発電し、電気に変換して多目的に利用。

溜める場合は、蓄電池を利用する。

・地中熱利用

地中熱を利用する。

日本の地中温度は、おおむね13〜**17**℃といわれている。

手法として、クールチューブ、太陽熱の地中蓄熱、ヒートポンプ用熱源、ヒートパイプ利用などがある。

5. 床暖房

・床暖房の方式

①温水式

床にパイプを埋め込み、温水を循環させる方式。

給湯設備と兼用するタイプもある。

②電気式

床に発熱体を埋め込んだ方式。

発熱体はカーボンもしくはニクロム線など。

カーボンは熱効率がよく、厚みが小さくてすむ。

深夜電力の蓄熱型もある。

・床暖房の特徴

①輻射暖房。

②床の面積の**60**％程度を30〜**40**℃に保つ。

③部屋の部分による温度差が極めて小さく、ムラなくまんべんなく暖まる。

④連続暖房に適する。

⑤立ち上がりが悪い。

・床暖房の施工

仕上げ材…カーペット、クッションフロア、フローリング、コルクタイル、畳、大理石など。

※毛足の長いカーペットは避ける。

※大理石、フローリング、畳などは床暖房専用のものを用いる。

\\POINT UP!/

得点アップ講義

人の身体の中で一番効率よく温められるのは足の裏という実験結果もあるようで、床暖房は空気も汚さず、ムラなく暖まるなど、いくつかの長所があるようです。

8

住宅設備

電気

毎日お世話になっている電気ではありますが……
…。

Navigation

要点をつかめ！

学習アドバイス

ADVICE!

女性の中に苦手な人が少なくなく、男性には比較的すんなり理解できる分野の1つ、のようです。
あまり難しく考えずに、基本を押さえておけば大丈夫ですが、その基本も人によっては頭に入りにくいかもしれません。
その場合は、わかるところから入るといいでしょう。

キーワードマップ

- 電気の単位…………ボルト、アンペア、ワット
- 交流の特徴…………単相2線式、単相3線式
- 配電器具の種類……スイッチ、3路スイッチ、ホタルスイッチなど
- コンセント
- 電線　ほか

出題者の目線

- 分電盤は、トイレや洗面脱衣所などに設置されている場合が多いです。
70m²以下の住宅では、一般の分岐回路は少なくとも7回路以上あることが望ましく、そのほかに、エアコンや家電調理器などの専用回路と予備回路が必要である、と内線規定ではなっています。

Lecture

詳しく見てみよう

電気の単位、単相2線式、ホタルスイッチ 　公式下巻p161〜168

電気について基本的なことから確認してみましょう。

1. 電気
電気について
・電気の単位

①電圧　V（ボルト）………電流を流す圧力。

②電流　A（アンペア）……単位時間内にあるものの中を通過する電気量。

③電力　W（ワット）　……単位時間内に発生または消費される電気エネルギー。

電流（A）×電圧（V）＝電力（W）　　直流の場合。

電気供給の方式

生活で使用している電気　➡交流100Vもしくは**200V**。

・交流の特徴

配電が容易で、変圧器によって電圧の上げ下げが可能。

①単相2線式…100V 専用機器。30Aまで。

②単相3線式…100V、200Vともに使える。

　　　　　電力会社との契約の際どちらかを選ぶ。

　　　　　A従量電灯…①②のどちらかを選ぶ。

　　　　　B低圧電力…商店、工場。

　　　　　C深夜電力…電気温水器や蓄熱式、床暖房と合わせて申し込む。

・配電経路

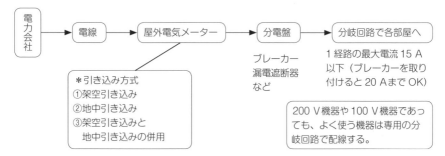

261

配電器具

・スイッチ

取付け位置➡部屋の内側、床上**1200**mm。

①3路スイッチ　……………　2か所以上で、点滅「オン・オフ」ができる。

②ホタルスイッチ　…………　暗がりでも位置がわかるように、スイッチを切る
とパイロットランプ（発光ダイオードの表示ラン
プ）が点灯する。

③消し忘れ防止スイッチ　…　スイッチを入れるとパイロットランプが点灯する。

④タイマー付きスイッチ　…　一定時間稼動して切れる時間を設定可能。

⑤調光スイッチ　……………　照度を変えることが可能。

・コンセント

取付け位置➡洋室では床上25cm、和室では床上15cm

屋外の防水コンセントは地上30cm以上

畳2枚の床面積あたり1か所（2口以上）を目安に、対角線上に分散
させて配置するのが原則。

通常…………100V15Aタイプ

・洗濯機、冷蔵庫、電子レンジなど➡アース付きコンセント

・屋外では➡防雨型コンセント

・TV端子、電話端子、LAN端子、コンセントなどが一体化したもの➡マルチ
メディアコンセント

・プラグを差し込んでひねると抜けなくなる➡抜け止めコンセント

・オフィスの床に埋め込む➡フロアコンセント

・電線

①ケーブル……絶縁電線の絶縁性能を強化したもの。
屋内、および屋外の配線に用いられる。

②コード………電気器具とコンセントを結ぶ線。

③絶縁電線……電線を絶縁体で被覆したもの。

・住宅用火災警報器

2006年6月に改正消防法が施行。

新築、既存ともに、居室や階段上などに住宅用火災警報器の設置を義務付けた。

自治体により、台所への設置も義務付け、または推奨している。

・ホームエレベーター

2～4階建ての住宅専用である。

その他用途の建物には設置できない。

建築基準法により、エレベーターが走行する最下階から最上階の床までの高さ（昇降工程）が、最大**10**m、昇降速度30m／分以下、積載量200kg以下、エレベーター内の床面積1.1m²以下と規定されている。

駆動方法は、ロープ式と油圧式。

機械室は不要。

確認申請の提出および定期検査が必要。

得点アップ講義

忙しい朝にキッチン回りのブレーカーが落ちることがあるとしたら、もちろんそれは使いすぎですが、それを解消する簡単な方法についてお客さまから相談を受けたら……。

①今使っているコンセントプレートから1つまたは2つコンセントを抜き、他の部屋のコンセントに差します。同じ部屋ではいけません。
②ブレーカーが落ちないように電気を多く使うものは、交代で使いましょう。
③リフォームをして、キッチンにもう1本電気の線を引く工事をします。

……と提案してはどうでしょうか。

照明器具

照明器具も多種多様ですね。
LEDは使っているけれど……。

Navigation

要点をつかめ！

ADVICE!

学習アドバイス

基本的なことは必ずマスターしましょう。

キーワードマップ

- 光源の種類………白熱電球、蛍光ランプ　など
- 照明器具の種類
- 照明の方法
- 照明計画　など

出題者の目線

● 出題される年とまったく出題されない年の差があります。
壁面などの絵画を照らすときに、展示の変化に対応し、かつ、まぶしさを抑える効果があるダウンライトは、反射鏡付きダブルコーンダウンライトです。

詳しく見てみよう

演色性、白熱電球生産中止、LED、建築化照明　公式下巻p168〜189

照明機器は今では多種多様です。その主なものを見てみましょう。

光源の種類

物体を熱して発光する熱放射………………白熱電球など

発光のしくみが違うルミネッセンス………蛍光灯、LED、HIDランプなど

白熱電球

・特徴

色温度が低く、暖かみのある光をともす。演色性が高い (Ra 100)。

輝度が高いので、照らすと陰影ができ、雰囲気のある空間作りが可能。

調光器を使用した明るさの調節が可能。

比較的値段が安い。

点灯までの時間が短い。

蛍光灯に比べると、ランプ効率 (電力1Wあたりの光束量) が低いため、同じ明るさを得るための電気代がかかり、そのうえ寿命が短い。

点灯時に高温になる。

・種類

一般照明ランプ　………　ハロゲンランプ、ミニハロゲンランプ

クリプトンランプ　……　ダイクロイックハロゲンランプ

ボールランプ　…………　ミニクリプトンランプ

ビームランプ　…………　レフランプ、ミニレフランプ

・生産中止

経済産業省の方針として、2012年までに**白熱電球**を全面的に生産中止とし、電球型蛍光灯に切り替えていくことが決まっている。

生産中止となるのは一般白熱電球、クリア電球やシリカ電球などが主体。

代替がきかない**クリプトン電球**やハロゲン電球は、まだ生産中止にはならないが、いずれ代替製品が開発されれば生産中止となっていくことが予想される。

蛍光ランプ

しくみ➡低圧の水銀蒸気中に放電を起こし、生じた紫外線を、ガラス管の内面に塗布した蛍光物質にあてることで、光を発する。

ランプ効率が高く (60〜110lm/W)、寿命も長い (6000〜2万5000時間)。輝度が低いため、グレアが発生しにくい。

演色性が低いといわれていたが、近年は高演色タイプも発売されている (演色AAA = 約Ra100)。

蛍光物質の種類により様々な光色を発色できる。

点灯のために安定器が必要で、そのため、器具が大きくなる。

蛍光ランプの**色温度**による分類 (JIS) は次のとおり。

昼光色 (D)：6500K、　　昼白色 (N)：5000K　　白色 (W)：4200K

温白色 (WW)：3500K　　電球色 (L)：2800K

直管形と環形、電球形がある (電球形にはE26とE17口金、およびコンパクト型の小型変形タイプがある)。

高輝度放電ランプ (HIDランプ)

しくみ➡封入した水銀やナトリウム蒸気を高圧にすることで発光する。

高輝度、高ランプ効率、長寿命 (1万〜2万時間)。

安定器が大きい。

演色性が低い。

点灯後、明るくなるまでに時間がかかる。

種類：

　・高圧水銀ランプ

　・メタルハライドランプ

　・高圧ナトリウムランプ

LEDランプ

発光ダイオードともいわれる。

直流電気を通して発光する。

交流を直流にする電源ユニットが必要。

電気エネルギーが直接光になるので、光変換効率が高い。

1993年に青色発光ダイオードを日本人が発見。

平均ランプ寿命は4万時間といわれているものが主流。

照明器具の種類と特徴

▼ 取り付け位置による分類

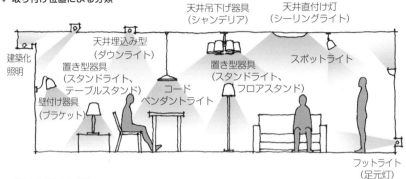

建築化照明

天井埋込み型（ダウンライト）

置き型器具（スタンドライト、テーブルスタンド）

壁付け器具（ブラケット）

天井吊下げ器具（シャンデリア）

コードペンダントライト

置き型器具（スタンドライト、フロアスタンド）

天井直付け灯（シーリングライト）

スポットライト

フットライト（足元灯）

①天井埋込み型

　ダウンライト。

　天井埋込み型の開口径の小さな器具。

　スッキリ納まる。

▼ ダウンライトの種類

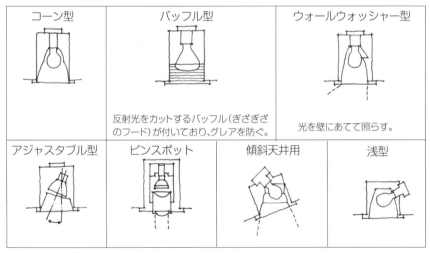

コーン型	バッフル型	ウォールウォッシャー型
	反射光をカットするバッフル（ぎざぎざのフード）が付いており、グレアを防ぐ。	光を壁にあてて照らす。

アジャスタブル型	ピンスポット	傾斜天井用	浅型

▼ 蛍光ランプ埋め込み型器具

ルーバー照明	乳白カバー付き器具	下面開放形器具

・明るい全般照明

　蛍光ランプを組み込んだ、箱型の器具全体を天井に埋め込み、天井面と段差をなくして使う。

　下面開放形器具では、グレアやモニター画面への映りこみが気になるため、ルーバーやカバー付きの器具も普及している。

②天井吊下げ器具

　　ペンダントやシャンデリアなど。

　　シャンデリアは多灯用で装飾性が高い。

　　コードを長く伸ばして吊り下げるのが一般的だが、器具の重量によって、引っ掛けシーリングに吊れるものと、チェーンやワイヤーなどで吊るものがあるので、重量や強度は取付け前に必ず確認すること。

③天井直付け型 (シーリングライト)

　　天井の引っ掛けシーリングに直接取り付ける。

　　器具のデザインも豊富で、汎用性のある器具。

④壁付け器具 (ブラケット)

　　壁に直接取り付ける。装飾用として、高級感や奥行きのある空間を演出する。

⑤壁埋込み器具

　　足元灯や床面に埋め込むものなど。足元の安全確保のために設置される場合が多い。取付け位置によってはグレアに注意。

⑥置き型器具 (スタンド)

　　部屋全体を照らすフロアスタンドと、机やコーナを照らすテーブルスタンド、作業用のデスクスタンドなどがある。

⑦建築化照明

　　壁や天井などの建築構造に照明器具を設置し、建築と一体化する照明。

　　構造に照明器具を設置することで、壁面や天井に光を反射させ、美しい照明効果を得る。**コーニス**照明、コーブ照明、バランス照明など。

⑧屋外照明

　　器具は、防塵性があり、防雨型または防滴型でなくてはならず、紫外線や塩害への対策も必要。屋外用電気機器の国際基準にIP規格がある。

照明の方式

①全般照明　…………… 部屋全体を照らす方法。

②局部照明　………… 全般照明ではあかりが届かない、作業上などで特に明るさの必要な部分を局部的に照らす方法。

③全般局部併用照明　… 局部的に照度の高い照明を設置し、それが全般照明も兼ねる方法。

④**タスク・アンビエント**照明　… 比較的広い空間などで、作業面のそれぞれに局部照明を設置し、それだけでは全体と局部の照度差が大きいので、やや照度を下げた環境照明を配置する方法。

配光による照明の種類

配光曲線図……………照明器具が発する光の放射のしかたや強さを、図表化・データ化したもの。

鉛直面配光曲線図……光の届く範囲を立体的にとらえ、それを真ん中から縦に割った断面図。メーカーのカタログなどに掲載されている。

▼ 配光曲線と照明器具の分類

	直接形照明	半直接形照明	全般拡散形照明	直接・間接形照明	半間接形照明	間接形照明
鉛直面配光曲線例						
光束比	上0〜10% 下100〜90%	上10〜40% 下90〜60%	上40〜60% 下60〜40%	上40〜60% 下60〜40%	上60〜90% 下40〜10%	上90〜100% 下10〜90%
照明器具の配光図	ダウンライト　金属シェードペンダント	乳白ガラスペンダント（下面開放）	和紙ペンダント　ガラスグローブペンダント	シェードペンダント	乳白ガラスペンダント（上面開放）	金属トーチャー型スタンド
備考	・水平面の照度が得やすい。 ・天井面を暗く見せる。 ・ランプによっては強い影が生じる。	・直接形に比べ、生じる陰影は少し柔らかい。	・乳白や和紙などを使用した器具。 ・360度柔らかく照射する。	・天井面、床面とほぼ同じくらいの光量が得られる。	・天井面、照明器具も明るいため、空間が明るいイメージになる。	・天井面（壁面）の仕上げ材によって照明の雰囲気、効率が変わる。

照明計画

部屋の使用目的、部屋を使用する人の要望・意見に基づいたコンセプト案を立てた後、機能や予算とすり合わせながら機器を選定する。

①玄関
・住空間を対外的に代表する場所。
・玄関扉からの逆光を考慮し、来客者を判別できるよう位置・配光を考慮する。

②リビング
・最も多目的な空間。
・一室多灯を心がける（全般照明＋局部照明）。

③和室
・一室に数灯設置し、空間全体の照度が均一になるように心がける。
・あたたかいイメージの光色を選ぶと、部屋の雰囲気と相まって安らぎ感が生まれる。

④ダイニング
・落ち着いた雰囲気の間接照明とテーブルの上を明るく照らす部分照明を併用する。
・白熱ランプ、電球色蛍光ランプは食べ物を美味しそうに見せる。

⑤キッチン
・全般照明と手元灯など部分照明を併用する。
・適切な照度を確保する。

⑥寝室
・照明器具は2台以上設置し、点滅回路を分けたり、調光器で明るさを変えられるようにするとよい。
・枕元の真上などで、光が直接目に入らないよう、器具の選定や取付け位置に注意する。

⑦洗面室
・顔が見やすく、はっきりと見える照明を選定（影ができにくい、肌の色がはっきり見える）。

⑧ユーティリティ
・作業空間であるため、全体照明と局部照明を用いて作業性を重視した選定・配置を行う。

⑨オフィス空間
・モニターへの映り込みを考慮する。
・タスク・アンビエント照明は省エネルギーの面からもよい。

⑩商空間
・商品（空間）をより美しく正確に見せるために適切な配光を行う。

高齢者の光
加齢とともに、水晶体は黄褐色に変化し、硝子体も白濁してくる。そのため、高齢者は若年者に比べて、2～3倍の照度を必要とするといわれているため、補助照明などを検討する。また、環境が大きく変化することにも順応しづらくなるため、明るさの極端な変化などがないように気をつける。

照明器具の施工上の留意点

電気工事は、電気工事士有資格者でなければ行ってはいけない。

6

水回り設備

いつもお世話になっているとても身近な設備
ですが、いろんな種類があるのでしょうね？

Navigation　　　　　　　　　　　　　**要点をつかめ!**

学習アドバイス

ADVICE!

キッチンのことは得意な人も多いかもしれませんが、便器のことは
案外よくわかっていない人が多いようです。
まんべんなく知識を付けましょう。

キーワードマップ

```
─ キッチン
─ 洗面化粧台
─ 便器
─ 浴室
─ 給湯器
─ その他の住宅設備機器
```

出題者の目線

●この範囲は、出題されるとしても1問のみです。
　出題されない年もありました。

ワーキングトライアングル、火災警報器 公式下巻p190〜208

キッチン、浴室、トイレなどのいわゆる製品とその性能について見てみましょう。

1. キッチン

キッチンの種類

①セクショナルキッチン　………… 単体での販売（流し台、調理台など）。

②部材型キッチン　……………… いわゆる**システムキッチン**のこと。オーダーメイドで設計できる。

③簡易施工型システムキッチン　… セクショナルと部材型の中間。自由度はやや低いが生産性が高い。

キッチンのレイアウト

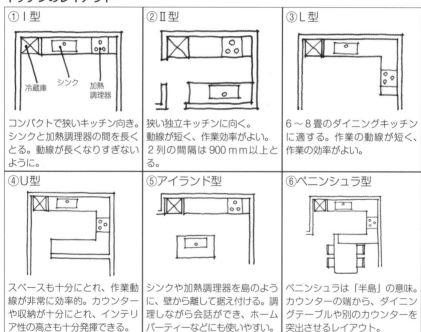

①Ｉ型	②Ⅱ型	③Ｌ型
コンパクトで狭いキッチン向き。シンクと加熱調理器の間を長くとる。動線が長くなりすぎないように。	狭い独立キッチンに向く。動線が短く、作業効率がよい。2列の間隔は900mm以上とる。	6〜8畳のダイニングキッチンに適する。作業の動線が短く、作業の効率がよい。
④Ｕ型	⑤アイランド型	⑥ペニンシュラ型
スペースも十分にとれ、作業動線が非常に効率的。カウンターや収納が十分にとれ、インテリア性の高さも十分発揮できる。	シンクや加熱調理器を島のように、壁から離して据え付ける。調理しながら会話ができ、ホームパーティーなどにも使いやすい。	ペニンシュラは「半島」の意味。カウンターの端から、ダイニングテーブルや別のカウンターを突出させるレイアウト。

冷蔵庫　シンク　加熱調理器

ワーキングトライアングル

シンク、加熱調理器、冷蔵庫を結んだ三角形をワーキングトライアングルといい、図の数値にそれぞれの間の距離を収めると作業効率の高いキッチンになる。

▼ ワーキングトライアングル

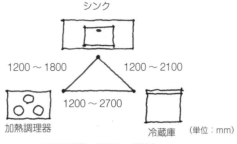

シンク

1200 〜 1800　　1200 〜 2100

1200 〜 2700

加熱調理器　　　　　　　　　冷蔵庫　（単位：mm）

三辺の総和　3600 〜 6600

▼ システムキッチンの構成（主な部材・部品）

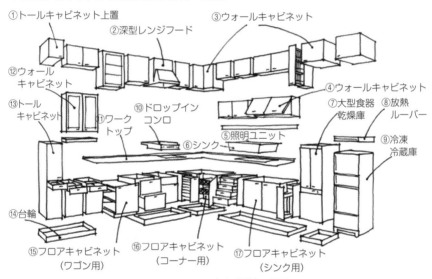

①トールキャビネット上置
②深型レンジフード
③ウォールキャビネット
⑫ウォールキャビネット
④ウォールキャビネット
⑬トールキャビネット
⑩ドロップインコンロ
⑦大型食器乾燥庫
⑧放熱ルーバー
⑪ワークトップ
⑤照明ユニット
⑨冷凍冷蔵庫
⑥シンク
⑭台輪
⑮フロアキャビネット（ワゴン用）
⑯フロアキャビネット（コーナー用）
⑰フロアキャビネット（シンク用）

システムキッチンの主な部材・部品

2. 洗面所・トイレ

洗面ボール

材質…………陶器、ホーロー、ステンレス、人工大理石など

設置形式……カウンター式　①アンダーカウンター式

②オーバーカウンター式

③カウンター一体式

置き式型の洗面台（上置式）

壁掛け洗面器

独立型洗面器（ペデスタル型洗面器）など

8

住宅設備

洗面化粧台

洗面化粧台＋鏡、キャビネットで構成
寸 法　　JIS規格
間 口　　500, 600, 750, 900 mm
洗面器の高さ　680, 720 mm
実際には間口750 mmのものが多く、
高さ 750 mmくらいがちょうどよい。

▼ 洗面化粧台

⑥照明器具　　⑦化粧キャビ
　　　　　　　　ネット本体
①鏡　　　　　⑧収納棚
　　　　　　　⑨収納ボックス
②洗面器　　　⑩スイッチ、
　　　　　　　　コンセント
　　　　　　　⑫天板
③引き出し　　⑪バックガード
④扉　　　　　⑬引き出し
⑤けこみ板　　⑭側板

便器

種類………和式 (しゃがみ式)、小便器 (男性用)、洋式 (腰掛け式)
※ここでは主に洋式便器について学ぶ

便器の種類と洗浄方法

和式…………………………洗い出し式
ロータンク式……………洗い落とし式、サイホン式、サイホンゼット式
フラッシュバルブ式……ブローアウト式
ワンピース式……………サイホンボルテックス式
タンクレス式……………**ダイレクトバルブ**式

▼ 洗浄方法の種類

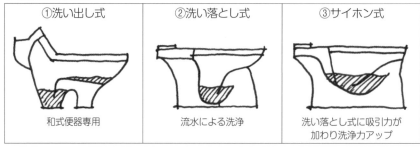

①洗い出し式	②洗い落とし式	③サイホン式
和式便器専用	流水による洗浄	洗い落とし式に吸引力が加わり洗浄力アップ

④サイホンゼット式	⑤サイホンボルテックス式	⑥ブローアウト式
サイホン式にジェット噴射が加わる	便器に十分な水を張り渦巻きを作って吸い込む使用水量が多く、高価	フラッシュバルブ専用ジェット噴射で

3. 浴室

浴槽の種類

設置方法…………据置型、埋め込み型が多い。

浴槽のサイズ……サイズと深さによって和風、和洋折衷、洋風に分類。

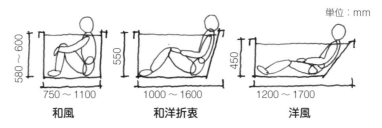

単位：mm

和風　　　　　　和洋折衷　　　　　洋風

浴槽の材料

FRP……………ポリエステル樹脂をガラス繊維で補強した材料。
　　　　　　　　　軽量で施工性がよい。

人造大理石……アクリル樹脂などを原料としたもの。
　　　　　　　　　透明感、色彩感があり、耐久性が高い。

ステンレス……機能性に最も優れる。
　　　　　　　　　断熱材を組み込むので、保温性は良好。

鋳物ホーロー…鉄の浴槽の表面にホーロー層を溶着したもの。
　　　　　　　　　光沢、硬度に優れる。

木製……………汚れやすく、手入れに手間がかかる。サワラ、ヒノキなど。

タイル…………目地が汚れやすく、耐久性も低い。

浴槽の付加機能

・ジェット噴射浴槽

浴槽内のノズルから、気泡入り噴流を噴射させる。

リラクゼーションやマッサージ効果をもたらす。

浴室ユニット

ユニットバス、システムバスとも呼ばれる、工場生産されるプレハブの浴室。

浴室の床、浴槽が一体成形される。

・構造による分類

防水パン型（フルパネル型）………　床一面に防水パンを敷き、その上に浴槽を置く。

キュービックタイプ…………………　壁や天井まで一体でボックス化したもの。

ハーフユニット型……………………　洗い場のエプロンから下の部分だけをユニット
　　　　　　　　　　　　　　　　　　化したもの。

スリー・イン・ワン…浴槽＋洗面器＋便器がセットになったもの。

ワンルームマンションやホテルで使用。

材料はFRPプレス加工パネル、セラミックパネルなど。

裏側を発泡ウレタンで断熱。

寸法は、内法寸法で表示。

水栓金具

横水栓　　　壁から給水管を引き出したもの。

縦水栓　　　床から給水管を引き出したもの。立水栓ともいう。

自在水栓　吐水部分が長く、水平に回転するもの。

▼ 混合水栓の種類

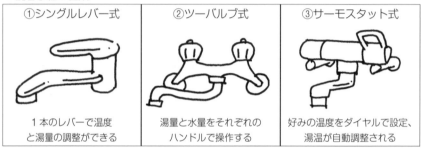

①シングルレバー式	②ツーバルブ式	③サーモスタット式
１本のレバーで温度と湯量の調整ができる	湯量と水量をそれぞれのハンドルで操作する	好みの温度をダイヤルで設定、湯温が自動調整される

①泡沫水栓

　吐水口で水に空気を混ぜて泡沫状になるようにした水栓。

②定量止水機能

　設定した水量に達すると自動的に止水する。風呂用。

③吐水切換機能

　ボタンやツマミ操作で、水流をシャワーやスプレーに切換えできる。

4. 給湯器

給湯器の種類

ガス給湯器、石油給湯器、電気温水器、太陽熱温水器 (ソーラ➡ヒートポンプ給湯器)

タンク別種類

給湯器　……………… 瞬間式 (ガス・石油)

貯湯式 (主に電気) … タンクの中に一定の量のお湯を溜め、深夜電力などを使用
　　　　　　　　　　　して温度を上げる。

熱源による分類

①ガス給湯器、石油給湯器

　浴室やキッチンの給湯と、床暖房の循環用の給湯を同時に行うタイプのもの。
排気ガスの熱（排熱）を回収し、給湯に再利用することで給湯効率を上げた省エネ給湯器もある。

②深夜電力

　電力の消費が少ない、夜間の電気を割安で利用するもの。
蓄熱式の床暖房や電気給湯器に適している。

③燃料電池（家庭用燃料電池コージェネレーションシステム）

　都市ガス中の水素を化学反応させて発電し、そのときに発生する熱を給湯に利用する。

④ヒートポンプ給湯器

　大気中の熱を自然冷媒（CO_2）に集め、その熱でお湯を沸かすシステム。省エネルギーに大変効果的であり、エコ給湯器と呼ばれている。

5. その他の住宅設備機器
住宅内の安全を守るための機器

①火災警報器　……………2006（平成18）年に施行された改正消防法により、住宅への設置が義務化。

②火災センサー………………熱感知器、**煙感知器**など。

③ガス漏れセンサー…………ガス供給会社が設置する。会社によって装置が異なる。

④電気錠（オートロック）……電動での施錠、解錠。
　　　　　　　　　　　　　　ドアホンとの組合せで使われる。

⑤浴室自動給湯システム……キッチンなど他の場所から、浴室の給湯や温度調整などを行う。

　その他、防犯警報装置、非常通報用ボタン、照明コントロールシステム、監視カメラなど。

\\/POINT UP!/\\

得点アップ講義

高齢者の安全を考えたとき、浴槽のまたぎは低い方が望ましいです。手すりも適度のものが必要でしょう。

問題を解いてみよう

下の問題に〇か×で解答しよう。

問1 排水管の素材としては、VP管と呼ばれる銅管やステンレス管などが用いられる。

問2 給水圧が高すぎた場合、水栓の開閉時に衝撃音や振動が起きる現象をウォーターショッキング現象という。

問3 給湯器で、水栓を開けると点火する方法を元止め式という。

問4 サイホン式トラップには、PトラップとUトラップがある。

問5 部屋を使用するときにだけ暖房器具を動かして部屋を暖めることを間欠暖房という。

問6 床暖房は間接暖房の1つである。

問7 地中温度は年間を通して安定して13～17℃である。その熱を冷暖房に生かすことを地中熱利用という。

問8 2か所で「オン・オフ」をすることで点滅するスイッチのことを消し忘れ防止スイッチという。

問9	建築化照明には、コーニス照明、コーブ照明、バランス照明などがある。

問10	サイホンボルテックス式はワンピース式洋式便器に分類される。

答え合わせ

問1 正解：×

解説

銅管ではなく、塩化ビニル管である。

問2 正解：×

解説

この問題文は、ウォーターハンマー現象のことを述べている。

問3 正解：×

解説

この問題文は、先止め式についての説明文である。

問4 正解：×

解説

PトラップとSトラップがある。

問5　正解：○

解説

「間欠」の反対は「連続」である。

問6　正解：×

解説

間接暖房ではなく、輻射暖房の一例である。

問7　正解：○

解説

年中利用できるのが長所。

問8　正解：×

解説

3路スイッチという。

問9　正解：○

解説

間接照明ともいう。

問10　正解：○

解説

サイホンボルテックス式のほか、サイホンゼット式、サイホン式などがある。

表現技法

インテリアの図面

インテリアの図面ってどんな図面をいうのでしょう？

Navigation

要点をつかめ！

学習アドバイス

ADVICE!

どちらかというと一次試験では、記号や、図面の名前など、図面を読むときに必要な内容が出ています。

また、CADについては、CADソフトの実際の使い方についての問題が出ています。

触ったことがなければ、経験しておいた方がいいでしょう。

キーワードマップ

- 図面の種類………平面図、展開図、天井伏図、矩計図、家具図など
- 書類の種類………仕上げ表、仕様書、見積書
- プレゼンテーション用の図面………透視図（パース）、フリーハンドスケッチ、模型

出題者の目線

●一次試験では、図面を描くことはありません。

二次試験では、図面やパースを描くことが求められますので、ここでしっかり覚えておくと、二次試験のときに負担が減り、すぐに実践に取りかかれるでしょう。

詳しく見てみよう

平面図、展開図、矩計図、仕上げ表　　公式下巻p210～226

　インテリアコーディネーターに必須の図面について、どんな種類があるか見てみ
ましょう。

1．図面の種類

①平面図

　　部屋の配置を平面的に表したもの。

　　建物を各階ごとに床面から1メートルくらいの高さで切り取った状態を、真上
から描く。

　　建物全体はＳ＝1/100、インテリアで1室だけ見るときはＳ＝**1/50**で描かれ、
建具の納まりなどさらに細かい内容が欲しいときは平面詳細図として、Ｓ＝1/30
または1/20で描かれる。

②展開図

　　各部屋の壁面に向かっての立面図。壁面の詳細、高さ関係を記載。

　　開口部の形状、床面の段差、天井面の高さ方向の形状や、備付けの器具なども
記載する。

③天井伏図

　　天井伏図は天井の仕上げ面を記したもの。

　　天井をそのまま床面に下ろしてくるように、位置は床面に合わせて記載する（見
上げた状態で描くと、左右反転してしまう）。

④矩計図

　　矩計図は、建物の高さ方向の寸法や構造を詳しく記載したもの 。

　　建物自体の断面詳細図の役割をする。

高さ方向を示す用語

　・軒高…………地盤面から軒桁の上端までの寸法。

　・**階高**…………ある階の水平基準面（床面）からその真上の階の水平基準面まで
　　　　　　　　の高さ。

　・天井高………床仕上げ面から天井仕上げ面までの高さ。

　・内法高………敷居の上面から鴨居の下面までの高さ。

　・床高…………床仕上げ面から、真下の地盤面までの距離。

9

表現技法

・梁成…………梁の下面から上面までの寸法。「成」は建築部材では垂直方向の寸
法のこと。

⑤配置図
建物と敷地全体の位置を表す。
アプローチやガーデンの樹木配置などを平面上に表す。

⑥家具図
造作家具（造り付けの家具）や、制作する家具の形状、寸法、仕上げ材、金物名
まで詳しく記載されたもの。

⑦部分詳細図（納まり図）
建具の納まりなどを、スケールを大きくして詳細に記載したもの。

⑧建具図（表）
建具の種類・数量をまとめたもの。

⑨諸設備図
電気、ガス、給排水、換気、衛生設備などの図面で、平面図、詳細図、系統図
などがある。

▼ **住宅の平面図の例**

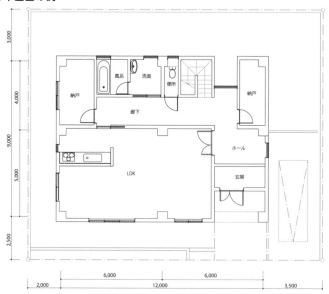

▼ 配置図の例

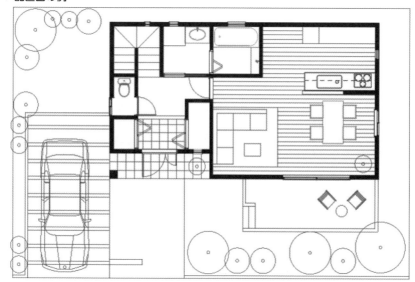

2. 書類

①仕上げ表・仕様書

仕上げについての内容、指示をまとめたもの。

各室ごとに床、壁、天井の仕上げの方法や種類などを記載する。

②見積書

工事内容、仕様などを項目としてあげ、工事金額を概算で計算したもの。

3. プレゼンテーション用の図面

①透視図 (パース) などの3次元図、②フリーハンドスケッチ、③模型。

4. 製図記号

図面に記入する記号。

▼ 手描きによるインテリアパース（淡彩仕上げ）

▼ 模型

▼ 平面図における開口部の表示記号

①出入り口一般　②上げ下げ窓　③片引戸　④両開き扉　⑤両開き窓　⑥引込戸

⑦片開き扉　⑧片開き窓　⑨雨戸　⑩網戸　⑪引き違い窓　⑫格子付き窓

⑬自由扉　⑭窓一般　⑮シャッター付き窓　⑯折りたたみ戸　⑰網窓　⑱シャッター

⑲回転扉　⑳両開き防火扉

▼ 屋内の配線用記号

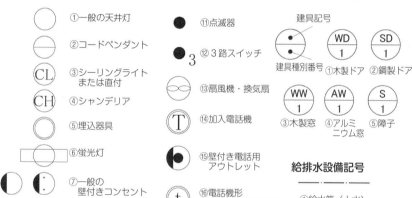

①一般の天井灯

②コードペンダント

③シーリングライト
　または直付

④シャンデリア

⑤埋込器具

⑥蛍光灯

⑦一般の
　壁付きコンセント

⑧2口の
　壁付きコンセント

⑨アース付き
　コンセント

⑩防水形壁付き
　コンセント

⑪点滅器

⑫3路スイッチ

⑬扇風機・換気扇

⑭加入電話機

⑮壁付き電話用
　アウトレット

⑯電話機形
　インターホン(親)

⑯電話機形
　インターホン(子)

⑰一般の配電盤、
　分電盤

▼ 建具の表示記号

建具記号

建具種別番号

①木製ドア　②鋼製ドア

③木製窓　④アルミ
　　　　　　ニウム窓　⑤障子

給排水設備記号

①給水管（上水）

②水栓（水・混合・湯）

③排水管

④床排水トラップ

Theme

2

重要度：★★★

3次元の表現

透視図という言葉は前のThemeで知りましたが、どんな表現方法があるのでしょう？

Navigation

要点をつかめ！

ADVICE!

学習アドバイス

透視図と透視図法を混同している人がいるかもしれないので、二次試験の準備のためにも、3次元で表現する図法について暗記しておきましょう。

キーワードマップ

- 透視図法……1消点透視図法、2消点透視図法、3消点透視図法
- 投影図法……アイソメ図、アクソメ図、キャビネット図、カバリエ図
- フリーハンドスケッチパース

出題者の目線

●透視図と投影図の大きな違いは、透視図は遠近感がついており、投影図は平行線上に3次元で表現する、という点だということに注意しましょう。

詳しく見てみよう

1 消点透視図法、アイソメ図、VPなど

公式下巻 p226〜234

3次元表現にはいろいろな種類があります。二次試験のためにもしっかり見てみましょう。

3次元を表現する方法

平面図や展開図は、立体空間を2次元の平面上に表しているが、依頼主へのプレゼンテーションなどのために、よりわかりやすく、平面上に立体的に描く図法が透視図法と投影図法である。

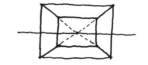

①平行透視図法(1 消点透視図法)

①平行透視図法(**1消点透視図法**)

奥行き方向の線(パースライン)が収束する点=消点が1つの図。

画面を構成する線(インテリアエレメントの要素)が多い、室内空間の表現などに適している。

②有角透視図法(2消点透視図法)

消点が**2つ**の図。

室内や住宅の外観の表現に適している。

②有角透視図法(2消点透視図法)

③斜透視図法(3消点透視図法)

消点が**3つ**の図。

高さ方向に消点を持つ。

高層建築の外観の表現に適している。

④軸測投影図法

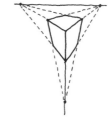

③斜透視図法(3消点透視図法)

・アイソメトリック図(通称・アイソメ)

立方体の縦、横、高さの比率を**1：1：1**で表現し、立方体を30°傾ける。

・アクソノメトリック図(通称・アクソメ)

任意に傾けられたものを、高さ方向で**2割**ほど短く表現し、自然な感じに見せる方法。

9

表現技法

⑤斜投影図法

  ・キャビネット図

    家具の製作現場でよく使われる。

  ・カバリエ図

    正面から見た図と同様、奥行きも実長で作図。

透視図法の用語

  ①PP(Picture Plane)   画面

  ②GL(Ground Line)   基準線

  ③HL(Horizontal Line)   水平線……人間の目の高さ（アイレベル）のライン。

  ④VP(Vanishing Point)   消点………奥行き方向のラインが収束する点。

  ⑤SP(Standing Point)   立点………人間の視点の位置＝人間の立っている位

                               置。

▼ パースの例

手描きによる住宅の外観パース

CGによるインテリアパース

CAD表現

CADは今、製図の主流ですね。
メリットは何でしょう？

要点をつかめ！

ADVICE!

学習アドバイス

現在、いろいろなCADのソフトが出ています。
それぞれ特徴があり、どれがいいというわけではありません。基本
の考え方は同じです。

キーワードマップ

- CADのメリット
- CADで使われる用語

出題者の目線

● 近年は必ず1問出題されています。
言葉の意味はしっかり覚えたいところです。
パースは、コンピューターによる作図と手描きの両方がありますが、それぞれ
のよさを取り入れてプレゼンテーションをするといいのではないでしょうか。

詳しく見てみよう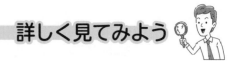

CADのメリットとコンピューター用語　　公式下巻p235〜241

CADのあれこれについてまとめました。

1. コンピューターによる設計、プレゼンテーション

建築・インテリアの業務にもコンピューターが導入され、設計作業やプレゼンテーションにも利用されている。

① CAD

CADとはComputer-Aided Designすなわちコンピューター支援設計およびそのための専用ソフトのことである。

図面の作図(2次元＝2D)ならびにパースやアイソメ図などの作図(3次元＝3D)をコンピューター上で行う。

CADのメリット

1. 基本操作を習得すれば、誰でも同じようなレベルの作図をすることが可能。
2. 一度、基本の図面をデータとして作ってしまえば、変更や**修正**が迅速にできる。データ保存の場所もとらない。
3. 図面の拡大・縮小、パースの視点の変更、カラーの調整といった、視覚効果を高める作業も容易に行える。
4. ソフトによっては、基本図面を作成すれば、パースなどのプレゼンテーション図面や、見積書などを自動作成できるものもある。
5. データの状態で保存されるので、インターネットを介して、瞬時に図面データをやりとりすることができる。

② CG

CGはComputer Graphics (コンピューターグラフィックス) の略語であり、コンピューターによって描かれた画像を意味する。

パースなど、プレゼンテーションの資料作りには今や欠かすことのできないもの。色彩、光、素材感などをリアルに表現し、また変更や修正が比較的手軽にできる。

2. コンピューターに関連する用語

2D(2次元)と3D(3次元)

2Dは平面、3Dは立体。コンピューターによるパースなどの立体表現を3DCGという。

バーチャルリアリティ

仮想現実。CGなどで人工的に作る仮想環境における疑似体験のこと。
住宅、キッチンのプレゼンテーションにも使用される。

ウォークスルー

CADやCGで作成した空間を歩いているように表示する。
空間の見え方をシュミレーションすることができる。

モデリング

3DCADにおいて、データを入力して、立体を作る作業のこと。

レンダリング

3Dのモデルに色や素材感、陰影などを付ける作業の総称。

OA(オフィスオートメーション)機器

コンピューター、コピー、FAX、多機能電話など、主に事務(会社)で使用される機器類のこと。

インテリジェントビル

OA対応型のビル。OA機器を配置するための配線設備などが整っている。

プロッター

大きな図面を打ち出すことのできる装置。CADの出力に用いられる。

9

表現技法

問題を解いてみよう

下の問題に〇か×で解答しよう。

問1 立面図とは、室内の断面図のことである。

問2 プレゼンテーションの手法として、模型やフリーハンドスケッチ、パースなどの表現方法がある。

問3 レンダリングとは、平面から3次元に立ち上げることである。

問4 CADのメリットは、一度、基本的な図面をデータとして作ってしまえば、変更や修正が自動的にできることである。

問5 VPとは3次元を表現する図には重要となるが、これは水平線のことである。

問6 アイソメ図とは、軸測投影図法の1つである。

答え合わせ

問1　正解：○

解説

展開図ともいう。

問2　正解：○

解説

3次元の立体を2次元で表現する方法には、透視図法、投影図法などがある。

問3　正解：×

解説

レンダリングとは、色や素材感、陰影などを付けることである。

問4　正解：×

解説

自動的にはできない（そのうち可能になるかもしれないが…）。

問5　正解：×

解説

VPはVanishing Pointの略で消点である。水平線はHorizon Line：HLである。

問6　正解：○

解説

その通りである。また、アクソメ図も同様に軸測投影図法の1つである。

9

表現技法

MEMO

第10章

インテリア関連法規

建築基準法

建築基準法とインテリアの関連はどのあたり
にあるのでしょう？

Navigation

要点をつかめ！

ADVICE!

学習アドバイス

インテリアは、建築物の中にあります。
まずは、建築物が安全で法律にのっとっているということが大前提
です。
なので、直接関係せずとも、知らないではすまされない部分もたく
さんあります。
そのあたりを見ていきましょう。

キーワードマップ

- 建築基準法のしくみ
- 建築基準法の基本用語
- 建築基準法にある最低基準…内装制限、採光、換気、階段、道路、建物制限

出題者の目線

●法律なので難しいですし、深いです。
　ですので、ここは広く浅く、知識として身に付けましょう。
　この章からは、毎年1問出題されています。

Lecture

詳しく見てみよう

床の高さ、内装制限の垂れ壁、階段の有効幅員　公式下巻p242〜254

すべての基準となる法律ですので、しっかり見てみましょう。

1. 建築基準法とは
「建築物の敷地、構造、設備および用途に関する最低の基準を定めることで、国民の生命、健康および財産の保護を図る」ことを目的としている。

2. 建築基準法の規定と手続
①単体規定
建築物の安全、防火、衛生、敷地、構造、居室の採光や換気などに関する全国同一の規定。

②**集団規定**
建築物を集団的なものとしてとらえた場合に、道路と敷地の関係、敷地面積とその利用制限などを規定したもの。
都市計画区域内のみで適用される。

③建築確認申請書
都市計画区域内で建築を行う際に提出する書類。
建物が建築基準法に適合しているかの確認を受ける。
また、建築主は工事完了後、4日以内に工事完了届を提出する義務がある。

3. 建築基準法の基本用語
①建築物
基本的に屋根があり、それを支える柱か壁があり、土地に定着しているものである（野球場、競技場などは例外）。
②特殊建築物
学校、体育館、病院、劇場、百貨店、展示場、共同住宅など。
③**居室**
居住、作業、娯楽などのために継続的に使用する部屋のこと。玄関、廊下、便所、浴室などは居室ではない。
④床面積
その区画の中心線（壁の中心線）で囲まれた部分の水平投影面積。
階段部分は、各階の床面積に含まれるが、吹抜け部分は含まれない。

⑤延べ面積

　　建築物の各階の床面積の合計。

4. 建築基準法による住宅の最低基準

　①天井高………2.1m以上。

　②床の高さ……直下の地面から45cm以上（床下を防湿処理した場合はこの限りではない）。

　③地階…………床面が地面下にあり、床面から地面までの高さが、天井高の1/3以上である階をいう。

　④換気孔………建物の除湿のため、床下には5m以下の間隔で、300cm²以上の換気孔を設ける。

5. 内装制限

　　建物の防火、防炎のために、壁および天井の内装材について制限を設定する。

　　2階建て以上の建物に調理室を設置する場合は、室内に面する部分の仕上げは不燃材、準不燃材、難燃材で仕上げる（最上階は制限外）。

　　・制限を受ける建物…………特殊建築物、一定規模以上の建築物。

　　・制限を受けないケース……主要構造部が耐火構造である住宅の調理室は内装制限を受けない。

　　・垂れ壁＝ダイニングキッチンのように火気使用部分とその他の部分が一体で作られた部屋は、天井から50cm以上下方に突き出した、不燃材料で作られた垂れ壁で、相互を区分することで、内装制限を受けない。

6. 採光に関する規定

　①居室の採光

　　住宅の居室は、その床面積に対して1/7以上の採光に有効な開口部が必要である。

　②天窓の採光

　　天窓（トップライト）は、その面積の3倍の採光に有効な面積を有するとみなす。

　③縁側のある場合の採光

　　開口部の外側に**90cm以上**の縁側がある場合には、開口部の面積の7/10の採光面積を有するとみなす。

　④開放できる室内の採光

　　ふすまや障子など、随時開放できる建具で仕切られた2室は1室とみなす。

7. 換気に関する規定

　①居室の換気

居室には、その床面積の**1／20以上**の換気に有効な開口部や換気設備を設けなければならない。

②機械換気の有効換気量

　機械換気の有効換気量は1人あたり**20m³/h**必要である。

③調理室など火を使用する部屋の換気

　給気口を天井高の1／2以下に、排気口を**天井**から80cm以内の高さに設ける。

　機械換気の有効換気量は1kw時あたり、約40m³/h必要である。

8. 階段に関する規定

　住宅の階段は、蹴上げ23cm以下、踏面15cm以上、有効幅員75cm以上。手すりを必ず設ける。

　階段幅については、手すりの出幅が**10cm**までの場合、手すりは**ないもの**とみなしてよい。

　階段に代わるスロープの勾配は1／8を超えないこと。

9. 道路と敷地に関する規定

　建築物の敷地は、道路に**2m**以上接しなければならない（この道路とは、幅員4m以上ある道のこと）。

　基準法制定以前に建てられた建物で、幅員4m未満の道に接し、敷地いっぱいに建てられている場合、建て替えの際などには、現行法にのっとるため、下がって建てる必要が出てくる。

　そのため、建て替え前の建築面積を確保できない場合が出ることもある。

10. 用途地域別の建築物に対する制限の規定

①容積率

　建築物の敷地面積に対する延べ面積の割合。床面積を制限する。

②建蔽率

　建築物の敷地面積に対する建築面積の割合。**建築面積**を制限する。

③斜線制限

　建築物の高さに対する制限。

　用途地域、前面道路からの斜線制限、隣地境界線からの斜線制限、北側境界線からの斜線制限などがある。

④防火地域、準防火地域

　都市計画法で定められた防火地域、準防火地域では、それぞれ規定に従って耐火構造、準耐火構造などで建築しなければならない。

10

インテリア関連法規

住宅品質確保促進法（品確法）

「品確法」という名前は耳にしますが、比較的新しい法律ですね？

Navigation

要点をつかめ！

学習アドバイス

ADVICE!

品確法は2000年（平成12年）4月1日に施行されました。
さらに最近では、2019年（令和元年）6月25日に改正・公布されました。

キーワードマップ

- 性能表示基準
- 瑕疵担保責任
- 住宅紛争処理機関

出題者の目線

●施行から20年、ようやく定着しつつあるように思いますが、時代とともに改定されています。現在、大切にされている法律の1つです。
出題される可能性は十分に大きいでしょう。

詳しく見てみよう

性能表示の内容、瑕疵担保責任の内容　　公式下巻p254～255

品確法の主な内容を見てみましょう。

1．品確法とは

住宅の性能表示の推進と消費者保護を目的とするもの。

住宅の性能…耐震性、防火性、耐久性、断熱性など。

2．性能表示基準

品確法では住宅の性能表示を制度化し、わかりやすいルールと第三者機関（住宅性能評価機関）による評価、検査を提言している。

①構造の安定（地震、台風に対する強度など）

②火災時の安全（避難の容易性、延焼の受けにくさなど）

③劣化の軽減（高耐久性など）

④維持管理への配慮

⑤温熱環境（断熱性など）

⑥空気環境（ホルムアルデヒド対策、換気の方法など）

⑦光視環境（開口部面積の大きさなど）

⑧高齢者等への配慮

⑨音環境（防音性能など）

⑩**防犯**（開口部の侵入防止対策）

3．瑕疵担保責任

1．住宅の構造耐力上主要な部分（基礎、土台、柱など）。

2．雨水の浸入を防止する部分（屋根、壁など）。

品確法では、以上2点について瑕疵担保責任（欠陥が発見された場合に業者が補修または弁償する義務）を**10年間**義務付けている（住宅の主要部分の10年保証の義務付け）。

4．住宅紛争処理機関

品確法では、長引くことの多い住宅の欠陥などに関する紛争の処理を、円滑・迅速に行うための住宅紛争処理機関を設けている。

性能評価を受けていない住宅の係争に関しても、住宅紛争処理支援センターが設けられている。

10

インテリア関連法規

3

消防法・都市計画法 ほか

いろんな法律があるのですね。

Navigation

要点をつかめ！

学習アドバイス

ADVICE!

住宅と世界遺産の基準は違うにせよ、沖縄県の首里城火災は記憶に新しく、火災の恐ろしさはいうまでもありません。

この火災をきっかけに、都市計画にのっとり、変わる街並みも出てくるかもしれません。

火災から大切な住宅を守るために必要ですので、しっかり押さえたい内容です。

キーワードマップ

- 消防法の主な規定
- 都市計画の計画区域
- その他の関連法規

出題者の目線

●実際の消防検査の中では、工事後（新築は特に）の検査が厳しいです。

消防法をしっかり守れるプランを作り、工事にあたりましょう。

消防検査が通らなければ、建物が建っていても使用することはできません。

詳しく見てみよう

市街化区域、用途地域

公式下巻 p252,244,255〜264

いろいろな法律が関係し合っています。そのあたりを見てみましょう。

1. 消防法とは

火災を予防、警戒、鎮圧し、国民の生命、身体および財産を火災から保護すると同時に、火災、地震等の災害による被害を軽減することを目的とした法律。

2. 消防法の主な規定

①防炎規定

防火対象物（商業施設、高層建築物、遊興施設など）について、使用するカーテン、カーペットなどは政令で規定する防炎性能のある**防炎対象物品**を使用するよう義務付ける。

②消防用設備等の設置

防火対象物は、消火設備、警報設備、避難設備（避難はしご、誘導灯など）等の設置が義務付けられている。

③住宅用火災警報機器の設置義務

2006年（平成18年）に施行された改正消防法により、すべての住宅に住宅用火災警報器の設置が義務付けられた。

新築住宅はもちろん、既存住宅も該当するが、既存住宅への取付けについては、自治体によって目標期日などが異なる。

④建築許可などについての消防同意

建築物の確認申請の際、その地域の消防署長の同意が必要である。

⑤共同住宅などで使用されるレンジフードの設置位置

レンジフード内部のグリスフィルターの下端は、火元から**80cm以上**離す。

3. 都市計画法とは

都市計画の内容や決定手続、その他の関連事項を定めた法律。

①都市計画区域

都市計画区域とは、都市として総合的に整備、開発、保全する必要がある区域のこと。

建築基準法の集団規定は、都市計画法で定められた都市計画区域内に適用される。

②市街化区域と市街化調整区域

　市街化区域はすでに市街化されている、もしくは10年以内に計画的に市街化される地域であり、一方、市街化調整区域は市街化を抑制される地域である。

③用途地域

　1992年(平成4年)に8分類から以下の12分類になった。

　第1種低層住居専用地域・第2種低層住居専用地域・

　第1種中高層住居専用地域・第2種中高層住居専用地域・

　第1種住居地域・第2種住居地域・準住居地域・近隣商業地域・

　商業地域・準工業地域・工業地域・工業専用地域

4. その他の関連法規

・省エネルギーの使用の合理化に関する法律

・高齢者、障害者等の移動等の円滑化の促進に関する法律

・長期優良住宅の普及の促進に関する法律

・耐震改修促進法

・廃棄物の処理及び清掃に関する法律＋建設リサイクル法

・建物の区分所有等に関する法律

・環境基本法

・景観法(景観緑三法)

・住生活基本法

・契約関連法規

・消費者保護法

・工業標準化法

・農林物資の規格化及び品質表示の適正化に関する法律

・製造物責任法

・家電リサイクル法

・消費生活用製品安全法

・家庭用品品質表示法

・電気用品安全法　　　など

得点アップ講義

\\POINT UP!//

いろいろな法律を知ることは大変なことです。せめて法律の名前くらいは覚えましょう。

問題を解いてみよう

下の問題に〇か×で解答しよう。

問1 防火地域および準防火地域以外での10m²以下の増築や改築では、建築確認申請は不要である。

問2 階段の面積はそれぞれの階の床面積に参入されるが、吹抜けも同様にそれぞれの階の床面積に参入される。

問3 天井の高さは、2.2m以上必要である。

問4 新築・既設住宅ともに、住宅用火災警報器を設置しなければならない。

問5 品確法の1つの特徴として、第三者に客観的に住宅の品質を測ってもらうことがある。

問6 家電リサイクル法の対象となる家電製品は、「エアコン」「ブラウン管テレビ」「冷蔵・冷凍庫」「洗濯機」「液晶テレビ・プラズマテレビ」「衣類乾燥機」である。

問7 JASマークとは、鉱工業製品に対するマークである。

答え合わせ

問1　正解：○

解説

建築基準法第6条の2にある。

問2　正解：×

解説

吹抜けは、床面積に含まれない。

問3　正解：×

解説

建築基準法施行令21条第1項で、天井の高さは2.1m以上となっている。

問4　正解：○

解説

設置は、義務になっている。

問5　正解：○

解説

住宅性能評価のことである。

問6　正解：○

解説

2009年4月から「液晶テレビ・プラズマテレビ」「衣類乾燥機」が増えた。

問7　正解：×

解説

JASマークは、農林水産物とその加工品ならびに飲食品および油脂に関連するマークである。

模擬問題

1次

（制限時間160分）

問題を解いてみよう

問1 住宅の変遷とインテリアに関する次の記述の（　）部分に、下に記した語群の中から最も適当なものを選び、解答欄の番号をマークしなさい。

住宅は、その時代により、社会環境や生活文化を背景に様々変化してきた。

高度成長期以前は、大工の棟梁がすべてを仕切っていた。

そこから、全国どこにでも提供できるしくみが生まれた。

これは、組織（営業、設計、生産、施工）で対応するものである。

これを（　ア　）という。

住宅の大量供給期と産業化時期が重なって生まれたのが、工業化住宅で、

（ア）が得意とし、別名（　イ　）とも呼ばれる。

洋風建築も多く取り入れられるようになり、（　ウ　）の部屋が少なくなっていき、ゆか座式から（　エ　）式に変わっていった。

【アの語群】

1．ゼネコン　　2．ハウスメーカー　　3．ディーラー

【イの語群】

1．プレハブ住宅　　2．簡易住宅　　3．公団

【ウの語群】

1．ちゃぶ台　　2．囲炉裏　　3．畳

【エの語群】

1．かべ座　　2．和風座　　3．いす座

問2 インテリアコーディネーターの仕事とは何か、次のア～エの記述のうち、不適当なものを2つ選んで、解答欄の記号にマークしなさい。

ア．インテリアコーディネーターの仕事は、インテリアコーディネーションをし、室内を美しくコーディネートするだけである。

イ．プロのインテリアコーディネーターとして、お客さまと打合せをするが、相手はプロではないので、こちらの意見を押し通すことで、結果として美しい部屋を提供することが可能となり、お客さまからクレームが出ることはなくなる。

ウ．インテリアコーディネーターは、見た目の美しさだけでなく、機能性、動線などにも気をくばり、コーディネートする必要がある。

エ．インテリアコーディネーターの仕事の最終目的は、お客さまの希望に沿った、人々が暮らす生活の場をともに考え、作り上げていくことである。

問3 次の記述の（　）部分に、下に記した語群の中から最も適切なものを選んで、解答欄の番号にマークしなさい。

　京都にある桂離宮は、1620年に建設がすすめられた（　ア　）である。桂離宮の内部は、シンプルであるが大胆な（　イ　）の襖や、凝った造りの違い棚など見事な空間となっている。

　同じ京都には、「キレイサビ」と呼ばれている（　ウ　）もある。

　1930年代には、ル・コルビュジエに師事した（　エ　）や板倉準三らといった建築家が台頭してきます。

【アの語群】
1．寝殿造り　　2．数寄屋造り　　3．書院造り
【イの語群】
1．青海波模様　　2．ハアザミ模様　　3．市松模様
【ウの語群】
1．鹿苑寺（金閣寺）　　2．平等院鳳凰堂　　3．西本願寺飛雲閣
【エの語群】
1．イサム・ノグチ　　2．河井寛次郎　　3．前川国男

問4 ルネサンス文化に関する次の記述の（　）の部分に、下に記した語群の中から最も適当なものを選んで、解答欄の番号にマークしなさい。

　「ルネサンス」とは、フランス語からとったもので「復活」や「（　ア　）」を意味します。

　では、何が復活で（　ア　）なのでしょう？

　それは、教会の権威や神中心の非人道的な（　イ　）を否定すること、そして古代ギリシャやローマの古典文化を理想として復活させると同時に、新しい文化を創造するということである。

　ルネサンスの始まりは14世紀の北（　ウ　）のトスカーナ地方で、そこからフィレンツェに伝わり各地へも広まっていった。

家具では、カッソネと呼ばれるチェストや（　エ　）と呼ばれる長椅子などが装飾用に置かれた。
　ダンテの愛用した椅子であるダンテスカなどもある。

【アの語群】
1．愛　　　2．再生　　3．神
【イの語群】
1．古代　　2．現代　　3．中世
【ウの語群】
1．イタリア　　2．フランス　　3．イギリス
【エの語群】
1．カンツォーネ　　2．カクトワール　　3．カッサパンカ

問5　作業用の椅子と机に関する次の記述の（　　）に、下に記した語群の中から適当なものを選んで、解答欄の番号にマークしなさい。

　椅子の高さは、下腿高 －（　ア　）cmが適当といわれ、それはおよそ身長の1/（　イ　）にあたる。
　机は、椅子の高さ ＋（　ウ　）が適しているといわれている。
　そのためJISでは、机の高さは、男性用が（　エ　）cm、女性用が67cmと定められている。

【アの語群】
1．1　　2．2　　3．3
【イの語群】
1．3　　2．4　　3．5
【ウの語群】
1．座位基準点　　2．20cm　　3．差尺
【エの語群】
1．80　　2．75　　3．70

問6　キッチンの作業に関する次の記述の（　　）部分に、下に記した語群の中から適当なものを選んで、解答欄の番号にマークしなさい。

キッチンで作業性がよいとされているのは、シンクとコンロと（　ア　）の距離を足して、その総合の長さが360～（　イ　）cm程度がよいといわれている。

　それは（　ウ　）型キッチンでもL型キッチンでも、アイランドキッチンでもU字型キッチンでも同じである。

　キッチンの収納を増やしたいので、吊戸棚を付けたが、この吊戸棚のことをほかの言葉では、（　エ　）と呼ぶ。

【アの語群】
1．電子レンジ　　2．米びつ　　3．冷蔵庫
【イの語群.】
1．660　　2．700　　3．550
【ウの語群.】
1．A　　2．E　　3．I
【エの語群】
1．フロアキャビネット
2．ウォールキャビネット
3．トールキャビネット

問7　色彩に関する次の記述の（　　）部分に、それぞれの語群の中から最も適当なものを選んで、解答欄の番号にマークしなさい。

1．色の3属性といわれるが、それは、色の鮮やかさの度合いを示す彩度、色の明るさを示す明度、そして、色合いの違いを示す（　ア　）の3つである。

　　【語群】1．色　　2．色相　　3．色差

2．明度は、白色になるにしたがって数字は大きくなる。
　　0から10まで11段階あるが、実際には、用いられる顔料などから完全な黒、完全な（　イ　）は存在しない。

　　【語群】1．赤　　2．黄色　　3．白

3．色の混色で、絵の具のような場合と、光の場合ではまったく違った結果になる。

光では、レッド（R）、グリーン（G）、ブルー（B）を足していくとホワイト（W）となる。
赤紫（マゼンタ）、黄色（イエロー）、（　ウ　）を足すと（　エ　）になる。

【ウの語群】1．青紫　　2．青緑　　3．黄緑

【エの語群】1．グレー　　2．ベージュ　　3．ブラック

問8 マンションリフォームに関する次の1〜5の記述のうち、最も不適当なものを2つ選んで、解答欄の番号にマークしなさい（1行に2つの番号をマークしないこと）。

1．マンションの玄関であるエントランスは、自分の持ち分（権利）も多少はあるので、自分の好みに合わせて勝手にリフォームをすることができる。

2．キッチンの場所を今ある北側から南側へ、条件付きだがリフォームすることが可能である。

3．マンションの老朽化が進んで、コンクリートの壁が爆裂している部分もあり危険なため、建て替えの提案を出した。
管理組合の総会において、多数決で3/5の賛成を得ることができた。
その結果を受けて、建て替えが決定した。

4．ある日、水道が故障して、水が止まらなくなってしまった。
そこで、玄関ドアの横にあるPSの中にある水道の元栓を閉めて止めた。

5．浴室が古くなってきたので、ユニットバスを入れ替える工事をした。

問9 高齢者配慮に関する次の記述の（　　）部分に、それぞれの語群の中から最も適当なものを選んで、解答欄の番号にマークしなさい。

1．高齢者の特徴として、聴覚機能、視覚機能、（　ア　）機能、触覚機能、基礎体力のそれぞれの低下が、個人差はあれど加齢とともに起こり得る。

【語群】1．嗅覚　　2．味覚　　3．接触

2．高齢者は、パステル調などの淡い色を見分けたり、明るさを判別したりすることが難しくなるので、階段からの転落を防ぐために、（　イ　）の見分けがつきやすいようにする。

【語群】1．壁　　2．手すり　　3．段鼻

3．高齢者は、聴覚機能が低下するので、緊急警報音、ドアチャイム、電話の呼び出し音などが聞こえにくくなる。その対策として、（　ウ　）などは有効である。

【語群】1．機器の撤去　　2．点滅ランプ　　3．気密性を高める

4．高齢者の寝室は、布団よりもベッドの方が適しているが、冬期には、電気毛布などの（　エ　）に気を配る必要がある。

【語群】1．とこずれ　　2．毛の長さ　　3．低温やけど

問10　家具に関する次の記述の（　　）部分に、それぞれの語群の中から最も適当なものを選んで、解答欄の番号にマークしなさい。

1．ベッドのマットレスには、ウォーターマットレスやウレタンフォームマットレスなどがあるので、自分にとってちょうどよい硬さのものを選ぶとよい。硬すぎると、体圧を感じやすく、寝心地が悪くなり、柔らかすぎると（　ア　）が曲がり、寝返りが多くなるからである。

【語群】1．腰　　2．首　　3．背骨

2．リビングテーブルを選ぶときの目安として、1人用ヒジ付き椅子の場合の幅は、ヒジナシ椅子の場合の幅と比べて（　イ　）cmほど広いものがよい。

【語群】1．15　　2．5　　3．20

3．小さな面積のデスク機能と書物などを収納する機能の両方がそなわっ
ている机のことを（　ウ　）という。

【語群】
1．スローダウンステー
2．フリーデスク
3．ライティングビューロー

4．伸縮テーブルは、テーブル面の伸縮の方法から2タイプに分かれる。
1つは（　エ　）であり、もう1つは折りたたみ式である。

【語群】
1．エクステンションテーブル
2．フォールディングテーブル
3．ネストテーブル

問11 ウインドートリートメントに関する次の記述の（　）部分に、それぞれの
語群の中から最も適当なものを選んで、解答欄の番号にマークしなさい。

1．カーテンのプリーツには、ボックスプリーツ、三つ山ひだ、シャーリ
ングなどがあるが、必要幅が間口の2倍とされているのは、（　ア　）
と二つ山ひだである。

【語群】1．はこひだ　　2．片ひだ　　3．ギャザーひだ

2．カーテンレールの素材は今や多種多様であるが、カーテンをダブルで
吊るす場合、カーテンの機能的側面から、寒さを防ぐために（　イ　）
を取り付けることは有効である。

【語群】
1．バランステープ　　2．ジョイントレール　　3．リターン金具

3．バルーン、オーストリアン、ムースといえば、（　ウ　）のスタイルの
ことである。

【語群】
　　1．プリーツスクリーン
　　2．ローマンシェード
　　3．ベネシャンブラインド

4．窓にカーテンレールを取り付ける場合は、窓の幅より両サイドに各
　（　エ　）mmずつ広く取り付ける。

【語群】1．5　　　　2．100　　　　3．50

問12　カーペットに関する次の記述の（　　）部分に、それぞれの語群の中から最
も適当なものを選んで、解答欄の番号にマークしなさい。

1．カーペットは、表面のパイルの形状によって見え方、感触が変わる。
　　その中でも、（　ア　）は、ループ状のパイルに高低差があり、立体的
　　な表情が生まれる。

【語群】
　　1．マルチレベルループ
　　2．カット＆ループタイプ
　　3．ハイ＆ローループ

2．カーペットの素材のうち、天然繊維としてはシルクやウールなどが代
　　表的である。そのほか、化学繊維のレーヨンやアクリル、ポリエステ
　　ルなどが使われている。
　　その中でも、柔らかい風合いと保湿性、弾性があり、ウールに似た性
　　質を持っている（　イ　）は、堅牢度も優れている。

【語群】1．ポリエステル　　　2．ナイロン　　　3．アクリル

3．カーペットの施工の方法には、置き敷き、全面接着のほかに、アンダー
　　レイを敷く方法の（　ウ　）工法がある。

【語群】1．ピース敷き　　　2．中敷き　　　3．グリッパー

4．現在、フローリングの人気に押され気味のカーペットであるが、カーペットの長所を挙げると、フローリングよりも暖かく、転倒時の（　エ　）があり、施工性がよい。

【語群】 1．クッション性　　2．摩擦性　　3．危険性

問13 和室の造作部品・部材に関する次のア〜エの用語に対して、それぞれの下に記した語群の中から、最も関係のないものを選んで、解答欄の記号にマークしなさい。

ア．床柱
【語群】 1．磨き丸太と絞り丸太　　2．面皮　　3．通し柱

イ．雑巾ずり
【語群】 1．敷居と鴨居　　2．押入れ　　3．塗り壁と縁甲板

ウ．茶室
【語群】 1．にじり口　　2．水屋　　3．箱庭

エ．障子
【語群】 1．雪見障子　　2．雲華紙　　3．こうぞ

問14 カーテンの採寸に関する次の記述の（　）部分に、下に記した語群の中から適当なものを選んで、解答欄の番号にマークしなさい。

　　カーテンの仕上がり幅は、縮みやすい生地の場合、カーテンレールの幅に（　ア　）％程度の余裕を持たせる。
　　カーテンの仕上がり長さは、掃き出し窓の場合は、床から（　イ　）cm裾をあげる。
　　二重掛けの場合は、室内側ではなく、外側にかかるカーテンを室内側のカーテンよりも（　ウ　）cm短くする。
　　また、腰窓の場合は、家具の配置などに支障がなければ、窓枠から（　エ　）cm長く仕上がるようにするとバランスがよい。

【アの語群】
1. 3〜5　　2. 1〜2　　3. 7〜10
【イの語群.
1. 3〜5　　2. 1〜2　　3. 7〜10
【ウの語群】
1. 3　　2. 1　　3. 5
【エの語群】
1. 5〜10　　2. 3〜5　　3. 15〜20

問15　安全に関する次の記述の（　　）部分に、それぞれの語群の中から最も適当なものを選んで、解答欄の番号にマークしなさい。

　　非常災害としては、地震などの自然災害や、火災などの災害がある。
　　日常災害としては、墜落、転落、転倒などがある。
　　特にベランダからの幼児の墜落防止のため、手すり子の間隔は（　ア　）cm以下にして、幼児の（　イ　）が入らないようにする。
　　また、手すりの高さは、（　ウ　）cm以上とする必要がある。
　　しかし、それらを守っていても注意すべきは、例えば、近くに（　エ　）を置かないようにすることである。

【アの語群】
1. 18　　2. 15　　3. 11
【イの語群】
1. 足　　2. 頭　　3. 肩
【ウの語群】
1. 50　　2. 100　　3. 110
【エの語群】
1. 箱　　2. ハサミ　　3. ロープ

問16 シックハウス症候群に関する次の記述の（　）部分に、それぞれの語群の中から最も適当なものを選んで、解答欄の番号にマークしなさい。

1．シックハウスとは、シック＝病気、ハウス＝家で、「病気の家」という意味であるが、それが学校だと「シックスクール」、事務所ビルだと「シックビル」といい、その初期症状は、よく（　ア　）と間違われる。

【語群】　1．おたふくかぜ　　　2．インフルエンザ　　　3．花粉症

2．シックハウス症候群にかからないために、建材としては（　イ　）を使うようにするが、それだけでは、完全に安心できるものではない。

【語群】
1．F☆☆☆☆　　　2．新建材　　　3．不燃材料　　　4．防火材料

3．シックハウス症候群は、空気が汚染されることで引き起こされるが、その物質は、ホルムアルデヒド、（　ウ　）、キシレンなどの揮発性有機化合物である。

【語群】　1．アルコール　　　2．トルエン　　　3．電磁波

4．シックハウス症候群の特徴として、原因物質から遠ざかったり、除去したりすると症状は消える。
そのため、家に原因があるなら、外に出ると症状がおさまる。
明日は我が身、誰にでも起こりうる病気の1つである。
特徴的な症状としては、頭痛、（　エ　）、倦怠感、アレルギー症状などがある。

【語群】　1．目がショボショボする　　　2．歯痛　　　3．打撲痛

問17 家具の材料に関する次の記述の（　）部分に、それぞれの語群の中から最も適当なものを選んで解答欄の番号にマークしなさい。

1．木材の単板を繊維方向を揃えて集積し、接着剤で貼り合わせた材料を（　ア　）という。

【語群】 1．LVL　　2．ベニヤ　　3．集成材

2．耐食性に優れ、丈夫で美しい樹脂素材は、熱可塑性樹脂と（　イ　）に大別される。
熱可塑性樹脂には、ポリエチレン樹脂、ポリプロピレン、塩化ビニル樹脂、ポーリカーボネイト樹脂などがある。
（　イ　）には、フェノール樹脂、メラミン樹脂、ポリウレタン樹脂などがある。

【語群】 1．水和性樹脂　　2．熱硬化性樹脂　　3．溶剤性樹脂

3．家具丁番の中で、表に見えない丁番としては、隠し丁番と、キャビネットや収納棚に多く使われている（　ウ　）がある。

【語群】 1．平丁番　　2．スライド丁番　　3．ギボシ丁番

4．家具塗装については、塗膜を作る仕上げと、塗膜を作らない仕上げとがある。
塗膜を作らない仕上げというのは、無垢材に用いられるもので、ソープフィニッシュやワックス、木肌に染み込ませたオイルによる（　エ　）がある。

【語群】
　1．エマルションペイント　　2．ウレタン塗料
　3．オイルフィニッシュ

問18　日本の住宅の変遷に関する次の1〜5の記述のうち、最も不適当なものを2つ選んで、解答欄の番号にマークしなさい（1行に2つの番号をマークしないこと）。

1．日本の伝統的な住宅は、明治時代になるまで、すべて木造構造であった。

2．平安時代のころまで、畳は、今のように常に敷きこまれているのではなく、必要なときに必要な場所に置かれていた。
敷きこまれるようになったのは、書院造りが登場したころからである。

3．明治時代になると、洋風建築物も建築されるようになり、さらに、鉄筋コンクリート構造も普及していった。
そのため、戦後すぐの1945年（昭和20年）に建築基準法が制定された。

4．日本最古の木造建築物は法隆寺であるが、日本だけでなく、世界最古でもある。

5．木構造以外に、構造体の種類としては、鉄骨構造、鉄筋鉄骨構造、鉄筋コンクリート構造、補強コンクリートブロック構造がある。

問19 木材に関する次の記述の（　　）部分に、それぞれの語群の中から最も適当なものを選んで、解答欄の番号にマークしなさい。

　　板目材で、樹皮側を（　ア　）といい、心材の側を（　イ　）という。
　　また、根っこ側を（　ウ　）、梢に近い方を（　エ　）といい、（　ア　）は（　エ　）から（　ウ　）にかんなをかける。
　　乾燥すると（　ア　）側に反るので、床板や内壁板の仕上げ面は、（　ア　）が表面側に使われる。

【ア・イの語群】1．木表　　2．木裏　　3．小口
【ウ・エの語群】1．末口　　2．元口　　3．繊維口

問20 インテリア雑貨、小物に関する次の記述の（　　）部分に、それぞれの語群の中から最も適当なものを選んで、解答欄の番号にマークしなさい。

1．インテリア小物は、空間作りの最終仕上げ用として大きな役割を持つ。
住まい手の好みにも大きく左右されるが、小物は、心をなごませたり（　ア　）を演出したりするものである。

　　【語群】1．眠気　　2．くつろぎ　　3．パッション

2．小物の種類としては、壁にかける絵画、タペストリー、写真などがあるほか、観葉植物をあしらったりする。
そのため、あらかじめ壁の装飾用に（　イ　）を取り付けておくと便利である。

【語群】
1．ピクチャーレール　　2．フラットレール
3．アンカーボルト

3．観葉植物を選ぶときは、室内でも成長すること、（　ウ　）しないこと、病害虫がつきにくいこと、ニオイがきつすぎないことなどに注意が必要である。

【語群】1．落葉　　2．根腐れ　　3．水やり

4．鉢を素材で分けると、素焼きやプラスチック鉢、テラコッタ、陶器などがある。
サイズの種類もたくさんあるが、直径を号で表し、（　エ　）cm単位で、深さは、標準鉢では直径と同じ寸法になっている。
直径9cmは（　エ　）号である。

【語群】1．2　　2．3　　3．4

問21　鉄骨構造の特徴に関する次の記述の（　　）部分に、それぞれの語群の中から最も適当なものを選んで、解答欄の番号にマークしなさい。

・鉄筋コンクリートに比べて軽量である。
・弾性があるので、大スパン建築や（　ア　）建築に適している。
・不燃材料であるが、（　イ　）℃以上になると強度が半減する。
　そのため、耐火対策が必要である。
・鉄骨は工場で作られ、加工されるので、（　ウ　）が高い。
・錆びるので（　エ　）が必要である。

【アの語群】1．中規模　　2．超高層　　3．3階建て
【イの語群】1．350　　2．500　　3．750
【ウの語群】1．寸法のアバレ　　2．耐熱性　　3．信頼性
【エの語群】1．防錆処理　　2．防塵処理　　3．防滴処理

問22　鉄筋コンクリート構造の特徴に関する次の記述の（　）部分に、それぞれの語群の中から最も適当なものを選んで、解答欄の番号にマークしなさい。

・強度的には、コンクリートが圧縮強度を、鉄筋が引っ張り強度を負担する。
・コンクリートは、（　ア　）であるので、中に挟まれている鉄筋を錆びにくくさせることができる。
・高層の建物も建築できる。
・断熱性に欠けるので、断熱処理が必要である。
・壁式構造と（　イ　）に分かれる。
・壁式構造では、（　ウ　）階以下、軒高20ｍ以下、階高3.5ｍ以下と決められている。
・（　イ　）は、鉄筋も構造的につながるように作られていて、（　エ　）となる。

【アの語群】1．アルカリ性　　2．酸性　　3．中性
【イの語群】
1．ヌードル構造　　2．ラーメン構造　　3．タワー構造
【ウの語群】1．5　　2．6　　3．7
【エの語群】1．軟接合　　2．硬接合　　3．剛接合

問23　コンクリートに関する次の記述の（　）部分に、それぞれの語群の中から最も適当なものを選んで、解答欄の番号にマークしなさい。

1．コンクリートは、
　　セメント＋水＝（　ア　）
　　（　ア　）＋砂（細骨材）＋水＝モルタル
　　（　ア　）＋砂（細骨材）＋砂利（粗骨材）＋水＝コンクリート
　　で構成される。

【語群】
　　1．セメントペースト　　2．クリーム　　3．プレコンクリート

2．工場で製品化したコンクリート建築部材のことを（　イ　）という。

【語群】
　　1．エココンクリート
　　2．プレコンクリート
　　3．プレキャストコンクリート

3．オートクレーブ養生した軽量気泡コンクリートのことを（　ウ　）という。

【語群】1．ALC　　2．WBC　　3．PB

4．鉄筋には、丸鋼と（　エ　）がある。
　　（　エ　）になっているのは、できるだけコンクリートの付着面積を増やすためである。

【語群】1．矩形鉄筋　　2．楕円鉄筋　　3．異形鉄筋

問24　石膏ボードに関する次の記述の（　　）部分に、それぞれの語群の中から最も適当なものを選んで、解答欄の番号にマークしなさい。

　　石膏ボードを用いて塗装仕上げを行うとき、ボードの接ぎ目を一体にするボードとしては、テーパーボードまたは（　ア　）ボードのどちらかを用いる。
　　テーパーボードの方が角度がなだらかであるため、パテがしやすく、一体になりやすい。
　　どちらのボードも、パテ、寒冷紗で目地を処理することに変わりはない。
　　石膏ボードの大きさは、910×1820×厚12.5と厚9.5があり、天井には厚み（　イ　）を使うことが多い。
　　石膏ボードの規格は、（　ウ　）によって定められている。
　　石膏ボードは、（　エ　）性能が高い材料であるが、それは、主剤である焼石膏が多量の結晶水を持つことによる。

【アの語群】1．R　　2．V　　3．A
【イの語群】1．9.5mm　　2．12.5mm　　3．特注
【ウの語群】1．JIS　　2．JAS　　3．ISO
【エの語群】1．耐水　　2．不燃　　3．耐火

問25 建具に関する次の記述の（　）部分に、それぞれの語群の中から最も適当なものを選んで、解答欄の番号にマークしなさい。

　　片開き扉は、大型の家具が入らない場合があるため、玄関は（　ア　）扉の方が望ましい。
　　内倒し窓には、網戸が（　イ　）に付くことになる。
　　シーベキップとは、引き窓と（　ウ　）が一緒になった窓のこと。
　　浴室などに使うジャロジー窓と呼ばれている窓は、（　エ　）のことである。

【アの語群】1．親子　　2．折れ戸　　3．自動
【イの語群】1．室内側　　2．室外側　　3．金具
【ウの語群】1．内倒し　　2．開き　　3．外倒し
【エの語群】1．ガラスルーバー窓　　2．ロールスクリーン付き窓
　　　　　　　3．水に強い窓

問26 錠前に関する1〜5の記述のうち、最も不適当なものを2つ選んで解答欄の番号にマークしなさい（1行に2つの番号をマークしないこと）。

　1．鍵の面付け型本締まり錠は、後付け加工のときにも有効である。

　2．ノブよりもレバーハンドルの方が、高齢者にもそのほかの家族にも使いやすい。これをリバーシブルデザインという。

　3．玄関扉は、消防法上、常時開放することのない仕様としなければならない。そのため、ドアの上にドアクローザーを取り付けて、常に閉まるようにする。

　4．扉の鍵交換をする場合で、同じタイプの鍵に交換するのであれば、シリンダーを取り換えるだけでよい。

5．トイレや洗面所の扉は本締錠にするのが一般的である。

問27 木構造に関する次の記述の（　　）部分に、それぞれの語群の中から最も適当なものを選んで、解答欄の番号にマークしなさい。

1．木構造には、在来軸組工法と（　ア　）工法がある。

【語群ア】1．木造組積　　2．枠組壁　　3．基礎組

2．在来軸組工法の特徴として、地震の強度を保つために、壁面に斜め材を入れることがあるが、それを（　イ　）という。

【語群イ】1．火打ち材　　2．通し柱　　3．筋交い

3．基礎にもいくつかの方法があり、昔は束基礎が多かったが、現在は（　ウ　）と（　エ　）のどちらかである。
最近の注文住宅は（　エ　）が多いが、コスト削減が必要であったり、地耐力が大きい土地であれば、（　ウ　）でも構わない。

【語群ウ・エ】1．布基礎　　2．独立基礎　　3．べた基礎

問28 木造の屋根に関する次の記述の（　　）部分に、それぞれの語群の中から最も適当なものを選んで、解答欄の番号にマークしなさい。

　木造建物の屋根には勾配屋根が多く、切妻、寄棟、方形、入り母屋、片流れなどがある。その構造には（　ア　）と洋小屋がある。
　洋小屋は、小断面材で大スパンを覆うことが可能である。
　屋根の仕上げ材は、昔ながらの（　イ　）もあるが重いため、現在は軽い（　ウ　）鋼鈑が好まれている。
　仕上げ材によって、屋根の勾配が決まる。
　木造屋根でも、マンションのような（　エ　）も可能であるが、ほとんど見かけることはない。

【アの語群】1．和小屋　　2．折衷小屋　　3．伝統小屋
【イの語群】1．レンガ　　2．瓦　　3．石
【ウの語群】1．セメント　　2．ガルバニウム　　3．平板
【エの語群】1．笠木　　2．陸屋根　　3．山屋根

問29 構造に関する次の記述の（　　）部分に、それぞれの語群の中から最も適当なものを選んで、解答欄の番号にマークしなさい。

　　鉄筋は、丸鋼のほかにリブ付きの異形鉄筋がある。異形鉄筋の目的は、コンクリートの付樹面積を増やすためである。
　　鉄筋を組んだのち、コンクリートを流し込んで配筋を固定するが、そのときに大切なことは、（　ア　）と（　イ　）と定着長さである。
　　コンクリートを流しても、鉄筋と鉄筋の間隔すなわち（　ア　）を定められた距離に保つ必要がある。
　　また、コンクリートを流すときに、コンクリートの厚みが予定通り確保されるように（　ウ　）をセットする。
　　かつては（　エ　）構造が高層住宅の主流であった。

【ア・イの語群】1．あき　　2．高さ　　3．かぶり厚さ
【ウの語群】1．スペーサー　　2．くさび　　3．セパレータ
【エの語群】1．木造　　2．ブロックコンクリート
　　　　　　　3．鉄骨鉄筋コンクリート

問30 断熱材に関する次の記述の（　　）部分に、それぞれの語群の中から最も適当なものを選んで、解答欄の番号にマークしなさい。

　　断熱材は、建物内部の環境を整えるために重要な役割を持つが、省エネの面でも効果的である。
　　断熱材の代表的なものは、（　ア　）やグラスウール、インシュレーションボード、（　イ　）、現場発泡ウレタンなどである。グラスウールの熱伝導率は木材の約1／（　ウ　）、また、コンクリートの約1／30であるが、一番の断熱材はほかでもない、（　エ　）である。

【アの語群】 1．ロックウール　　2．石綿　　3．畳

【イの語群】 1．木材　　2．ポリスチレンフォーム　　3．石膏ボード

【ウの語群】 1．3　　2．5　　3．2

【エの語群】 1．水　　2．アルミニウム　　3．空気

問31 塗装に関する次の記述の（　　）部分に、それぞれの語群の中から最も適当なものを選んで、解答欄の記号にマークしなさい。

1．リフォームで、室内の窓枠（木製）の塗装を既存の色と同じホワイト系で塗り直そうとしている。
この場合の塗料は、（　ア　）を選んだ。

【語群】
1．オイルステイン　　2．合成樹脂エマルションペイント2種（EP）
3．油性塗料

2．新築で壁を塗装で仕上げる場合、プラスターボードとしては（　イ　）ボードを使った方が、ジョイントテープを入れたあと、パテを数回入れることができ、割れにくい壁ができる。その上を塗装で仕上げる。

【語群】 1．Vボード　　2．Pボード　　3．テーパーボード

3．塗料を選択する場合、特に室内ではニオイの少ないものを選びたいところだが、室内の天井で、下地がプラスターボードの上に塗る場合は、（　ウ　）がよい。

【語群】
1．オイルペイント　　2．合成樹脂エマルションペイント2種（EP）
3．ウレタンワニス

4．塗料を希釈するとき、水性と溶剤系のどちらかに大きく分かれるが、溶剤系の中でも比較的弱い溶剤は（　エ　）である。

【語群】 1．塗料用シンナー　　2．ラッカーシンナー　　3．トルエン

問32 壁紙に関する次の記述の（　）部分に、下に記した語群の中から最も適当なものを選んで、解答欄の番号にマークしなさい。

1. 壁紙の種類は大きく分けるとビニル壁紙、（　ア　）壁紙、紙壁紙、木質系壁紙、無機質系壁紙、その他の6つである。

   【語群】1. 織物　　2. 石　　3. タイル

2. 壁紙に機能性を持たせたものとして、例えば防汚加工、（　イ　）、防露加工、防臭加工、防塵加工などがある。

   【語群】1. 防錆加工　　2. 防湿加工　　3. 防カビ加工

3. 壁紙の積算をするとき、無地柄の場合、施工面積の（　ウ　）％のロスを見込んだ数量で出す。大きな柄でリピートのある場合は、そのリピートに合わせてロスを見る必要がある。日本製のクロスは比較的柄が小さいものが多く、輸入クロスは大柄のものが多い傾向がある。

   【語群】1. 5〜10%　　2. 20〜25%　　3. 10〜15%

4. 壁の仕上げで一番多いのが壁紙であるが、その理由としては、真壁が減り、大壁が増えたことが大きい。さらに、工期短縮、簡単施工、安価で仕上げられるといった理由もある。今ではビニル壁紙が多いが、昔は（　エ　）が多かった。

   【語群】1. 無機質壁紙　　2. 紙壁紙　　3. シルクスクリーン壁紙

問33 床の仕上げ材に関する次の記述の（　）部分に、下に記した語群の中から最も適当なものを選んで、解答欄の番号にマークしなさい。

　　床に求められる性能と材質は多様で、適材適所で考える必要がある。

　　例えば、性能を考えると耐摩耗性や耐衝撃性、高齢化が進む中においては（　ア　）、またマンションなどの床では下階から最も求められる（　イ　）等がある。

　　それらを十分に把握したうえで、仕上げ材を考える。

最近では畳の部屋がどんどん減り、（　ウ　）も減る傾向にあり、（　エ　）が人気である。その他、水回りではクッションフロアも多用されている。

【語群】
1．断熱性　　　2．遮音性　　　3．防滑性　　　4．フローリング
5．上敷き　　　6．カーペット　　　7．畳　　　8．タイルカーペット
9．ホットカーペット

問34 インテリアコーディネーターに関する次の記述の（　　）部分に、下に記した語群の中から最も適当なものを選んで、解答欄の番号にマークしなさい。

1．インテリアコーディネーターは、住む人の好みだけではなく、住む人の（　ア　）にかかわることにも配慮し、プランを考えたい。

【語群】1．仕事　　　2．健康　　　3．新築取得　　　4．通勤時間

2．色彩が人に与える影響は大きい、といわれている。
例えば、トイレに（　イ　）系を使うことで、冬の寒さを低減することが可能である。

【語群】1．寒色　　　2．暖色　　　3．中間色　　　4．ビビッド色

3．20〜40代の女性で多く発生しているとされる片頭痛において、室内の照度や（　ウ　）、器具の取付け位置などを変えることで、その症状が緩和するという研究が進められている。

【語群】1．スイッチ位置　　　2．演色性　　　3．色温度
　　　　4．器具の大きさ

4．睡眠の質についても、インテリアコーディネーターとして考えたいところである。天井・壁の（　エ　）、照明、室温、空気、寝具、床の足ざわりなど、寝室の環境が大きく影響することを考慮し、そのバランスをとることが重要である。

【語群】1．広さ　　　2．色　　　3．におい　　　4．価格

問35 ガラス窓の熱の通しやすさに関する次の記述の（　　）部分に、下に記した語群の中から最も適当なものを選んで、解答欄の番号にマークしなさい。

一重ガラスの内部から外部に出ていく熱の数値を「10」とするとき、室内にカーテンを吊るすとその数値は「7」になる。これは（　ア　）と同じ数値である。

また、雨戸をすると、「（　イ　）」になり、（　ウ　）にすると「6」になり、「5.5」の二重ガラスの方が少し優位であることがわかる。

ガラスだけではなく（　エ　）の素材も大きくかかわってくる。

【アの語群】　1．ロールスクリーン　　　2．ブラインド
　　　　　　　3．フィルムシート

【イの語群】　1．4　　　2．5　　　3．6

【ウの語群】　1．二重サッシ　　　2．クレセント　　　3．網戸

【エの語群】　1．外壁　　　2．室内壁　　　3．窓枠

問36 室内の空気汚染に関する次の記述の（　　）部分に、下に記した語群の中から最も適当なものを選んで、解答欄の番号にマークしなさい。

シックハウス対策として平成15年から基準ができた。

防蟻材として使用されていた（　ア　）の使用禁止と（　イ　）の発散速度の制限が施行された。

また、内装仕上げの制限、換気回数のルールが決められた。

そのことにより、建材には（　ウ　）を付け、また、（　エ　）を設置することになった。

【アの語群】　1．クロルピリホス　　　2．トルエン　　　3．キシレン

【イの語群】　1．ホルムアルデヒド　　　2．ベンゼン　　　3．エチレン

【ウの語群】　1．Fマーク　　　　　　2．JISマーク　　　3．JASマーク

【エの語群】　1．局所換気システム　　　2．24時間換気システム
　　　　　　　3．手動換気システム

問37 住宅の給水設備に関する次の記述の（　）部分に、下に記した語群の中から最も適当なものを選んで、解答欄の番号にマークしなさい。

1. 私たちの生活になくてはならない飲料水であるが、常に衛生上無害、無味無臭、（　ア　）が望ましい。水質基準は、「水質基準に関する省令」で決まっている。

   【語群】1．無機無色　　2．無薬透明　　3．無色透明

2. 飲料用の配管とその他の配管系統が混ざり、汚染水が混入してしまうことを（　イ　）という。

   【語群】
   1．クロスパイプ　　2．クロスコネクション
   3．ハンマーコネクション

3. 給水方式には、直結給水方式と貯水槽水道方式がある。
   貯水槽水道方式には、（　ウ　）方式、ポンプ圧方式がある。

   【語群】
   1．高置水槽　　2．高架貯水槽　　3．タンクレス

4. 水道配管の経年劣化による影響が出てきたら、撤去・交換のほかに、修理して延命する方法がある。その代表的なものに、（　エ　）がある。

   【語群】1．オーバーフロー工法　　2．カバーリング工法
   　　　　3．更生工法

問38 排水設備に関する次の記述の（　）部分に、下に記した語群の中から最も適当なものを選んで、解答欄の番号にマークしなさい。

1. 臭気、微生物、虫が室内に侵入するのを防ぐ装置を（　ア　）という。

   【語群】1．ストラップ　　2．網キャッチ　　3．トラップ

2．トラップの種類の中で存在しないものは（　イ　）である。

【語群】　1．Sトラップ　　　2．わん型　　　3．Uトラップ

3．住宅の排水には、汚水、雨水、（　ウ　）があり、合流の仕方は自治体によって異なる。

【語群】　1．雑排水　　　2．特殊排水　　　3．自由排水

4．問題のあるトラップとしては、（　エ　）がある。
これは、排水を妨げたり、封水に悪影響を与える。

【語群】
1．自己サイホントラップ　　　2．破封トラップ　　　3．二重トラップ

問39　換気設備に関する次の記述の（　　）部分に、下に記した語群の中から最も適当なものを選んで、解答欄の番号にマークしなさい。

1．換気方式には、機械換気と（　ア　）がある。

【語群】　1．半自然換気　　　2．自然換気　　　3．自動換気

2．トイレに代表される換気は、（　イ　）である。

【語群】　1．第一種換気設備　　　2．第二種換気設備
　　　　　3．第三種換気設備

3．換気をしながら、排気の持っている熱を給気に移すシステムを（　ウ　）という。

【語群】　1．半熱交換器　　　2．全熱交換器　　　3．予熱交換器

4．ファンの種類としては軸流ファンと遠心力ファンがあるが、システムキッチンに用いられるファンは、（　エ　）が主流になっている。

【語群】
    1．ターボファン　　2．シロッコファン　　3．プロペラファン

問40　住宅の給湯設備に関する次の記述の（　　）部分に、下に記した語群の中か
ら最も適当なものを選んで、解答欄の番号にマークしなさい。

1．給湯器で、今まで捨てられていた排気熱を有効に利用して、水を温め
る方法で省エネを実現しているものを（　ア　）という。

　　【語群】1．エコキュート　　2．エコジョーズ　3．エネファーム

2．エネファームの正式名称は、（　イ　）という。

　　【語群】1．家庭用燃料電池コージェネレーションシステム
　　　　　　2．家庭用ハイブリッドシステム
　　　　　　3．オール電化システム

3．給湯器の種類は号数で表され、数字が（　ウ　）なるほど馬力が大きく
なり、湯量不足が解決されていく。

　　【語群】1．小さく　　2．大きく　　3．ゼロに

4．エコキュートの正式名称は（　エ　）である。

　　【語群】1．コージェネレーションシステム
　　　　　　2．電気温水器
　　　　　　3．自然冷媒ヒートポンプ給湯機

問41 自然エネルギーに関する次の記述の（　）部分に、それぞれの語群の中から最も適当なものを選んで、解答欄の番号にマークしなさい。

1. 地中熱利用のメンテナンスとしては、年に1回以上（　ア　）を清掃する必要がある。

【語群】
1. ウォームチューブ　　2. フリーチューブ　　3. クールチューブ

2. 太陽を利用したエネルギーには、（　イ　）利用と太陽光利用がある。（　イ　）利用のためには、太陽熱集熱器と集熱ポンプを併用するシステムがある。

【語群】1. 太陽熱　　2. 空気熱　　3. 地中熱

3. 日本において太陽熱エネルギーと太陽光エネルギーでは、（　ウ　）の方が利用効率が高い。

【語群】1. 太陽熱エネルギー　　2. 太陽光エネルギー
　　　　3. 両方

4. 資源が枯渇しない太陽光、太陽熱、バイオマス、水力などを利用することを（　エ　）ともいう。

【語群】
1. 省エネルギー　　2. 化石エネルギー　　3. 再生可能エネルギー

問42 住宅の電気設備に関する次の（　）部分に、それぞれの語群の中から最も適当なものを選んで、解答欄の番号にマークしなさい。

1. 電力量計と、末端の照明機器やコンセントなどとの間には（　ア　）が必ず設置され、漏電などを検知して危険を回避する役割を果たしている。

【語群】1. メーター　　2. 分電盤　　3. PS

2．エアコンやIHコンロなどは、他の機器と違って（　イ　）Vの単独配線
　が必要となる場合が多い。

【語群】　1．200V　　2．動力　　3．100V

3．コンセントの数は、畳（　ウ　）枚分の床面積に対して1か所（2口以上）
　が目安である。

【語群】　1．5　　2．3　　3．2

4．分電盤の中の小ブレーカーは、住宅の広さによって望ましい数が決め
　られている。例えば、70m²以下だと、全部で（　エ　）回路以上は必
　要だとされている。台所は、家電製品が増えているので、さらに単独
　配線が多くある方がよい。

【語群】　1．7　　2．10　　3．14

問43　明かりや光に関する次の記述の（　　）部分に、それぞれの語群の中から最
も適当なものを選んで、解答欄の番号にマークしなさい。

1．色温度はK（ケルビン）で表現するが、これは照明の色味を数値化した
　ものであり、日の出やロウソクの炎の色味は（　ア　）K前後である。

【語群】　1．100　　2．800　　3．2000

2．LEDダウンライト器具の発する光の総量などを表すのは（　イ　）である。

【語群】　1．輝度　　2．光束　　3．照度

3．照明の取付け方法には、直結方式と引っ掛けシーリング方式があり、
　引っ掛けシーリング方式では、（　ウ　）kgまでの重量のものにする必
　要がある。

【語群】　1．3　　2．5　　3．7

4．住宅照明は、部屋の種類や目的に応じて検討する必要がある。
　　例えば階段・廊下だと、足元に注意が必要だが、深夜の利用を考慮して、
　　覚醒しないよう、主に足元が明るく照明される（　エ　）があるとよい。

【語群】　1．常夜灯　　　2．スタンドライト　　　3．ホタルスイッチ

問44　テーブルの上の照明に関する次の記述の（　　）部分に、それぞれの語群の
中から最も適当なものを選んで、解答欄の番号にマークしなさい。

　　長方形のテーブルの上にシェード型照明器具を1灯取り付ける場合は、テー
ブルの長手の長さの1/（　ア　）程度の直径のものを、テーブルの上（　イ　）
cmの高さに器具の下面がくるようにする。
　　丸テーブルの上に1灯を取り付ける場合は、直径の1/（　ウ　）よりやや小
さめの器具をテーブルの上の中心に取り付けるとバランスがよいとされてい
る。
　　長方形のテーブルに2灯の照明器具を取り付ける場合の器具の直径は、
長手の長さの1/2の長さの1/3（要するに1/（　エ　））以下が望ましい
とされている。

【語群】　1．2　　　　2．3　　　3．4　　　4．5　　　5．6　　　6．7
　　　　　7．30　　　8．40　　9．60　　10．70

問45　キッチンに関する次の記述の（　　）部分に、それぞれの語群の中から最も
適当なものを選んで、解答欄の番号にマークしなさい。

1．システムキッチンで、隙間等を調整するために上部は幕板、足元は台
　輪（幅木）、横の隙間は（　ア　）で埋める。

【語群】　1．フィラー　　　2．シーリング　　　3．バックアップ材

2．レンジフードに接している隣の吊り戸またはパネルは、（　イ　）でな
　ければならない。

【語群】　1．防火製品　　　2．不燃製品　　　3．防水製品

3. キッチントライアングルとは、冷蔵庫とシンクと（　ウ　）を結ぶ三角形であり、3点の総距離は3600〜6600mmが望ましいとされている。

【語群】　1．レンジ　　2．パントリー　　3．加熱調理器

4. ガスコンロとレンジフードの離隔距離は（　エ　）cm以上とする。

【語群】　1．120　　2．80　　3．50

問46　住宅設備機器に関する次の記述の（　　）部分に、それぞれの語群の中から最も適当なものを選んで、解答欄の番号にマークしなさい。

1. トイレのリフォームをするときになるべく大がかりにならず、新たに付けたいものというと、（　ア　）が多い。

【語群】　1．手洗器　　2．ウォッシュレット　　3．手すり

2. 漏水事故対策として、洗濯機置き場にあるものを（　イ　）というが、最近の戸建てでは、設置されていないケースが増えている。

【語群】　1．ボール　　2．洗濯パン　　3．浄化設備

3. 浴槽は、マタギの大きな和式タイプと、足を伸ばしきって入れる洋式タイプ、それらの中間となる（　ウ　）タイプがある。

【語群】　1．半和式　　2．半様式　　3．和洋折衷式

4. キッチンのレイアウトには、U型、Ⅱ型、L型等があるが、真ん中にもシンクがあって作業スペースを設ける形を（　エ　）キッチンという。

【語群】　1．ペニンシュラ型　　2．オープン型　　3．アイランド型

問47 インテリアコーディネーションを表現するために必要なものに関する次の記述の（　）部分に、それぞれの語群の中から最も適当なものを選んで、解答欄の番号にマークしなさい。

1. インテリアの図面といったら、主なものは、平面図、平面詳細図、立面図、そして、空間認識をしやすくするための（　ア　）による立体表現等がある。

【語群】1. 2次元　　2. 色付け　　3. 3次元

2. 立体的に表現する方法として、透視図法、（　イ　）、パース等がある。

【語群】1. 投影図法　　2. 1消点図法　　3. 2消点図法

3. 図面の記号でGLは基線、HLは（　ウ　）を意味する。

【語群】1. 消点　　2. 水平線　　3. 目の高さ

4. 建物を高さ方向に切り取った図面のことを（　エ　）という。

【語群】1. 矩計図　　2 鳥瞰図　　3. アクソノメトリック図

問48 CADで用いられるコンピューター用語などに関する次の（　）部分に、それぞれの語群の中から最も適当なものを選んで、解答欄の番号にマークしなさい。

ア. 3DCGを制作する工程で、形状を作成すること。

【語群】1. レンダリング　　2. モデリング　　3. プログラミング

イ. 画像ファイルの保存形式。

【語群】1. PDF　　2. zip　　3. JPEG

ウ. CAD図面をいくつかの層に分けて、層ごとに表現したりする。

【語群】1. グリッド　　2. テンプレート　　3. レイヤー

エ．プレゼンボードを作成するときなどに、文字や数字の形を変える。

【語群】1．フォント　　2．レイアウト　　3．3D

問49　建築基準法に関する次の記述の（　　）部分に、それぞれの語群の中から最も適当なものを選んで、解答欄の番号にマークしなさい。

1．建築基準法は、（　ア　）年に施行された。
　近年も耐震偽装などで、いろいろと追加、変更になっている。

【語群】1．1945年　　2．1950年　　3．1955年

2．建築面積の計算で、軒やバルコニーなどは、外部から（　イ　）mを超える部分は、数値に反映することになっている。

【語群】1．1　　2．2　　3．3

3．階段の面積は、それぞれの階の床面積に参入されるが、（　ウ　）は、除かれる。

【語群】1．トイレ　　2．地下　　3．吹抜け

4．火を使うキッチンでは、内装制限がかかる。
　最近では、キッチンとリビングやダイニングが1つの部屋になっている場合、そのすべてに内装制限がかかる。
　ただし、それは炎が出る機器に関してのみなので、（　エ　）を使用する場合は、内装制限はかからない。

【語群】1．1口ガスコンロ　　2．グリル　　3．IHコンロ

問50 特定家庭用機器再商品化法（略称：家電リサイクル法）とその他の法律に関する次の記述の（　）部分に、それぞれの語群の中から最も適当なものを選んで、解答欄の番号にマークしなさい。

1. 家電リサイクル法で指定されている家電製品は、エアコン、ブラウン管テレビ、冷蔵庫・冷凍庫、洗濯機。
   さらに2009年（平成21年）4月1日から、液晶テレビ・プラズマテレビ、（　ア　）が加わった。

   【語群】　1．空気清浄器　　2．扇風機　　3．衣類乾燥機

2. 家電リサイクル法の対象家電製品を排出した場合、小売業者は（　イ　）を発行する義務がある。

   【語群】　1．マニュアル　　2．マニフェスト　　3．マストシート

3. 高齢者、障害者等の移動等の円滑化の促進に関する法律（通称：バリアフリー法）では、具体的な注意点として、床の段差はなるべく付けない、段差がある場合は、その部分をスロープにし、勾配は1/（　ウ　）以下とする、と定められている。

   【語群】　1．3　　2．6　　3．12

4. 合板、フローリング、畳表などにも付けられるマークを（　エ　）規格という。

   【語群】　1．JAS　　2．JIS　　3．PL

答え合わせ

問1　ア　正解：2

解説

棟梁・工務店による地場中心ではなく、全国どこにでも住宅を供給できるしくみがハウスメーカーである。

問1　イ　正解：1

解説

住宅の大量生産期と建築の産業化時期に生まれた工業化住宅の別名。

問1　ウ　正解：3

解説

伝統的な日本の住宅では、畳の部屋が主流だったが、洋風建築が入ってきて、減っていった。

問1　エ　正解：3

解説

畳にちゃぶ台の時代まではゆか座式だったが、洋風建築がそれを変化させ、ゆか座からいす座へと変わっていった。

問2　正解：アとイ

解説

インテリアコーディネーターとしてのプロ意識を持つことは必要であるが、決して偉いわけではなく、ましてや、完璧ではない。
主役はあくまでもお客さまであるので、お客さまの希望を聞きながら、プロとしての意見を持ちつつ、お客さまの暮らしをよりよいものとしていくお手伝いをするのが仕事である。

問3 ア 正解：2

解説

1620年は、江戸時代である。茶室があるのが特徴的である。
基本的な構成は、書院造りの延長線上にあるとみなされる。

問3 イ 正解：3

解説

市松模様の襖、凝った造りの違い棚の桂棚が有名である。

問3 ウ 正解：3

解説

京都にあるのは地味で静寂な空間だけではない。派手でにぎにぎしく、ときには目がさめるように華美な「キレイサビ」の空間もある。

問3 エ 正解：3

解説

第二次世界大戦直前のころの建築家たちの1人、前川国男。
岡山県庁、神奈川県立図書館・音楽堂、弘前市役所など、現存する建物も多い。

問4 ア 正解：2

解説

ルネサンスの代表的な建物にフィレンツェ大聖堂がある。

問4 イ 正解：3

解説

古代ギリシャ・ローマ時代のよさと、直前の中世の世界観の否定から始まった。

問4　ウ　正解：1

解説

当時のイタリアには、経済的な富があった。それに支えられ、ルネサンスの基礎ができ、広まっていった。

問4　エ　正解：3

解説

このほかにも代表的な建物では、ロワール湖畔のシャンボール城や、フォンテーヌブロー城がある。

問5　ア　正解：1

解説

下腿高－1cmで、だいたい身長の1/4である。

問5　イ　正解：2

解説

例えば身長が158cmの女子ならば、158cm×1/4＝39.5cm
身長178cmの男子ならば、176cm×1/4＝44cm
がそれぞれ適する椅子の高さとなる。

問5　ウ　正解：3

解説

差尺は25～30cmくらいで、作業する内容によって、その寸法は変化する。

問5　エ　正解：3

解説

身長に対してなので、70cmと、男性の方が高くなる。

問6 ア　正解：3

解説

ワークトライアングルのことで、3点を結ぶ作業の三角形である。

問6 イ　正解：1

解説

1か所の距離はそれぞれ1200mm以上であることが望ましい。

問6 ウ　正解：3

解説

キッチンのレイアウトには様々なものがあるが、どの形であろうと、このワークトライアングルの関係は同じように保たれるのが望ましい。

問6 エ　正解：2

解説

食器棚のようなものはトールキャビネット、カウンター状のものはフロアキャビネットという。

問7 ア　正解：2

解説

「明度・彩度・色相」は色を表す基本の3つの属性である。

問7 イ　正解：3

解説

実際に存在するのは黒の1から白の9.5までである。

問7　ウ　正解：2

解説

黒は黒でも、出にくいので、カラー印刷では、黒単色を足して4色で表現している。

問7　エ　正解：3

解説

黒になるのは、減法混色である。
白になるのは、加法混色である。
2色以上の色を塗り分けたコマのような回転板を回転させたときに現れるものを中間混色という。

問8　正解：1と3

解説

1　エントランスは共用部分であるので、勝手に自分でリフォームをすることはできない。個人がリフォームできるのは、専有部分である。
3　重要な決議は、管理組合にて、4/5以上の賛成が必要である。

問9　ア　正解：1

解説

ガス漏れの危険を察知しにくくなるなどにより、生命の危険に直結する。

問9　イ　正解：3

解説

段鼻に色の際立ったノンスリップを取り付けると効果的である。

解説

赤色灯のような感じで、わかりやすいものがよい。

問9 エ 正解：3

解説

皮膚の感覚も低下するため、気をつける必要がある。

問10 ア 正解：3

解説

硬さだけでなく、幅も狭すぎると熟睡できなくなるので、最低70cmは欲しい。
普通は、肩幅の2〜2.5倍程度がよいとされている。

問10 イ 正解：1

解説

肘ナシ椅子の幅は600mm程度、肘付き椅子の幅は750mm程度である。

問10 ウ 正解：3

解説

スローダウンステーは、ライティングビューローの天板を引くときの金物のことである。
ライティングビューローは、古くからある家具である。

問10 エ 正解：1

解説

折りたたみ式机がフォールディングテーブルである。ネストテーブルは入れ子机ともいわれるが、1つの机の下にもう1つ小さい机が入っているものを指す。

問11 ア 正解：2

解説

はこひだ＝ボックスプリーツの必要幅は、間口の2.5〜3倍。
ギャザーひだの必要幅は、間口の3〜4倍。

問11 イ 正解：3

解説

バランステープは、バランスをつけるときに使うテープのことで、ジョイントレールは、レールを長くするためにつなぐときの部品である。

問11 ウ 正解：2

解説

ローマンシェードとは、材質は布地で上下に昇降させる機能を組み込んだもの。
プリーツスクリーンは、スクリーンをジグザグにたたみ上げるブラインドで、ポリエステル製が多い。
ベネシャンブラインドとは、いわゆる一般的に事務所などで見られる、羽根が横方向についているブラインドである。

問11 エ 正解：2

解説

窓が横の壁に付いていたりといった制限がない場合は、両サイドに100mmずつ出すとバランスがとれてよい。

問12 ア 正解：1

解説

カット＆ループタイプとは、カットタイプとループタイプをミックスしたもの。
ハイ＆ローループは、高低差があり、ある程度の規則性があるもの。

問12 イ　正解：3

解説

ナイロン、アクリル、ポリエステルは3大繊維と呼ばれ、衣料用繊維、フィルム、テープ、ペットボトルなど、身近なものに広く使われている。

ポリエステルは、しわになりにくい。

ナイロンは、化学合成繊維として初めて登場した素材である。丈夫で弾力性があり、軽い。熱に弱く、静電気を帯びやすい。

問12 ウ　正解：3

解説

新築の場合は、そのほとんどがグリッパーを取り付けて施工するグリッパー工法である。

問12 エ　正解：1

解説

カーペットは、リフォーム時などの施工性に加えて、（カーペットの種類にもよるが）一般的に経済性もよい。

問13 ア　正解：3

解説

床柱は通し柱ではなく、化粧柱である。

問13 イ　正解：1

解説

敷居と鴨居に挟まれているのは、襖である。

問13 ウ 正解：3

解説

箱庭は、小さなミニチュアの庭のことである。

問13 エ 正解：2

解説

雲華紙（うんがし）は、襖の裏側の紙のことである。

問14 ア 正解：1

解説

収縮の可能性がある場合は、余裕を持たせる。

問14 イ 正解：2

解説

床よりも長くする場合もあるが、通常は、床から1〜2cm上げておくとよい。

問14 ウ 正解：2

解説

一般的には、ドレープカーテンの下からガラス面側のカーテンが見えないように1cm短くする。
見えた方がよい場合は、この限りではない。

問14 エ 正解：3

解説

机などの家具がある場合は、家具に付かない長さにする方がよい。

問 15 ア 　正解：3

解説

バルコニーや吹抜けの手すりなども同様である。

問 15 イ 　正解：2

解説

幼児は頭が入れば、身体が通り、転落の恐れが生じるためである。

問 15 ウ 　正解：3

解説

高さを110cm以上とするのは、幼児の身長より高くすることで、よじ登れないようにするためである。

問 15 エ 　正解：1

解説

子どもは好奇心があるので、よじ登りたがる。そのため、足がかりになるようなものは、一切置かないようにすることが重要である。

問 16 ア 　正解：3

解説

花粉症に似て、眼がショボショボする、鼻水が出る、頭痛がするなどの症状が出る。

問 16 イ 　正解：1

解説

F☆☆☆☆は、ホルムアルデヒドが0という意味ではない。また、ホルムアルデヒド以外の有害な揮発性有機化合物が出ていないことを保証するものではない。

問16 ウ　正解：2

解説

トルエンはシンナーの一種である。防水工事などでよく使われている。

問16 エ　正解：1

解説

花粉症や風邪の症状と似ているので、判断が難しいといわれている。
しかし、シックハウス症候群という病気があることを知っておいてほしい。

問17 ア　正解：1

解説

集成材は、ひき板や角材の繊維方向を平行にさせて貼り合わせたもの。

問17 イ　正解：2

解説

熱可塑性とは、熱を加えると軟化して成形しやすくなり、同時に重合が進んで硬化し、もとの状態に戻らなくなる性質。

問17 ウ　正解：2

解説

スライド丁番は、取り付けてから、高さや横方向の位置の調整ができる。家具類への使用が適している。

問17 エ 　正解：3

解説

オイルフィニッシュは、木肌に染み込み、色は付くが、木目がきれいに出る塗装方法である。

問18 　正解：3と5

解説

3—建築基準法が制定されたのは、1950年（昭和25年）である。
5—鉄筋鉄骨構造ではなく、鉄筋鉄骨コンクリート構造である。

問19 ア 　正解：1

解説

大木を垂直にカットしたところを思い浮かべて、木表、木裏を覚えてほしい。

問19 イ 　正解：2

解説

小口とは、切り口、横断面のことである。

問19 ウ 　正解：2

解説

大木を思い浮かべて、根っこから空に向かって伸びている様子から、根っこ側を元口（もとくち）という。

問19 エ 　正解：1

解説

細くなっている方を末口（すえくち）という。

問20 ア 　正解：2

解説

いろいろなものが、くつろぎを与える役割を果たす。

問20 イ 　正解：1

解説

ピクチャーレールには、先付け用と後付け用があるので、必要に応じて選ぶとよい。
ただし、下地が必要なので、後付けをする場合は注意が必要である。

問20 ウ 　正解：1

解説

室内に観葉植物があると、とても安らぐ。
なるべく手間がかからず、病気にも強い植物が好まれる。

問20 エ 　正解：2

解説

号数がわかると、鉢カバーなどを購入するときに失敗しなくてよい。

問21 ア 　正解：2

解説

技術の発達とともに、超高層ビルが建設されるようになった。

問21 イ 　正解：2

解説

火災にあうと、500℃で変形するため、耐火被覆が必須である。

問21 ウ　正解：3

解説

現場施工より、工場製造の方が寸法安定性が高く、信頼性がある。

問21 エ　正解：1

解説

鉄は錆びるので、防錆処理は必須である。

問22 ア　正解：1

解説

一般的にはコンクリートは、pH12.5～13であるので、アルカリ性である。

問22 イ　正解：2

解説

鉄筋コンクリートは、ラーメン構造の方が多い。

問22 ウ　正解：1

解説

ラーメン構造の場合、耐力壁でない壁は、自由に動かせる。

問22 エ　正解：3

解説

剛接合のラーメン構造は、柱と梁が室内に出るというのが特徴である。

問23 ア　正解：1

解説

セメントペーストのことをノロともいう。

問23 イ　正解：2

解説

プレキャストコンクリートとは、工場で製品化したコンクリート製品のことである。

問23 ウ　正解：1

解説

ALCは、鉄骨構造の壁体によく採用されている。断熱性、寸法安定性に優れている。

問23 エ　正解：3

解説

丸鋼の表面にリブが付いているのが異形鉄筋である。

問24 ア　正解：2

解説

クロス貼り仕上げの場合は、Vボードの方が多い。

問24 イ　正解：1

解説

壁は12.5mmがよい。

問24 ウ 正解：1

解説

JISは産業製品に対するマークである。JASは農林物資に対するマークである。ISO
は国際標準化機構のマークである。

問24 エ 正解：3

解説

石膏ボード（12.5mm）は火事に15分間耐えられるようになっている。

問25 ア 正解：1

解説

大型家具などの出し入れなどを想定すると、親子扉があった方が望ましい。

問25 イ 正解：2

解説

引き戸に付いている網戸は室外側だが、内倒し窓の場合は、網戸が室外側に固定で
取り付いている。

問25 ウ 正解：1

解説

1つの窓で2つの機能を持つものである。

問25 エ 正解：1

解説

ジャロジー窓は、ガラスが外れやすいという特性があるので、防犯上と断熱性を考
えると、ガラスが2枚になっているジャロジー窓がよりよい。

問26　正解：2と5

解説

2―リバーシブルデザインではなく、ユニバーサルデザインである。

5―本締錠ではなく、表示錠である。

問27　ア　正解：2

解説

昔ながらの構法が在来軸組構法である。

枠組壁構法は、ツーバイフォー工法とも呼ばれている。

問27　イ　正解：3

解説

火打ち材は、床面に対して斜めにかけるもので、火打ち梁や火打ち土台などがある。
通し柱は、1階から最上階まで貫く材で、建物を支える重要な役割を果たすが、垂直材である。

問27　ウ　正解：1

解説

地耐力が大きい土地では、布基礎でも構わない。

コストも安く抑えられる。

問27　エ　正解：3

解説

べた基礎は、住宅の重みを面で受け止める。

布基礎よりもコストはかかるが、強いという理由で多く採用されている。

問28 ア　正解：1

解説

折衷小屋や伝統小屋などとは呼ばない。

洋小屋も和小屋も、母屋を勾配と直角に流し、その上に垂木を打ち、その上に野地板を張って仕上げをする。

問28 イ　正解：2

解説

昔ながらの瓦は、メンテナンスが容易でいい。しかし、重いために、最近では軽い材料に人気がある。

問28 ウ　正解：2

解説

ガルバニウム鋼鈑は、軽くて、経済的にも安価である。

昔は、工場の屋根に平板や瓦棒などが多く使われていた。

問28 エ　正解：2

解説

木造以外のマンションなどの屋上は、ほとんどが陸屋根になっている。

しかし、木造では防水の問題もあり、陸屋根はあまり見かけない。

問29 ア　正解：1

解説

あきは、鉄筋と鉄筋の間で、かつコンクリートの骨材が引っかからない距離に定められている。

問29 イ 正解:3

解説

かぶり厚さとは、外側のコンクリートから内側の一番近い鉄筋までの距離のこと。この距離が確保されていないと、耐火の問題や、中性化にかかわる時間など建物の丈夫さに影響する。

問29 ウ 正解:3

解説

スペーサーは、鉄筋と鉄筋あるいは鉄筋と型枠の間隔を確保するもの。セパレータの形にもいろいろある。

問29 エ 正解:3

解説

以前の高層住宅は、鉄骨鉄筋コンクリート構造であったが、現在の超高層集合住宅などはRC構造である。

問30 ア 正解:1

解説

石綿はアスベストのこと。使用禁止である。

問30 イ 正解:2

解説

この3つの選択肢の中で、熱伝導率が一番低い。ポリスチレンフォームは発泡スチロールのことである。

問30 ウ　　正解：1

解説

木材と石膏ボードは同じくらいの熱伝導率である。

問30 エ　　正解：3

解説

水の熱伝導率はコンクリートの半分くらいなので、決して断熱材ではない。
アルミニウムもいうまでもなく、熱を伝導する。

問31 ア　　正解：3

解説

この場合、既存の窓枠が木製で、不透明のホワイトが塗ってある。
既存の塗料が何であるかわからないので、その上から水性を塗るのは危険であるため、油性を塗ることを考える。

問31 イ　　正解：3

解説

プラスターボードには、Vボードとテーパーボードがある。
テーパーボードの方がなだらかなカットで、パテがしっかりでき、割れにくいボードができる。

問31 ウ　　正解：2

解説

この3種の中で、水性はこの合成樹脂エマルションペイント2種しかない。

問31 エ　正解：1

解説

トルエンは、防水塗料などのときに使われる。

ラッカーシンナーもかなり強い。

この中で一番弱い溶剤は、塗料用シンナーである。

問32 ア　正解：1

解説

昔は紙壁紙ばかりだった。そこから織物壁紙ができ、今に至る。

現在は、ビニル壁紙の生産、流通が非常に盛んである。

問32 イ　正解：3

解説

機能性のある壁紙がかなり増えてきているが、防錆加工の壁紙は今のところまだない。

問32 ウ　正解：3

解説

壁紙の積算をする際は、クロスの幅で横に何本貼れるかを考え、さらに柄のリピートを見て、実際の発注寸法を出す。

問32 エ　正解：2

解説

壁の仕上げとしては、漆喰（しっくい）などが昔ながらである。

ひと昔前までは織物壁紙も多く見受けられ、その空間はとても豪華である。

問33 ア　正解：3

解説

高齢者にとって、室内移動の安全はとても重要である。

滑らないこと、つまずかないこと、転ばないこと、など。

ヒートショックにも気をつけたい。

問33 イ　正解：2

解説

上下階の騒音問題解決のため、管理組合の規則などで、フローリングの場合の遮音等級の決まり等を設けていることが多い。

問33 ウ　正解：6

解説

畳やカーペットの採用はかなり減ってきているが、保温性、耐衝撃性などのよさがそれぞれあるので、適材適所で採用を考えるとよい。

問33 エ　正解：4

解説

フローリングは、ダニの問題でカーペットよりも安心できる、として一気に人気となった。そして現在、マンションなどではそのほとんどの部屋がフローリングになっている。また、バリアフリーにも貢献している。

問34 ア　正解：2

解説

住む人の好みを聞くことは重要だが、それに加えて健康についても、たとえ住む人が考えていなくても、インテリアコーディネーターとしては十分に考えて提案することが望ましい。

解説

色によって、人の受ける感覚のみならず、実際に身体にダイレクトに表れる影響も大きいこと、そして居室などの部位により、住む人の好みよりも健康や快適さへの配慮を優先した方がいい場合もあることを理解しておく必要がある。

問34 ウ 正解：3

解説

働き盛りの年齢層の女性に多い片頭痛の軽減は、重要な問題の1つである。
インテリアでその軽減が可能であることも知っておきたい。

問34 エ 正解：2

解説

部屋などの環境をトータルかつバランスよく考えることが、インテリアコーディネーターとして望まれることである。
白い壁は、光を多く反射して明るいため、睡眠を目的とする部屋には向かない、といわれることが増えてきた。

問35 ア 正解：2

解説

外側にブラインドをするとさらに数値は下がる。

問35 イ 正解：1

解説

光も入らなくなるが、数値は一番いい。

問35 ウ 正解：1

解説

インナーサッシともいうが、これも効果的である。

問35 エ 正解：3

解説

特にアルミの窓枠は、数値が低くなるので、内外の温度差により結露しやすくなる。樹脂製や木製の方が数値は高くなる。

問36 ア 正解：1

解説

有害であり、完全使用禁止になった。

問36 イ 正解：1

解説

建材から出てくるだけではなく、生活の中で、実はいろいろなところから発生している。

問36 ウ 正解：1

解説

Ｆ☆☆☆☆（制限なく使える）、Ｆ☆☆☆、Ｆ☆☆、Ｆ☆の4種類で表示される。

問36 エ 正解：2

解説

局所換気システムは、トイレや浴室などに以前からあった。

問37 ア 　正解：3

解説

夏期等には、カルキの量を増やしたりして管理している。
無色透明が望ましい。

問37 イ 　正解：2

解説

飲料水と他の配管系とは決して混じってはいけない。

問37 ウ 　正解：1

解説

タンクレス方式は、ポンプ圧方式の1つである。

問37 エ 　正解：3

解説

更生工法は、あくまでも延命措置でしかない。

問38 ア 　正解：3

解説

排水設備にはストラップも網キャッチもない。
トラップはシンクなどの目皿の下にある。

問38 イ 　正解：3

解説

Ｓトラップ、Ｐトラップ、わん型、ドラム型などがあるが、Ｕトラップはない。

問38 ウ　正解：1

解説

特殊排水は工場や病院などではあるが、問題文に「住宅の」とあるので、ここでは雑排水が正解である。自由排水というものはない。

問38 エ　正解：3

解説

自己サイホン作用は、破封現象の原因の1つである。
破封トラップではなく、破封現象である。
二重トラップとは、1つの管にトラップを2つ設置することである。

問39 ア　正解：2

解説

自然換気には「風力換気」と「重力換気（温度差換気）」がある。
後者は、暖かい空気が上に上がることを利用したもの。

問39 イ　正解：3

解説

第三種換気設備は、自然換気で給気し、排気をファンで室外へ出す。
第二種換気設備は給気のみ機械で行うもので、手術室に向いている。第一種換気設備は給・排気とも機械で行うものである。

問39 ウ　正解：2

解説

全熱交換器とは、換気をしながら、給気（外気）に排気の持っている熱（顕熱、潜熱）を移行させる、省エネ機器である。

問39 エ　正解：2

解説

ほかにもあるが、現在のキッチン用ファンの主流はシロッコファンである。
このファンは、外部の風圧に能力を左右されない。

問40 ア　正解：2

解説

エコジョーズはガスエネルギーを利用している。
形も給湯器と同様であり、給湯器よりは少し大きい。

問40 イ　正解：1

解説

エネファームは、ガスを利用して発電し、溜めている水を温めるシステム。
ガスが止まると発電できない。

問40 ウ　正解：2

解説

5号の室内瞬間湯沸し器から24号の馬力の大きな給湯器まである。

問40 エ　正解：3

解説

エコキュートは電気（ヒートポンプ）を利用している。
貯湯式で、電気の契約条件を適切なものにすることで、経済的にもなる。

問41 ア 正解：3

解説

夏期には、外気を取り込み、このクールチューブを通過する間に地中熱で冷やし、住宅内に吹き出す。冬期には、その反対の利用法をとる。

問41 イ 正解：1

解説

太陽熱利用には、アクティブソーラーシステムとパッシブソーラーシステムがある。太陽光利用では発電ができる。

問41 ウ 正解：1

解説

利用効率は、太陽熱利用の方が40〜60%程度、太陽光利用の方は18%程度とされている。

問41 エ 正解：3

解説

枯渇しない資源から得られるエネルギーを再生可能エネルギーという。

問42 ア 正解：2

解説

分電盤は必ず設置しなければならない。
PSとはパイプスペースのことで、配管などが集まっている空間のことである。

問42 イ　正解：1

解説

エアコン、IHコンロのほかにも、浴室換気乾燥暖房機などで200Vが必要なものもある。

動力は基本的に住宅では使われない。

住宅の照明やコンセントは、そのほとんどが100Vである。

問42 ウ　正解：2

解説

四畳半では、コンセントは2か所以上必要ということになる。

設置場所は、対角線上に分散させるのがよい。

問42 エ　正解：1

解説

台所のコンセント回路が2つ、台所以外のコンセント回路が3つ、照明の回路が2つの計7回路である。

問43 ア　正解：3

解説

ロウソクの炎が2000K程度、白色蛍光灯が5000K前後、LED昼光色が6000～7000K程度である。

問43 イ　正解：2

解説

光の総量は光束（ルーメン）。その総量のうち、実際の目標地点での照らされた明るさが照度で、単位はルクスである。

問43 ウ 正解：2

解説

5kgというとかなり重量があるものということになる。
重量はカタログに記載されているので、それを見ながら、照明器具選びをするとよい。

問43 エ 正解：1

解説

具体的には、フットライトなどがある。
明るすぎず、安全にも配慮した明るさが必要である。

問44 ア 正解：2 イ 正解：10 ウ 正解：1 エ 正解：5

解説

これらが絶対というものではないが、ひとつの目安として覚えておくと役に立つ。
椅子の高さや机のサイズの違いなどによっても、調整することが必要である。

問45 ア 正解：1

解説

既製のキッチンの隙間を埋める材料。
寸法は自由にできる。

問45 イ 正解：2

解説

レンジフードのすぐ隣は、延焼を防ぐため、不燃の吊り戸や不燃パネルとしなければならない。

問45 ウ　正解：3

解説

人体動作寸法から、調理動線の適切な距離は、3点の距離を合わせて3600〜6600mmが適切だとされている。

問45 エ　正解：2

解説

レンジフードなどがなければ、コンロから可燃物までは1000mm以上の離隔距離が必要とされている。

コンロのトッププレートから可燃物（壁など）までの水平距離は150mm以上必要である。

問46 ア　正解：3

解説

手洗器もウオッシュレットもないよりはあった方がいいが、ここでは「なるべく大がかりにならず」と書いてあるので、正答は手すりとなる。

問46 イ　正解：2

解説

洗濯パン以外は該当しない。

マンションなどで階下に漏れると困るために、洗濯パンを設置。

問46 ウ　正解：3

解説

ユニットバスの主流はこの和洋折衷式タイプである。

解説

複数人でキッチンに立ったり、パーティーをするときなどに便利である。

解説

3次元の図面には、アイソメ図、アクソメ図、パースなどがある。

解説

2と3は透視図法の種類である。

解説

HLとは、ホリゾンタルラインのこと。

解説

鳥瞰図は、鳥の目のように上から見る3次元図。
アクソノメトリック図は、3次元図の中の軸測投影図法の一種である。

解説

レンダリングは、物の特定視点からの見え方を形にしたり、質感を付けたりすること。
プログラミングは、プログラムを作る作業のこと。

問48 イ 正解：3

解説

PDFは、印刷されるのとほぼ同じ形の文書保存形式。

zipは、圧縮ファイルの保存形式。

問48 ウ 正解：3

解説

レイヤーを使い分けることで、求める図面が出てくる。

グリッドもテンプレートもコンピューター用語である。

問48 エ 正解：1

解説

フォントを変えることで、見やすくなったり、読みやすくなったりする。

問49 ア 正解：2

解説

終戦の年（1945年）の施行は無理と判断できるので、それ以降である。

しかしながら、10年はかからなかったので、正解は1950年（昭和25年）である。

問49 イ 正解：1

解説

軒の先から1mを引いてもまだ軒がある場合には、建築面積に入る。

建蔽率、容積率にかかわってくる。

問49 ウ 正解：3

解説

トイレは床面積に入る。

地下の扱いは条件による。

問49 エ　正解：3

解説

国土交通省住指発44号により、IHコンロには内装制限がかからない。

問50 ア　正解：3

解説

空気清浄器や扇風機はまだ指定されていないが、簡単には処分できなくなりつつある。

問50 イ　正解：2

解説

管理票とも呼ばれる。
マニフェストの保管期間は3年である。

問50 ウ　正解：3

解説

女性の介助者でも車椅子を押せる勾配がこの1/12であるため、この勾配からがバリアフリーといえる。

問50 エ　正解：1

解説

JASは、農林物資の規格化及び品質表示の適正化に関する法律によるもの。
JISは、産業標準化法によるもので、鉱工業製品、データ、サービス等に付くマークである。

試験問題の読み方とケアレスミスの防ぎ方

『次の問題を読んで、**不適当なものを２つ**マークしなさい』という問題の場合、

① ここまで読んだら「不適当なもの」に下線がなければ自分で引き、その下に
『×』を付けます。

② その後、選択肢の問題文を読み進めます。
と同時に『○』か『×』かを判断し、問題文の横に記します。

③ 最後まで全部読み（ココ、大切です！）、『○』か『×』かを判定します。

④ このタイプの問題は、『×』を探す問題ですから、問題の下線部の『×』と各
選択肢の判定された『×』を照らし合わせ、『×』を付けた選択肢の番号に○
印を付けます。

⑤ 答案用紙に転記します。

この方法にすると、問われている内容と解答とのズレを防げます。

また、見直すときにも確認しやすくなり、間違いを見つけやすくなります。

ぜひ、この方法を試してみてください。

せっかく、問題の意味がわかっているのに、求められている解答とは逆に書いて
しまったのでは、もったいなさすぎます！

マークシート方式ならどんな試験にも利用できるこの方法を、私は長年使って
資格を取得してきました。

あなたもぜひいかがでしょうか!(^^)!

索引

は行

監修・著者プロフィール

【監修】

宮後　浩（みやご　ひろし）芸術学博士

（株）コラムデザインセンター代表取締役

（株）コラムテザインスクール学長

（一社）日本パーステック協会理事長

1946年大阪生まれ。

多摩美術大学デザイン学科卒業後、建築事務所を経て、26歳で建築デザインを専門とするコラムデザインセンターを設立。

2011年天皇陛下より瑞宝単光章を受章。

現在に至る。

E-MAIL miyago@column-design.com

著書

『なぞっておぼえる遠近法スケッチパースツボとコツ[第2版] 』『なぞっておぼえる遠近法スケッチパースプレゼン編[第2版] 』秀和システム刊、『インテリアプレゼンテーション』『アクティブ・パース』『やさしいインテリアコーディネート』『パースカラートレーニング』『建築と色彩』『線のプレゼンテーション』学芸出版社刊、ほか多数。

【校閲】

土谷　尚子（つちや　なおこ）

（株）ビケンコーポレーション代表取締役

インテリアコーディネーター協会関西前会長

【著者】

内本　雅（うちもと　みやび）

トリプルインサイド有限会社　代表取締役

一級施工管理技士・二級建築士

監理技術者・増改築相談員

インテリアコーディネーター

福祉住環境コーディネーター２級

リフォームスタイリスト１級　ほか

19XX年奈良県生まれ、大阪府在住。

大阪芸術大学芸術学部卒業。

1999年１月１日「インテリア雅」創業。

2001年11月１日「有限会社インテリアトム」設立。

2020年５月「トリプルインサイド有限会社」に社名変更、現在に至る。

E-MAIL mother@tripleinside.com

【図版】

岩﨑　奈都美（いわさき　なつみ）

フリーのさし絵ライター

19XX年広島県生まれ、大阪府在住。

【参考文献・出典】

公益社団法人インテリア産業協会

『インテリアコーディネーターハンドブック総合版』（上巻・下巻）

【校閲】

土谷尚子

【イラスト】

・キタ大介

・岩﨑奈都美

これ1冊で最短合格
インテリアコーディネーター1次
試験対策テキスト&問題集

| 発行日 | 2020年 4 月 1 日 | 第1版第1刷 |
| | 2022年10月15日 | 第1版第3刷 |

監　修　宮後　浩
著　者　内本　雅

発行者　斉藤　和邦
発行所　株式会社　秀和システム
　　　　〒135-0016
　　　　東京都江東区東陽2-4-2　新宮ビル2F
　　　　Tel 03-6264-3105 （販売) Fax 03-6264-3094
印刷所　三松堂印刷株式会社　　　　Printed in Japan

ISBN978-4-7980-5827-6 C2052